_____ 님의 소중한 미래를 위해
이 책을 드립니다.

OTT로 쉽게 배우는
경제 수업

박병률 기자의 OTT 경제학

OTT로 쉽게 배우는 경제 수업

박병률 지음

NETFLIX

WATCHA

wavve

coupang play

TVING

메이트북스

메이트북스 우리는 책이 독자를 위한 것임을 잊지 않는다.
우리는 독자의 꿈을 사랑하고,
그 꿈이 실현될 수 있는 도구를 세상에 내놓는다.

OTT로 쉽게 배우는 경제 수업

초판 1쇄 발행 2023년 4월 18일 | **지은이** 박병률
펴낸곳 (주)원앤원콘텐츠그룹 | **펴낸이** 강현규·정영훈
책임편집 남수정 | **편집** 안정연·박은지 | **디자인** 최선희
마케팅 김형진·이선미·정채훈 | **경영지원** 최향숙
등록번호 제301-2006-001호 | **등록일자** 2013년 5월 24일
주소 04607 서울시 중구 다산로 139 랜더스빌딩 5층 | **전화** (02)2234-7117
팩스 (02)2234-1086 | **홈페이지** matebooks.co.kr | **이메일** khg0109@hanmail.net
값 19,800원 | **ISBN** 979-11-6002-397-8 03320

경제학이란 일상을 연구하는 학문이다.

• 앨프리드 마셜(영국의 경제학자) •

경제, 이제는 OTT를 만납니다

"넷플릭스가 뭔가요? 유튜브 같은 건가요?"

2017년 겨울이었던 것 같습니다. 꽤 저명한 경제학과 교수님이 이렇게 물어왔습니다. 'Over the Top'의 약자인 OTT가 아직 익숙지 않을 때였습니다. 넷플릭스, 왓챠, 디즈니+, 티빙, 웨이브 그리고 쿠팡플레이까지 이제는 OTT가 일상이 됐습니다. 새로운 드라마를 보기 위해 본방사수를 하지 않아도 됩니다. 예전 영화를 보기위해 동네 비디오방을 전전하지 않아도 됩니다. 주말의 영화나 명절 특선 영화를 기다릴 이유는 더더욱 없습니다. 원하는 시간에 원하는 장소에서 원하는 영화를 볼 수 있는 시대가 열렸습니다.

멀티플렉스의 시대였던 2014년 『영화 속 경제학』을 펴냈습니다.

이번에는 OTT로 갑니다. 상영관에서 벗어난 만큼 영화는 훨씬 풍부해졌습니다. 〈캐스트 어웨이〉(2001)부터 〈이상한 변호사 우영우〉(2022)까지 20년의 차이를 둔 작품들이 한곳에 모였습니다. 시대를 건너뛴 다양한 작품을 담은 만큼 다양한 경제 이야깃거리들이 담겼습니다.

사람들이 묻습니다. 영화에서 어떻게 경제이야기를 뽑아낼 수 있느냐고요. 종합예술이라는 영화와 숫자투성이인 경제는 얼핏 보면 멀어 보입니다. 경제학은 '한정된 자원을 효율적으로 사용하는 것을 연구하는 학문'으로 정의됩니다. 하지만 '경제학원론'을 쓴 경제학의 아버지 앨프리드 마셜(Alfred Marshall)의 말을 들어보면 생각이 달라질지도 모릅니다. 마셜은 "경제학이란 일상을 연구하는 학문"이라고 했습니다.

사실 경제학에 대한 2가지 정의는 다른 것이 아닙니다. 우리 일상이란 게 '한정된 자원을 효율적으로 사용하는 일'의 연속이기 때문입니다. 아침 출근길에 늦어서 지각할 것 같다면 비싸도 택시를 탑니다. 주말에 집에서 쉬고 싶은 충동을 억누르고 친구의 결혼식에 가는 것은 친구와의 우정이 더 중요하기 때문입니다. 그와 결혼하기로 결정한 것은 혼자 살 때보다 같이 사는 것이 더 이로울 것 같기 때문입니다. 마찬가지로 이혼을 선택한 것은 같이 사는 것보다 갈라지는 것이 내 삶에 더 득이 되기 때문입니다.

영화는 경제의 보고입니다. 등장인물은 제각기 자신이 가진 한정된 자원을 효율적으로 사용해 합리적으로 행동합니다. 하지만 나의 합리적 선택이 언제나 그의 합리적 선택과 같지 않습니다. 등장인물

간 합리적 선택이 충돌할 때 갈등이 시작됩니다. 등장인물이 합리적 선택을 하는 이면에는 경제적 배경도 깔려 있습니다.

넷플릭스 오리지널 〈오징어 게임〉에서 탈락한 사람들이 죽는 것을 보고 두려워진 참가자들은 게임을 중단하려 합니다. 게임진행자들은 게임참가를 강요하지 않습니다. 그저 255억원이 담긴 투명한 돼지저금통을 슬쩍 보여줄 뿐입니다. 수북이 쌓인 돈다발을 보는 순간 갑자기 강당의 분위기가 바뀝니다. 무엇이 이들의 마음을 변화시켰을까요?

〈이상한 변호사 우영우〉에서 의뢰인들은 산만한 시선에 불편한 몸짓을 하는 우영우 변호사를 외면합니다. 이때 동료인 정명석 변호사가 말합니다. "우 변호사는 서울대 법대를 수석으로 졸업하고 서울대 로스쿨도 수석으로 졸업했습니다!" 그 말을 들은 의뢰인들은 "그래요? 그럼 한번 맡겨볼까요?"라고 돌변합니다. 이들이 순식간에 우영우 변호사를 신뢰하게 된 것은 무엇 때문일까요?

〈라라랜드〉에서 세바스찬과 미아는 끝내 헤어집니다. 서로를 다독거리며 꿈과 사랑을 키웠던 두 청춘을 가로막은 '그것'은 무엇일까요?

〈아바타〉에서 RDA사가 나비족을 공격하려 하자 제이크는 기를 쓰고 막습니다. 자신이 나비족이 홈트리를 자발적으로 떠나도록 반드시 설득해보겠다고 하는데요. 제이크는 왜 회사의 결정에 반대했을까요?

일제의 총칼 앞에 선 유관순은 손톱이 뽑히고, 귀와 코가 잘리고, 손과 다리가 부러지는 고통이 두렵지 않았을까요? 하지만 〈항거: 유관순 이야기〉에서 유관순은 "그럼 누가 합니까"라고 말합니다. 유관순이 당당했던 이유, 행동경제학의 설명을 들어봅니다.

척은 세상에서 가장 바쁜 사나이입니다. 프로포즈도 잠시 짬을 내 자동차 안에서 합니다. 하지만 비행기 추락으로 이름 모를 섬에 표류하게 됐을 때 '크런치타임'에 빠져 살았던 것을 후회합니다. 윤석열 정부도 주 69시간을 추진하다 여론의 뭇매를 맞고 후퇴했습니다. '구로의 등대' '판교의 오징어배'가 무엇인지, 〈캐스트 어웨이〉에서 확인하시죠.

치솟는 물가에 미국 연방준비제도(Fed)가 연달아 자이언트스텝(한 번에 금리를 0.75%p 인상하는 것)을 밟으면서 글로벌 금융시장이 출렁이고 있습니다. 위기탈출의 교훈을 2008년 금융위기에서 찾을 수 있을까요? 어쩌면 〈빅쇼트〉가 힌트를 줄 수 있습니다.

이 책의 기본 원고는 지난 5년간의 잡지 기고분과 방송·강연 출연분입니다. 다만 모든 원고는 신간에 걸맞게 새롭게 보충되고 다듬어졌음을 밝힙니다. EBS라디오 〈이희경의 오천만의 생활경제〉,《주간경향》, 〈토스피드〉, SBS비즈 〈영화 속 경제코드〉 관계자들께 감사의 말씀을 드립니다. 새 책이 나오기까지 응원해준 가족들과《경향신문》 동료, 기획재정부·금융위원회·한국은행·KDI 등 경제부처 공무원들께도 감사의 말씀을 드립니다.

독자 여러분들이 경제에 조금 더 가까이 다가갈 수 있는 조그마한 징검다리가 된다면 더 바랄 게 없을 것 같습니다.

2023년 봄, 정동에서

차례

PART **1** ─────────── # 경제는 게임이다

경제는 법칙이다

경제는 현실이다

경제주체들은 각자의 경제적 효율을 달성하기 위해 밀고 당기기를 계속합니다. 보이지 않는 손은 때로는 차가운 숫자로, 때로는 뜨거운 가슴으로 나타납니다. 원하는 것을 얻기 위해서는 전략이 필요하고, 설득의 기술도 필요합니다. 때로는 대립하고, 때로는 협조합니다. 그렇습니다. 경제는 가계와 기업, 정부가 벌이는 한판의 게임입니다.

PART

1

경제는 게임이다

누구도 게임을 강요하지 않았다

- 손실회피성향

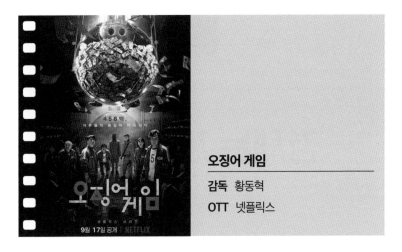

오징어 게임

감독 황동혁

OTT 넷플릭스

▷ 손실회피성향이란 새로 얻는 이익보다 갖고 있던 것을 잃는 것에 더 민감하게 반응하는 심리를 말한다. 행동경제학자인 카너먼과 트버스키가 연구해보니 민감도는 2.5배가량이라고 한다. 즉 1만원을 잃을 때의 상실감은 2만 5,000원을 얻을 때의 기쁨과 비슷하다는 뜻이다.

"술래가 '무궁화 꽃이 피었습니다'를 외치는 동안 전진할 수 있으며, 이후에 움직임이 감지되면 탈락입니다. 5분 안에 술래의 눈을 피해 마지막 결승선에 들어오면 통과입니다."

넷플릭스 오리지널 드라마 〈오징어 게임〉은 넷플릭스가 서비스하는 모든 나라에서 1위를 차지한 첫 콘텐츠가 됐다. CNN은 "끝내준다"고 했고, 《워싱턴포스트》는 "넷플릭스 사상 최대의 히트 작품이 될지 모른다"고 했다. 아마존 창업자 제프 베이조스 의장은 트위터에 〈오징어 게임〉의 스틸컷을 올리며 "(〈오징어 게임〉의 성공이) 매우 인상적이고, 영감을 준다"고 말했다.

황동혁 감독이 각본을 쓰고 연출한 〈오징어 게임〉은 빚에 쫓겨 막다른 골목에 몰린 456명의 사람들이 456억원의 상금을 걸고 벌이는 서바이벌 게임을 담은 드라마다. 이 드라마는 자본주의 사회의 부조리함과 살아남기 위해 괴물이 될 수밖에 없는 인간본성을 적나라하게 헤집었다.

생사를 건 게임이지만, 〈오징어 게임〉의 진행자들은 참가자들에게 '강요'를 하지 않는다. 자유의사로 판단하고, 공정하게 선택하도록 유도한다. 그런 만큼 〈오징어 게임〉에는 행동경제학의 요소가 곳곳에 숨어 있다.

첫 번째 게임인 '무궁화꽃이 피었습니다'에 참여한 사람들은 탈락자들이 그 자리에서 총살당하는 것을 보며 충격에 빠진다. 분노한이들은 게임중단을 요구한다. 과반수가 동의하면 게임은 중단될 수있다.

게임진행자는 "여러분의 뜻대로 게임중단 여부를 투표하겠다"고말한다. 참가자들은 환호한다. 진행자는 무표정한 표정으로 한마디더 거든다. "투표에 앞서 첫 번째 게임에서 적립된 상금을 공개하겠습니다."

참가자의 머리 위에는 빈 저금통이 있다. 첫 번째 게임에서 255명이 탈락했다. 1인당 1억원씩, 255억원의 돈이 돼지저금통에 적립된다. 게임진행자가 말한다. "지금 게임을 포기하면 255억원은 돌아가신 분의 유가족들에게 1억원씩 전달됩니다. 여러분들은 빈손으로 돌아갑니다."

수북이 쌓인 돈다발을 보는 순간 갑자기 강당의 분위기가 바뀐다. 사람들의 눈빛이 달라졌다. 방금 전까지 자신을 억눌렀던 죽음의 공포감이 옅어지고 5만원짜리 다발은 삶의 희망을 불어넣어준다.

게임진행자들이 노린 것은 '손실회피성향'이다. 손실회피성향이란 새로 얻는 이익보다 갖고 있던 것을 잃는 것에 더 민감하게 반응하는 심리를 말한다. 사람들은 1만원 벌 때 얻는 기쁨보다 1만원 잃을 때의 고통을 더 크게 느낀다. 그렇다면 얼마나 더 민감한 걸까? 행동경제학자인 카너먼(Daniel Kahneman)과 트버스키(Amos Tversky)가 연구해보니 2.5배가량이라고 한다. 그러니까 1만원을 잃을 때 느끼는 고통의 크기는 2만 5,000원을 벌 때 느끼는 만족감의 크기와 같다는 뜻이다.

참가자들은 255억원의 돈다발이 머리 위에서 떨어지는 것을 본 순간, 저 돈이 자신의 돈인 것처럼 느끼게 된다. 지금 게임을 그만두면 저 돈은 다른 사람들의 손에 들어가게 된다. 마치 자신의 돈 255억원을 뺏기는 듯한 기분이 들었을 것이다. 255억원을 잃는다는 상실감은 자신의 목숨보다도 더 크게 느껴진다.

오징어 게임 진행자들은 참가자들을 게임에 유도할 때도 '손실회피성향'을 이용했다. 기훈이 지하철에서 만난 의문의 사나이. 그는

"뭐야 잡상인이야?"라고 말하는 기훈에게 5만원이 든 가방을 보여준다.

EBS의 한 프로그램이 실제로 유사한 실험을 서울 명동에서 한 적이 있다. 명동거리 한복판에 테이블을 설치한 뒤 지나가는 사람에게 2만원을 나눠준다. 그런 다음 돈을 받은 사람들에게 "주사위를 던져 짝수가 나오면 3만원을 더 주겠다"고 제안했다. 만약 이긴다면 5만원을 얻게 된다. 단, 홀수가 나오면 2만원을 되돌려받겠다고 했다. 사람들의 선택은 무엇이었을까? 대부분의 사람들은 이 게임을 포기했다. 3만원이 탐나긴 해도 이미 쥐고 있는 2만원을 잃는 것이 더 싫었기 때문이다. 또 다른 사람들에게는 먼저 5만원을 줬다. 그러고 나서 "아차 실수네요"라고 하면서 3만원을 되돌려달라고 했다. 그러면서 "혹시, 주사위를 던져 짝수가 나오면 이 3만원을 다시 드리겠다"고 제안했다. 이들은 어떤 선택을 했을까? 대부분이 주사위 게임에 참여했다. 처음 가졌던 5만원을 되찾고 싶은 심리가 작용했다.

의문의 사나이가 5만원이 가득 든 가방을 보여주자 기훈의 눈빛이 흔들린다. 가방 안 돈들이 자신의 돈처럼 느껴졌을 것이다. 기훈은 "후회하지 말라"며 바로 딱지치기 게임을 시작한다. 손실회피성향은 이렇게 무섭다.

마케팅은 이런 손실회피성향을 잘 활용한다. 대형마트에서 '2+1' 행사를 보면 망설여진다. 사지 않으면 한 개를 괜히 손해를 보는 듯한 기분이 들기 때문이다. 소비자들은 "에라이, 언젠가 살 거, 이번 기회에 사자"며 결국 행사상품을 카트에 담을 확률이 크다. '30% 할인 행사'도 마찬가지다. 지금 사지 않으면 괜히 30%만큼 손해 보는 것 같다.

일부 증권사는 계좌를 새로 만들면 주식 1주를 공짜로 주겠다는 마케팅을 실시했다. 실제로 이 증권사는 많은 신규계좌를 유치하는 데 성공했다. 왠지 계좌를 트지 않으면 주식 1주를 날릴 것 같은 기분이 드는 것, 바로 그것이 인지상정이다.

투자자들은 이익이 난 주식은 먼저 매도하고 손실이 난 종목은 오래 보유하는 경향이 있다. 수익은 조금만 나도 매도하는데, 손실은 눈덩이처럼 불어나도 계속 쥐고 있다 보면 주식투자는 결과적으로 마이너스가 된다. 손실이 난 주식을 팔기 어려운 것은 원금이 자꾸 생각나는 손실회피성향 때문이다. 파란 숫자가 점점 커져가도 어지 간해서는 눈을 꾹 감고 '존버'를 외치게 된다. '존버' 끝에 주가가 오르면 다행이지만, 영원히 이전의 가격으로 회복되지 않는 주식도 많다. 주식시장에서 '사는 것은 기술, 파는 것은 예술'이라고 하는 이유는 이 때문이다.

대화의 기술, 연애의 기술
- 풋 인 더 도어

업

감독 피트 닥터, 밥 피터슨
OTT 디즈니+

▷ 풋 인 더 도어 전략이란 일명 '문 안에 한 발 걸치기' 전략이다. 먼저 사소한 부탁을 해 거절하지 못하도록 한 뒤 정말 원하는 요청을 해 승낙받는 방법이다. 풋 인 더 도어 전략은 소비자의 마음을 사로잡아야 하는 마케팅의 전략으로 유용하다.

'애니메이션 사상 최고의 오프닝', 디즈니픽사의 애니메이션 〈업(Up)〉에는 이런 찬사가 붙는다. 4분의 오프닝에는 동심 가득한 어린 시절의 첫 만남, 애정 충만한 신혼생활, 서로에게 의지한 노년, 그리고 외로운 사별까지 한 부부의 50년의 세월이 담겨 있다. 공동 연출한 피트 닥터와 밥 피터슨 감독은 단지 헬륨 풍선에 집만 매달아 올린 것은 아니었다. 삶·꿈·사랑·행복·추억과 같은 단어도 함께 하늘 높이 띄웠다.

탐험가 찰스 먼츠를 동경하던 소년 칼은 자신보다 더 모험적인 소녀 엘리를 만난다. 사랑에 빠진 두 사람은 가정을 이루고, 남미에 있는 파라다이스 폭포로 함께 떠날 꿈을 꾼다. 하지만 삶은 녹록지 않다. 여행을 가기 위해 모은 돈은 족족 생활비로 나가버린다. 노년이 된 칼은 마침내 파라다이스 폭포로 가는 항공권을 끊지만, 건강이 악화된 엘리는 동행하지 못한다. 혼자가 된 칼은 주변과 단절된 괴팍한 노인으로 변해간다.

그런 칼에게 꼬마 러셀이 찾아온다. "오늘 제 도움이 필요하세요? 저는 할아버지가 길을 건너는 것을 도와줄 수 있어요." 러셀의 뜬금없는 제안에 칼은 "아니!"라며 단칼에 거절한다.

러셀은 물러서지 않는다. "할아버지가 앞마당을 지나는 것을 도울 수 있어요." "아니!"

"할아버지가 베란다를 지나는 것을 도울 수 있어요." "아니!"

칼은 신경질적으로 문을 닫아버린다. 그런데 닫고 보니 조금 미안하다. 살짝 문을 여니 러셀이 그 자리에 그대로 있다.

"도와드릴 것은 없나요?" 칼이 황급히 문을 닫으려 하자 러셀이 문틈으로 발을 집어넣는다. 결국 칼은 할 수 없다는 듯 말한다. "계속 말해봐."

세일즈맨이 낯선 소비자에게 물건을 팔려면 일단 말을 거는 게 중요하다. 소비자가 "필요 없다"며 문을 닫을 때 한 발 들이대면서

"사라는 게 아니에요"라며 대화를 이어가야 한다. 사지 않아도 된다는데 막무가내로 내치는 건 좀 미안해서 소비자는 일단 세일즈맨의 말을 들어보게 된다. 이를 경영학에서는 '풋 인 더 도어(Foot in the Door)' 전략이라고 한다. 일명 '문 안에 한 발 걸치기' 전략이다. 먼저 사소한 부탁을 해 거절하지 못하도록 한 뒤 정말 원하는 요청을 해 승낙받는 방법이다.

풋 인 더 도어 전략은 1966년 프리드먼(Johnathan Freedman) 교수의 논문을 통해 널리 알려졌다. 조사관이 가정집에 찾아가 2시간 동안 집에서 요리할 때 쓰는 제품을 조사해도 되겠느냐고 물었더니, 22%만 동의했다. 낯선 사람이 방문해 2시간 동안이나 사생활을 묻는 것을 꺼려하는 사람들이 많았다. 조사관은 대신 소비생활에 대한 8개 문항의 설문조사는 해줄 수 있느냐고 물어 동의를 받았다. 3일 뒤 조사관이 다시 찾아가서 2시간짜리 조사를 재요청했더니 "알겠다"고 답한 비율이 43%로 높아졌다. 처음보다 동의하는 사람이 2배나 높아진 것이다.

또 다른 실험도 있다. 브리타니대학교의 니콜라 게겐(Nicolas Gueguen) 교수는 한 쇼핑몰에서 실험 남성을 고용해 쇼핑몰에 있는 240명의 여성에게 데이트 신청을 하도록 지시했다. 실험남은 여성들에게 다가가 "혹시 바쁘지 않다면 저랑 맥주 한잔 하실래요?"라며 데이트 신청을 했다. 절반인 120명의 여성에게는 곧바로 데이트 신청을 했고, 나머지 120명에게는 독립문 광장으로 가는 길을 물어본 후에 데이트 신청을 했다. 실험 결과, 곧바로 데이트 신청을 했을 때는 4명의 여성만이 수락했지만, 길을 물어보고 나서 데이트 신청을 했을 때는 5배에 가까운 19명이 "좋다"고 답했다. 풋 인 더 도어 전략은 이성을 유혹하는 데도 유용했던 셈이다.

풋 인 더 도어 전략은 소비자의 마음을 사로잡아야 하는 마케팅의 전략으로 유용하다. 자동차의 경우 기본 상품가격을 낮게 책정해 소비자에게 접근한 뒤 세부적인 옵션을 추가해 가격을 올리는 방법을 많이 쓴다. 처음부터 높은 가격을 제시하면 부담을 갖고 아예 거들떠보지도 않을 수 있으니, 저렴한 가격을 제시해 소비자의 관심이 계속 이어지도록 하는 것이다.

마트에서 하는 시식코너도 풋 인 더 도어 전략을 활용했다. 사지 않아도 좋으니 일단 먹어보라는 시식코너 판매원의 말에 일단 시식을 하고 나면, 한 개라도 사달라는 요구를 거절하기 힘들다. 거리를 지나가는데 "사지 않아도 되니 일단 들어와서 구경만 하라"는 호객행위도 풋 인 더 도어 전략이다.

풋 인 더 도어 전략은 연애의 기법으로도 유용할 수 있다. 관심이 있는 이성이라면 직은 호감을 주고받으며 관계를 이어갈 필요가 있다. 당장에 구애하기 어려운 연인이라면 풋 인 더 도어 전략을 써보자.

상대는 작은 부탁을 들어줬을 뿐인데 왜 이어진 큰 부탁을 또 들어주게 되는 것일까? 게겐 교수는 사람들은 첫 번째 부탁을 들어주면 '나는 남을 잘 도와주는 사람이야'라는 생각을 하게 된다고 한다. 이어서 두 번째 부탁을 받으면 그 일관성을 유지하고 싶은 심리가 작동한다고 한다. 즉 일전에 부탁을 들어준 뒤 스스로를 잘 도와주는 사람이라고 인식해놓고, 이번에는 거절하면 그 일관성을 유지하지 못해 마음이 불편해진다는 것이다.

다시 애니메이션으로 돌아가보자. 알고 보니 꼬마 러셀은 어른들을 도운 뒤 배지를 얻어야 했다. 배지 하나만 더 모으면 시니어 야생 탐험대원이 될 수 있다. 성가신 러셀을 떼어내고 싶었던 칼은 러셀에게 매일 밤 앞마당에 있는 철쭉을 다 먹어버리는 도요새를 잡아달라고 부탁한다. "제가 반드시 잡아드릴게요"라며 뛰어나가는 러셀을 보며 만족스러운 웃음을 짓는 칼 할아버지. 그런데 알고 있나, 도요새는 멸종된 새다. 러셀은 과연 도요새를 찾을 수 있었을까.

라떼는 말이야

- 므두셀라증후군

유열의 음악앨범

감독 정지우

OTT 넷플릭스, 웨이브, 티빙

▷ 므두셀라증후군이란 추억을 아름답게 포장하거나 나쁜 기억을 지우고 좋은 기억만 남기려는 심리를 말한다. 므두셀라는 구약성서에 나오는 노아의 할아버지로 969세까지 살았다. 심리학에서는 므두셀라증후군이 기억을 왜곡하는 도피심리와 관련이 깊다고 본다.

그때는 그렇게 힘들었는데 시간이 지나면 아련해지는 기억들이 있다. "삶이 그대를 속일지라도 슬퍼하거나 노여워하지 말라"던 푸시킨이 맞았다. 모든 것은 한순간에 지나가고, 지나간 것은 그리워진다. 1997년에 외환위기라는 초유의 사태가 있었지만 40·50세대에게 1990년대는 그리운 10년이다.

정지우 감독은 1990년대를 관통하는 주파수를 〈유열의 음악앨범〉에 맞췄다. 〈유열의 음악앨범〉은 1994년 10월 1일부터 2007년 4월 15일까지 13년간 매일 오전 9시부터 2시간 동안 아침을 함께한 KBS FM의 대표 라디오 프로그램이었다.

영화 〈유열의 음악앨범〉은 방송을 시작한 1994년부터 보이는 라디오 방송이 시작된 2005년까지 11년간의 이야기다. 그사이 1997년 외환위기가 닥쳤고, 2000년 새천년이 시작됐다. 소년원에서 출소할 때 뭐 하나라도 세상이 바뀌는 '기적'을 바랐던 현우 앞에 2개의 기적이 나타난다. 하나는 가수 유열이 첫 방송을 시작한 것이고, 또 다른 하나는 미수의 빵집에서 미수를 만난 것이다. 두 사람은 애틋한 감정을 품지만 현우는 말없이 사라진다. 3년이 지난 1997년, 두 사람은 폐점한 빵집 앞에서 재회하지만 현우의 입대 전날이다. 또다시 3년이 지난 2000년, 제대한 현우는 이메일로 미수를 다시만난다.

현우의 방을 찾은 미수는 미소를 짓는다. 6년 전 함께 찍었던 사진 한 장이 벽에 붙어 있었기 때문이다. 현우는 말한다. "난 살면서 좋았던 순간이 몇 개 없는데 어떤 순간이 기억이 잘 안 나서 막 짜증이 나는 거야. 내 기억 같지 않고, 내가 그 속에 있었다는 게 믿어지지 않을 정도로. (좋았던 기억을) 안 빼앗기려고 찍었어."

사람들은 추억을 아름답게 포장하거나 나쁜 기억을 지우고 좋은 기억만 남기려는 심리가 있다. 행동경제학에서는 이를 '므두셀라증후군(Methuselah Syndrome)'이라고 부른다. 므두셀라는 구약성서에 나오는 노아의 할아버지다. 969세까지 살았던 므두셀라는 성경에 나온 누구보다도 오래 살았다.

이 때문에 장수의 상징이 됐는데, 장수와 관련이 있는 것으로 알려진 유전자를 므두셀라 유전자라고 부른다. 므두셀라성(星)도 있다. 144억 년 된 별로 추정되는 HD 140283의 별칭으로, 현재까지 관측된 천체 중 가장 오래된 것으로 여겨진다.

므두셀라는 코미디언 구봉서와 배삼룡이 유행어로 만들었던 '대한민국에서 가장 긴 이름'에서도 언급돼 동시대 한국인들에게는 낯익은 이름이 되기도 했다. 삼대독자가 단명하지 않고 오래 살도록 하려면 이름을 길게 지으라는 역술인의 말에 지은 이름이 '김수한무, 거북이와 두루미 삼천갑자 동방삭, 치치카포 사리사리센타 워리워리 세브리깡, 므두셀라 구름이 허리케인에 담벼락, 담벼락에 서생원, 서생원에 고양이, 고양이엔 바둑이, 바둑이는 돌돌이'였다.

므두셀라는 나이가 들수록 과거를 회상할 때 좋은 기억만 떠올리고, 그때로 돌아가고 싶어했다. 심리학에서는 므두셀라증후군이 기억을 왜곡하는 도피심리와 관련이 깊다고 본다. 어려운 현실을 도피하기 위해 과거를 객관적으로 인지하기보다 좋은 기억만 선별적으로 떠올리려 한다는 것이다. 동시에 자신에 대한 방어심리로 보는 견해도 있다. 스스로가 지나온 삶에 정당성과 자긍심을 불어넣기 위해서는 과거가 아름다워야 한다는 것이다. 군 복무·고3·가난 등 견디기 힘들었던 시절이 유독 더 아름답게 느껴지는 것은 이 때문이다.

이뤄지지 못한 첫사랑도 훗날 되돌아보면 나쁜 기억보다 좋은 기억이 더 많이 떠오를 수 있다. 상처를 헤집기보다 잘 봉합하고 싶은 심리가 작용하기 때문이다.

유열은 대표곡인 〈지금 그대로의 모습으로〉에서 '바로 지금 그대로의 모습으로 나에게 남아주오'라고 노래했다. 서로의 눈을 마주치고 손을 꼭 쥐던 그 아름다운 사랑의 추억을 영원히 간직하고 싶다는 의미에서 므두셀라증후군에 대한 약속에 가깝다.

과거의 아픈 기억만 떠올린다면 사람은 살아가기 힘들다. 그런 점에서 므두셀라증후군은 오늘 우리가 힘을 내 살 수 있는 긍정에너지가 된다. 반면 므두셀라증후군은 과거의 영광에서 빠져나오지 못한다면 퇴행의 원인이 되기도 한다. 현실을 외면하고 과거에 집착하거나 자신을 과도하게 합리화하는 데 사용될 수 있기 때문이다.

이런 심리를 이용한 것이 '레트로 마케팅(Retro Marketing)'이다. 과거의 향수를 자극하는 상품을 통해 고객을 유혹하는 판매전략으로, '과거를 빌려와 현재를 판다'라고 한다. 레트로는 'Retrospect(회상·추억)'의 약자로, 마케팅에서 처음 쓰인 것은 1970년대로 알려져 있다. 1990년대 후반에서 2000년대 초반까지의 대중가요가 듬뿍 녹아 있는 영화 〈유열의 음악앨범〉에 대해 제작사는 '레트로 감성멜로'라고 표현했다.

반면 과거를 좋지 못한 기억이나 부정적인 기억으로만 남기려는 심리도 있는데 이는 '순교자증후군(Martyr Syndrome)'이라고 한다. 과거의 힘들었고 어려웠던 순간들만 잘 떠오르는 것으로, 자기 자신을 피해자나 희생자처럼 인식하게 해 심하면 자기학대로까지 이어질 수 있다. 자기가 믿는 신앙을 지켜내기 위해 모든 박해를 견디며 목숨을 바친 순교자로부터 유래한 명칭이다.

다시 영화로 돌아가보자. 현우와 미수는 다시 헤어진다. 그리고 5년이 흐른 2005년, 기적처럼 미수 앞에 현우가 서 있다. 두 사람은 마침내 과거가 아닌 미래와 조우할 수 있을까.

자폐인과 서울대 법대 수석

- 대표성 휴리스틱

이상한 변호사 우영우

감독 유인식
OTT 넷플릭스

▶ 휴리스틱이란 의사 결정을 할 때 직관적 판단에 의존하는 행동법칙이다. 쉽게 말해 어떤 상황에 대해 요모조모 따져보지 않고 어림짐작으로 판단을 해버리는 것이다. 그중에서도 개별사건에 대한 구체적인 관계를 따지지 않고 '얼마나 모집단을 닮았느냐'로 대충 판단하는 것을 '대표성 휴리스틱'이라고 부른다.

"제 이름은 똑바로 읽어도, 거꾸로 읽어도 우영우입니다. 기러기, 토마토, 스위스, 인도인, 별똥별, 우영우."

〈이상한 변호사 우영우〉는 하반기 K콘텐츠 중에서 가장 '핫'했던 드라마다. 우영우와 친구 동그라미가 나눴던 '우 투더 영 투더 우'와 '동 투더 그 투더 라미' 인사는 MZ세대의 유행어가 됐다.

우영우 변호사는 자폐스펙트럼장애를 가진 변호사다. 자폐인의 특징 중 하나가 자신이 좋아하는 것에 집중하는 건데, 우영우는 법을 좋아해서 법전을 줄줄 외운 끝에 대형 로펌 '한바다'에 들어간다.

우영우는 고래를 좋아한다. 항유고래부터 남방큰돌고래까지 모르는 고래가 없다. 남들이 생각해내지 못한 아이디어가 떠오를 때면 상쾌한 바람과 함께 어디선가 고래가 나타난다.

〈이상한 변호사 우영우〉는 통신사 KT의 중간지주사인 KT스튜디오지니가 제작했고, KT의 케이블채널인 ENA를 통해 방영됐다. 넷플릭스가 지적재산권 전부를 갖고 있는 〈킹덤〉〈오징어 게임〉 등과 달리 넷플릭스는 〈이상한 변호사 우영우〉의 방영권만 갖고 있다. 때문에 거대 글로벌 OTT와의 계약에서 K콘텐츠의 저작권 가치를 한 단계 높였다는 평가도 받는다.

우영우 변호사는 드라마 제목처럼 '이상한 변호사'다. 주변에서 흔히 마주치는 그런 종류의 변호사는 분명 아니다. 우영우가 한바다에 입사하자 팀장인 정명석 변호사는 "어떻게 이런 애를 보내주느냐"며 대표에게 항의한다. 우 변호사를 처음 만나는 클라이언트들도 노골적으로 불편한 기색을 보인다. 왜 그럴까? 산만한 시선, 불편해 보이는 몸짓, 종종 옆길로 새는 대화는 '일반적' 변호사로 보이지 않았을 것이다. 평범해 보이지 않는 그에게 자신의 운명을 맡길 의뢰인은 많지 않다. 법정은 한 치의 빈틈도 허용하지 않는 치열한 전쟁터다. 이들은 우 변호사를 한번 쓰윽 보더니 이렇게 단정지었다.

사람들은 모든 일을 요모조모 따져서 판단하지 않는다. 어떤 일은 경험이나 주관을 갖고 '대충' 판단한다. 이처럼 의사 결정을 할 때 직관적 판단에 의존하는 행동법칙을 행동경제학에서는 '휴리스틱(Heuristic)'이라고 한다. 쉽게 말해 어떤 상황에 대해 어림짐작으로 판단을 해버리는 것이다. 그중에서도 개별사건에 대한 구체적인 관계를 따지지 않고 '얼마나 모집단을 닮았느냐'로 어림짐작해서 판단하는 것을 '대표성 휴리스틱'이라고 부른다. 이때는 내가 가지고 있는 고정관념이 의사 결정에 많은 영향을 미치게 된다. 1970년대에 심리학자 트버스키와 카너먼이 명명했다.

대표성 휴리스틱은 '린다 문제(Linda Problem)'로 종종 설명된다. 린다는 31세이고 독신이다. 본인 생각을 기탄없이 이야기하는 성격이다. 그는 머리가 매우 좋다. 대학에서는 철학을 전공했다. 학창 시절 그는 인종차별과 사회정의에 깊이 관여했다.

그렇다면 린다는 어떤 직업을 갖고 있을 확률이 클까? 첫째는 페미니스트일 확률, 둘째는 은행원일 확률. 사람들은 대부분 페미니스트일 확률이 높다고 답했다. 하지만 현실에서는 페미니스트보다 은행원이 더 많다. 린다도 페미니스트일 확률보다는 은행원일 확률이 더 높다. 하지만 사람들은 린다에 대한 특성만 듣고는 페미니스트일 확률이 더 높다고 판단했다.

우리 일상에서도 이런 사례는 잦다. 혈액형으로 사람의 성격을 판단하는 것이 대표적이다. A형은 어떻고 B형은 어떻네 하지만, 의학논문 어디에도 혈액형이 사람의 성격을 결정짓는다는 연구는 없다. 별자리나 요즘 핫하다는 MBTI로 성격을 예단하는 것도 마찬가지다. 사람의 성격은 16가지로 규정할 수 없을 만큼 훨씬 더 다양하고 복합적이다. 출신지도 대표성 휴리스틱을 일으키는 요소다. 우리는 종종 경상도, 전라도, 충청도, 강원도 등 출신지역을 보고 사람을 단정 짓는다.

상당수 자폐인들은 다른 사람들과 다르게 행동하고, 생각이나 판단력이 평균 수준에 못 미친다. 하지만 모든 자폐인이 그런 것은 아니다. 자폐는 자폐스펙트럼장애라고 부를 정도로 폭이 넓다. 자폐인 중에는 천재도 있다.

"자폐를 최초로 연구한 사람 중 한 사람인 한스 아스페르거(Hans Asperger)는 자폐에 긍정적 요소가 있다고 말했습니다. 일탈적이고 비정상적인 모든 것이 반드시 열등한 것은 아니지요. 자폐아들은 새로운 사고방식과 경험으로 훗날 놀라운 성과를 만들어낼 수도 있습니다."

3회 에피소드에서 우영우 변호사는 이같이 독백을 한다. 자폐인들은 대표싱 휴리스틱에 빠질 가능성이 비장애인보다 적다. 상대적으로 고정관념에 빠질 가능성이 적기 때문이다. 실제로 세상에 큰 기여를 한 빌 게이츠, 아인슈타인, 고흐 같은 위인들도 자폐와 같은 증상이 있었다고 한다. 이들은 다른 사람들과 같은 생각을 하지 않았고, 평범 이상의 성과를 냈다. 다른 변호사가 생각하지 못한 방식으로 사건에 접근하는 우영우 변호사처럼 말이다.

우 변호사의 산만한 시선, 불편한 몸짓을 보고 등을 돌리는 의뢰인에게 정명석 변호사가 말한다. "우 변호사는 서울대 법대를 수석으로 졸업하고 서울대 로스쿨도 수석으로 졸업했습니다!" 그 말을 들은 의뢰인들이 돌변한다. "그래요? 그럼 한번 맡겨볼까요?"

국내 최고 대학인 서울대학교를 수석졸업하고, 서울대학교 로스쿨을 수석으로 졸업했다는 것은 또 다른 대표성 휴리스틱을 불러일으킨다. 자폐인이라는 이유로 받던 부정적 편견이 서울대학교 수석으로 상쇄가 되는 셈이다. 하지만 서울대학교 수석이라고 해도 변호 능력이 최고로 뛰어나다고는 볼 수 없다. 공부머리와 일머리는 다른 경우도 많기 때문이다.

"길 잃은 외뿔고래가 흰고래 무리에 속해 함께 사는 모습을 본 적이 있습니다. 어느 다큐멘터리에서요. 저는 그 외뿔고래와 같습니다. 낯선 바다에서 낯선 흰고래들과 함께 살고 있어요. 모두가 저와 다르니까 적응하기 쉽지 않고, 저를 싫어하는 고래들도 많습니다. 그래도 괜찮습니다. 이게 제 삶이니까요. 제 삶은 이상하고 별나지만, 가치 있고 아름답습니다."

우영우의 독백이다. 다른 것이 틀린 것은 아니지만 실제로 우리는 다른 것은 틀리다고 생각할 때가 많다. 〈이상한 변호사 우영우〉는 에피소드가 반복될수록 우영우를 통해, 그리고 사건을 통해 우리 스스로를 돌아보게 한다. 〈이상한 변호사 우영우〉 시즌 2가 기다려지는 이유다.

기대가 크면 실망도 크다
- 가면증후군

알라딘

감독 가이 리치

OTT 디즈니+, 웨이브, 티빙

▶ 가면증후군이란 자신의 성공이 자신의 능력이 아닌 운에 의한 것이라고 생각하며 언젠가는 제 실력이 드러날 것 같아 불안해하는 심리를 말한다. 제 실력 이상의 지위와 포상을 받았다며 스스로를 '사기꾼'으로 몰기도 한다. '기대가 크면 실망이 크다'는 전제하에 높은 기대를 받는 사람이 느끼는 심리적 압박으로 볼 수 있다.

생각나는 『아라비안나이트』의 작품들을 꼽아보라면 「신밧드의 모험」 「알리바바와 40인의 도적」과 함께 「알라딘과 마법 램프」가 빠지지 않는다. 그중에서도 디즈니의 선택은 '알라딘'이었다.

1992년에 제작한 애니메이션 〈알라딘〉은 아카데미상, 골든글로브상, 애니상을 휩쓸며 디즈니 르네상스를 이끌었다. '알라딘'만큼 유명해진 인물이 램프의 요정 '지니'였다. 지니는 아라비아반도에서 신적 존재로 숭배받는 대상이지만 애니메이션 〈알라딘〉을 통해 소원을 이뤄주는 익살스럽고 정겨운 존재로 다시 태어났다. 27년 만에 실사판으로 돌아온 가이 리치 감독의 〈알라딘〉은 그래서 기대가 컸다. 알라딘만큼이나 지니 역을 누가 맡을지는 큰 관심사가 됐다.

알라딘은 아그라바왕국 저잣거리에서 물건을 훔쳐 생계를 이어가는 소매치기 좀도둑이다. 알라딘은 신분을 감춘 채 시장을 돌고 있던 자스민 공주를 우연히 만나고, 한눈에 반한다. 재상 자파가 알라딘을 유혹한다. "공주를 사로잡을 만큼 큰 부자로 만들어주겠다. 마법의 동굴에 들어가서 램프만 가져와."

알고 보니 그 램프에는 무슨 소원이든 들어주는 지니가 갇혀 있다. 단, 소원은 3번만 빌 수 있다. 알라딘은 첫 번째 소원을 빈다. "왕자로 만들어달라"다. 아바브와왕국의 알리 왕자가 된 알라딘은 화려한 퍼레이드를 앞세워 아그라바왕국에 입성한다. 마침내 자스민 공주의 마음을 사로잡는 데 성공한다. 하지만 자신의 정체가 탄로날까봐 언제나 두렵다. 진짜 왕자가 아닌 좀도둑에 불과하다는 사실이 드러났을 때도 공주는 자신을 사랑할까. "난 네가 누구인지 알고 있어." 자파의 한마디에 알라딘은 움찔한다.

성공한 사람들 중에는 자신의 성공이 자신의 실력이나 노력이 아닌 운으로 얻어졌다고 생각하며 언젠가는 제 실력이 드러날 것을 불안해하는 사람들이 있다. 제 실력 이상의 지위와 포상을 받았다며 스스로를 '사기꾼(imposter)'으로 몰기도 한다. 이 같은 심리적 현상을 '가면증후군(Imposter Syndrome)'이라고 한다. 심리학자인 폴린 클랜스(Pauline Clance)와 수잔 임스(Suzanne Imes)가 1978년 처음 사용한 단어다. 한마디로 '기대가 크면 실망이 크다'는 전제하에 높은 기대를 받는 사람이 느끼는 심리적 압박으로 볼 수 있다.

두 사람에 따르면 가면증후군은 성공한 여성들에게 많이 보였다고 한다. 이들은 자신이 운으로 성공했다는 것을 들키지 않기 위해 더 열심히 일하고, 윗사람에게 인정받기 위해 자신의 매력을 이용하는 등 모든 것을 퍼붓는 경향이 있었다. 자신의 부족함을 가리기 위해 과도하게 노력하면서 자신을 혹사하고, 심지어 신경과민과 대인공포증에 시달리기도 한다.

가면증후군은 여성뿐 아니라 유색 인종이나 문화적 마이너리티에게서 더 쉽게 나타난다고 한다. 주류사회에서 도태되지 않기 위해서 끊임없이 실력을 키워야 한다는 위기감이 그만큼 크다는 의미다. 이유야 어떻든 가면증후군에 빠진 최고경영자(CEO)는 자신의 성공을 증명하기 위해 무리수를 두다가 자신과 조직을 위험으로 내몰 수도 있다.

가면증후군은 왜 생길까? 심리학자들은 가면증후군은 타인으로부터 높은 평가를 받는 사람일수록 실패에 대한 두려움도 큰데 실제로 실패를 했을 경우 자신을 보호하기 위한 방어기제 중 하나라고 설명하고 있다.

6개 국어를 구사할 줄 아는 나탈리 포트만은 하버드대학교 졸업식에서 '멍청한 배우'라는 말을 듣지 않기 위해 일부러 어려운 수업만 골라 들었다고 밝혔다. 특수상대성 이론을 발표한 알베르트 아인슈타인도 자신의 업적이 과도하게 평가받고 있다며 스스로를 '의도하지 않은 사기꾼'으로 불렀다고 한다. 심리학자 해롤드 힐먼(Harold Hillman)은 가면증후군을 앓는 사람들은 타인의 시선에 과도하게 신경을 쏟는 경향이 있다고 밝혔다. 그러면서 중요한 치료요법으로 '진정성'을 꼽았다.

물론 가면증후군도 긍정적인 요소가 있다. 버시마 투픽(Basima Tewfik) MIT 슬론경영대학원 조교수 등 연구팀이 의사(연수의)를 대상으로 조사한 결과를 보면, 가면증후군 경향을 보이는 의사가 환자와 보다 적극적으로 교류하는 것으로 나타났다. 투픽 교수는 "가면증후군 경향을 보이는 의사들은 환자로부터 유능하고, 공감에 능하며, 이야기를 잘 듣고 정보를 잘 이끌어낸다는 평가를 받았다"고 밝혔다.

다시 애니메이션으로 돌아가보자. 술탄이 주최한 연회에서 지니는 자스민에게 다가가기를 망설이는 알라딘에게 "겉모습은 왕자로 만들어놓았지만 네 내면의 모습은 바꾸지 않았다"며 "네 가치를 믿으라"고 조언한다. 자스민을 연인으로 만드는 것은 왕자라는 신분이 아니라 알라딘, 자신이라는 이야기다.

지니의 조언은 전문가들의 조언과도 비슷하다. 전문가들은 가면증후군을 극복하기 위해서는 침묵을 깨고 먼저 말하고 행동하기를 제안한다. 망설이지 말고 다가가서 말을 걸고 자신감 있게 행동을 시작하라는 것이다. 또한 소속감을 되찾는 것도 중요하다고 조언한다. 사건과 감정을 분리하고, 실패와 실수에 대한 인식을 바꾸는 것도 필요하다고 했다.

자스민은 배우자의 재력과 권력에는 관심이 없었다. 알라딘이 가진 순수함과 용기, 유머, 재치가 좋았다. 알라딘은 자파를 물리치면서 비로소 가면증후군에서 빠져나온다. 알라딘이 지니에게 자유를 선사한 것은 이제는 마법의 램프가 없어도 잘 살아갈 수 있다는 자신감의 발로가 아니었을까.

이 애니메이션의 뒷이야기 하나. 실사판 알라딘 역을 맡은 미나 마수드는 이집트 카이로에서 태어나 캐나다에서 자란 배우다. 그가 좋아하는 배우는 로빈 윌리엄스, 윌 스미스라고 한다. 두 사람은 27년 터울로 나온 〈알라딘〉에서 지니 역을 맡았다. 마수드는 자신의 우상, 윌 스미스와 영화에 함께 출연하는 데 대해 "영광스럽다"고 말했다. 램프의 요정, 지니가 현실에서 마수드의 소원을 이루게 해준 것일까.

그럼 누가 합니까?

- 후회회피

항거: 유관순 이야기

감독 조민호

OTT 넷플릭스, 왓챠, 웨이브, 티빙

▷ 후회회피란 후회하고 싶지 않은 심리를 말한다. 사람은 누구나 자신의 선택이 잘못됐다는 것을 알게 되었을 때 느끼게 될 후회에 대한 두려움이 크다. 일을 실행했을 때는 실패에 따른 후회가, 일을 실행하지 않았을 때는 기회를 놓친 데 대한 후회가 생긴다. 사람들은 이 중에서도 일을 실행하지 않은 데 따른 후회가 더 크다.

"내 손톱이 빠져나가고, 내 귀와 코가 잘리고, 내 손과 다리가 부러져도 그 고통은 이길 수 있사오나 나라를 잃어버린 그 고통만은 견딜 수가 없습니다. 나라에 바칠 목숨이 오직 하나뿐인 것이 이 소녀의 유일한 슬픔입니다."

유관순 열사의 유언이라고 한다. 유관순. 그 이름 석 자를 한국인 치고 모르는 사람이 있을까. 하지만 유명세에 비하면 그에 대한 스토리텔링은 빈약했다. 조민호 감독의 영화 〈항거: 유관순 이야기〉는 그래서 반갑다.

조민호 감독은 유관순 열사에 대한 제대로 된 영화가 없다는 것을 알게 되면서 이 영화를 기획했다고 한다. 유관순 역을 열연한 배우 고아성은 열일곱 유관순에게 보내는 편지에서 "3·1운동 100년이 지나 열사님 영화가 나오게 된 게 너무 늦었다. 죄송하다"고 했다. 영화가 개봉한 2019년 3·1절 연휴 사흘간 60만 명이 이 영화를 보러 극장을 찾았다. '열사 유관순'에 대한 대중들의 목마름이 그만큼 컸다는 말도 된다.

영화 〈항거: 유관순 이야기〉는 서울에서 일어난 1919년 3·1운동 뒤 고향 충남 천안 병천으로 간 유관순의 행적을 좇는다. 한 달이 지난 4월 1일(음력 3월 1일) 유관순은 아우내장터에서 만세운동을 주도한다.

일제는 잔혹했다. 유관순 열사는 현장에서 양친을 잃는다. 체포돼 압송된 서대문감옥, 그는 여옥사 8호실의 '수감번호 371번'이 됐다. 1년 뒤인 1920년 3월 1일 유관순은 옥중에서 만세운동을 주동한다. 이어진 모진 고문은 18세라는 나이에 버티기 어려웠다. 출소 이틀을 앞두고 그는 옥사했다.

극중 옥에 갇힌 유관순은 '3·1 만세운동에 왜 참여했느냐'는 질문에 이렇게 답한다. "안 하면 나중에 후회할 것 같아서요."

사람들은 후회하고 싶지 않은 심리가 있다. 자신의 선택이 잘못됐다는 것을 알게 되었을 때 느끼게 될 후회에 대한 두려움이 크기 때문이라고 한다. 일종의 후회의 기회비용이다. 행동경제학에서는 이를 '후회회피(Regret Aversion)'라고 부른다. 후회회피는 의사 결정에 중요한 영향을 미친다.

주목해야 할 점은 시간에 따라 후회의 대상이 달라진다는 것이다. "최근 한 달 사이에 있었던 일 중 가장 후회되는 일이 무엇이냐"고 물으면 "그거 안 했어야 했는데"라고 답을 한다. 하지만 "지금까지 살아오면서 가장 후회되는 일이 무엇이냐"고 물으면 "그때 그 일을 했어야 했는데"라고 답한다고 한다. 대문호 마크 트웨인(Mark Twain)은 "20년 지나면 한 일보다 하지 않은 일을 더 후회하게 된다"고 말했다.

당첨 가능성이 낮은 로또를 매주 사는 사람의 행동은 후회회피로 설명이 된다. 미국의 경제매체인 〈비즈니스 인사이더〉가 한 실험을 보자. 한 사무실 직원을 대상으로 복권 공동구매 신청을 받았더니 예상보다 참여율이 높았다. 왜 복권을 사기로 했는지 물었더니 답변자들은 "복권을 구입한 동료가 만약 당첨돼 회사를 그만두면 내가 비참할 것 같아서"라고 답했다. 복권이 높은 당첨금을 제시할수록 후회의 기회비용도 커진다.

갖은 고초를 당한 유관순도 지쳤다. 극중 그는 "만세운동에 참여하지 않았으면 어땠을까"라고 뇌까린다. 그러자 다방 종업원 이옥이가 말한다. "지금 아무리 힘들다 해도 나는 다시 돌아가면 만세를 부를꺼예."

일제 치하에서 민중들은 내 땅에 살면서도 개돼지 취급을 받았다. 만세운동에 참여해 고초를 당할지언정 동참하지 않아 느낄 후회의 기회비용이 극에 달하고 있었다. 일제는 부랴부랴 문화통치로 전략을 바꾸지만 그것만으로는 부족했다. 민중은 이미 주권국가의 공화 국민으로 깨어났다. 내 아이들에게 식민조국을 물려줄 때 느낄지 모르는 후회를 하지 않겠다는 결연한 의지이기도 했다. 한반도에 사는 민중이 원한 것은 주권이었다.

서울 정동길에는 유관순 열사가 나온 고등학교인 이화여고(구 이화학당)가 있다. 유관순은 1916년 미국선교사가 주선해 교비장학생으로 이화학당에 입학했다. 학내 위치한 이화박물관에는 유관순 열사가 공부했던 유관순교실이 재현돼 있다. 교실 한쪽 벽면에는 학우들과 함께 찍은 유관순 열사의 19세 당시 모습을 담은 사진이 걸려 있다. 학내에는 유관순 열사의 동상도 있다.

유관순 열사는 3·1운동 당시 학우들과 5인의 결사대를 조직해 남대문으로 향하는 시위행렬에 합류했다. 이후 휴교령이 내려지자 고향인 천안으로 가 아우내장터에서 만세운동을 주도했다. 일본 헌병대에 체포된 뒤 서대문감옥으로 압송돼 사망한다. 이화학당은 유관순 시신을 인도해줄 것을 요구했지만 일제는 거부한다. 하지만 이화학당 교장 월터(Jeannette Walter)는 미국 신문에 알려 세계 여론에 알리겠다고 강력하게 항의해 '해외언론에 알리지 않고 장례는 조용히 치른다'는 조건을 붙여 시신을 인도받았다고 한다.

지하철 독립문역 근처에는 무수한 독립투사가 목숨을 내놔야 했던 서대문형무소역사관이 있다. 이화박물관과 서대문형무소는 우리가 결코 잊지 말아야 할 서대문구의 '다크투어리즘(Dark Tourism)'의 명소다.

영화 〈항거: 유관순 이야기〉는 흑백영화다. 조민호 감독은 "유관순이 실제 당했을 고문과 같은 보기 힘든 장면들을 관객에게 직접적으로 보여줘 눈을 돌리게 하고 싶지 않았다. 날것으로 표현하기보다는, 흑백으로 표현해 관객들로 하여금 상상할 수 있게 만들고 싶었다"고 말했다. 일제의 고문은 현 시대가 받아들이기 어려울 정도로 잔인했다. 하지만 때로 검붉은 피보다 절제된 명암이 더 고통스럽게 보일 수 있다.

"후회하지 않느냐"는 보안과장의 말에 유관순은 "후회는 너희들이 할 것"이라며 물러서지 않는다. 죽음이 왔음을 인지한 유관순. 옥중에서 힘없이 누워 있는 그에게 누군가가 묻는다. "왜 그렇게까지 하는 거요?" 유관순이 답한다. "그럼 누가 합니까?" "자유란 하나뿐인 목숨을 내가 바라는 대로 쓰다 죽는 것"이라는 유관순 열사의 말은 울림이 크다.

꼬리가 몸통을 흔든다

- 왝더독 현상

노무현입니다

감독 이창재
OTT 왓챠, 웨이브, 티빙

▷ 왝더독 현상이란 개의 꼬리가 몸통을 흔든다는 뜻으로 주객이 전도된 상황을 말한다. 미국 속담에서 비롯된 용어지만 경제를 비롯해 정치, 문화, 스포츠, 군사, 외교 분야에 널리 쓰인다. 특히 최근에는 복수의 후보가 출마하는 당내경선과 같은 정치 분야에도 두드러지게 사용된다.

2002년 새천년민주당의 대통령후보 경선은 16부작 정치드라마로 불렸다. 지지율 2%의 후보가 여당의 잠룡들을 하나씩 쓰러뜨린 끝에 대선후보가 될 것이라고는 아무도 예상하지 못했다. 그렇게 선출된 후보가 노무현이었다. 이창재 감독의 〈노무현입니다〉는 2002년 뜨거웠던 40여 일간의 민주당 대선경선을 다룬다.

2001년 10월 재·보궐선거에서 참패한 새천년민주당은 한국 정당사상 처음으로 국민참여경선제를 도입했다. 당원·대의원뿐 아니라 일반국민들에게도 문호를 연 국민참여경선은 대선 흥행을 이끌기 위한 승부수였다. 이후 국민경선은 한국 정치에서 빼놓을 수 없는 경선시스템 중 하나가 됐다.

막강한 당 내외 지지를 받는 이인제의 대세론은 견고해 보였다. 첫 경선인 제주 경선에서 3위로 가능성을 확인한 노무현은 세 번째 경선이던 광주에서 승리하면서 대세론을 허물 발판을 마련한다. 이인제의 고향인 대전·충남 경선에서 대패해 위기에 몰렸지만 강원 경선에서 박빙의 승리를 거두며 흐름을 끊는 데 성공한다. 이어진 대구와 인천 경선에서 마침내 대역전극을 일궈낸다.

경제학의 눈으로 보자면 2002년 경선은 '왝더독 현상'의 전형이다. 왝더독(Wag the Dog)이란 개의 꼬리가 몸통을 흔든다는 뜻으로 주객이 전도된 상황을 말한다. 미국 속담에서 비롯된 용어지만 경제를 비롯해 정치, 문화, 스포츠, 군사, 외교 분야에 널리 쓰인다. 특히 최근에는 복수의 후보자가 출마하는 당내경선과 같은 정치 분야에도 두드러지게 사용된다.

왝더독이 먼저 쓰인 곳은 주식시장이다. 선물시장이 현물시장을 흔드는 일이 잦아지자 이를 왝더독 현상이라고 표현하기 시작했다. 기본적으로 선물시장은 현물시장의 위험을 헤지(hedge)하기 위해 생긴 파생상품이다. 때문에 현물에 의해 선물 가격이 움직이는 게 정상적이다. 하지만 선물시장에서 하락장을 예상하면 현물시장도 공공연히 하락 쪽으로 방향을 튼다. '뭔가 이유가 있으니 하락에 베팅하지 않았느냐'는 대중의 심리가 작용하기 때문이다. 선물시장은 현물시장보다 정보에 더 민감하다는 특성이 있다.

기술적인 문제도 있다. 선물시장 가격과 현물시장 가격 차이가 크게 벌어지면 기관투자자들이 프로그램매매(사전에 특정가격을 지정해놓고, 그 가격에 이르면 자동으로 거래하는 것)를 통해 차익거래를 해버린다. 그러면 현물시장도 직접적인 영향을 받게 된다. 선물시장이 현물시장보다 가격이 높을 경우를 콘탱고(Contango)라 부르는데 '정상 시장'이라고도 부른다. 일반적으로 선물은 이자와 창고료·보험료 등 보유비용이 들어가기 때문에 현물보다 가격이 높고, 결제월이 멀수록 가격이 높다. 콘탱고 상황에서는 선물을 팔고 현물을 구매한다. 반대로 현물시장이 선물시장보다 가격이 높은 경우는 백워데이션(Back-wardation)이라고 한다. '비정상적인 시장'이라는 뜻으로 미래 전망이 어두울 때 발생한다. 이럴 때는 현물을 팔고 선물을 사게 된다.

외국인이나 기관투자자 같은 큰손들은 의도적으로 시장에 개입할수도 있다. 하락에 베팅한 선물의 만기일이 다가오면 보유한 주식을 내다 팔아 약세장을 유도하는 식이다. 이런 이유로 옵션만기일에는 주식시장이 출렁이는 경우가 많다.

기초자산 가격에 의해 결정되는 파생상품의 시세가 오히려 기초자산에 영향을 미치는 경우도 왝더독 현상으로 설명할 수 있다. 신용부도스와프(CDS)는 해당 채권에 대한 위험도를 반영해 결정된다.

하지만 요즘은 CDS에 의해 채권의 가치가 결정되는 경우도 잦다.

공매도로 인해 현 주가가 영향을 받는 것도 왝더독효과다. 공매도가 많이 처진 종목은 미래 주가하락에 베팅한 투자자들이 많다는 뜻이기 때문에 '뭔가 있나' 하는 심정으로 투자를 망설이게 된다. 때문에 주가하락 때마다 국내에서는 공매도를 폐지해달라는 요청이 끊이지 않고 나온다.

선거가 불리해지자 의도적으로 다른 사건을 터트려서 판세를 바꾸는 행위를 왝더독 현상이라고 부르기도 한다. 2002년 민주당 경선이 시작됐을 때 노무현 후보는 눈에 띄지 않았다. 이인제 외에도 DJ의 적자인 한화갑, 대통령 비서실장 출신의 김중권, 운동권의 대부 김근태가 있었다. 그러나 노무현에게는 '바보 노무현'이라는 자산이 있었다. 서울 종로 지역구를 버리고 도전한 2000년 부산시장 선거에서도 또 낙선하자 지역감정에 무모하게 도전하는 그에게 대중이 붙여준 애칭이었다. 노사모가 조직됐고, 그 힘은 국민경선에서 돌풍으로 나타났다.

노무현에게 쫓긴 이인제는 색깔론 카드를 꺼낸다. 노무현 장인의 빨치산 전력을 부각시켰다. 색깔론을 이용해 선거 판세를 바꾸는 왝더독 효과를 기대했다. "제 장인은 좌익활동하다 돌아가셨습니다. 결혼 한참 전에 돌아가셨습니다. 저는 그 사실을 알고도 결혼했습니다. 그래도 아이들 잘 키우고 잘 살고 있습니다. 뭐가 잘못됐다는 겁니까? 이런 아내를 버려야겠습니까? 그러면 대통령 자격이 생깁니까?" 노무현의 이 연설로 승부는 끝났다.

왝더독 현상을 이용한 마케팅으로 증정품을 끼워주는 '덤 마케팅'이 있다. 우유 꾸러미에 요구르트를 끼워준다든가 커피 꾸러미에 머그잔을 끼워주는 식이다. 스타벅스의 다이어리도 마찬가지다. 몸통(커피)보다 더 탐나는 꼬리(다이어리) 때문에 자꾸만 매장을 찾게 만든다. 때로는 가격할인보다 덤을 제공하는 방식이 소비자에게 더 먹힌다.

대통령이라는 권력(몸통)보다 좋은 정치(꼬리)를 꿈꿨던 평범한 사람들의 바람이 모여서 만든 왝더독 현상이 2002년 경선이었다. 수년의 세월이 지난 지금, 그 꿈은 여전히 유효할까.

눈에는 눈, 이에는 이
- 팃포탯 전략

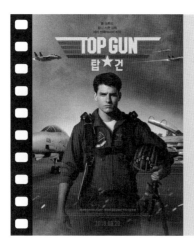

탑건
___
감독 토니 스콧
OTT 넷플릭스, 왓챠, 웨이브, 티빙

▶ 팃포탯이란 상대가 치면 나도 치는 철저한 맞대응 전략을 말한다. 상대가 협력하면 자신도 협력해 윈-윈 관계를 만들어내지만 상대가 배반하면 자신도 배반해 상대가 더 이상 이득을 취하지 못하게 한다. 상대가 다시 협력하면 흔쾌히 협력하고, 다시 배반하면 마찬가지로 보복해 결과적으로 윈-윈 상태를 유도한다.

1980년대는 할리우드영화의 최전성기였다. 엄청난 비주얼과 뛰어난 각본, 대형스타 그리고 막강한 자본을 앞세운 할리우드영화에는 비교대상이 없었다. 그 정점에 있던 영화가 토니 스콧 감독의 영화 〈탑건〉이다. 당시로서는 최신예 전투기인 F-14가 하늘에서 벌이는 공중전은 할리우드영화가 아니라면 도저히 볼 수 없는 스케일이었다. 젊음, 사랑, 열정, 우정 그리고 꿈까지 남자들의 낭만이 가득 담겨 있는 '브로맨스' 영화가 토니 스콧 감독의 〈탑건〉이다. 주연인 매버릭 대위 역을 맡은 톰 크루즈는 이 영화로 일약 글로벌 스타덤에 올랐다.

2022년 〈탑건: 매버릭〉이 공개되면서 〈탑건〉은 다시 입길에 올랐다. 36년 만에 제작된 속편은 〈탑건〉의 주요 스토리라인을 이어받는다. 그래서 〈탑건〉을 본 후 속편을 본다면 더 재밌다. '친절한 톰아저씨' 톰 크루즈는 "(〈탑건: 매버릭〉을 본 뒤) 동년배 팬들은 영화를 보고 울어도 좋다"고 말했다. 톰 크루즈와 함께 늙어온 5060팬들이 열광한 것은 당연지사다.

해군 최신 전투기 F-14기를 모는 매버릭 대위는 소련의 최신예 전투기 MiG-25와 근접전을 마다하지 않는 최고 수준의 파일럿이다. 매버릭은 동료 파트너 구즈와 함께 최고의 전투기 조종사를 양성하는 '탑건' 훈련학교에 입학한다. 탑건 자리를 놓고 아이스맨과 경쟁하던 매버릭은 제트기류에 휩싸인 전투기가 엔진고장을 일으키고 마침내 추락하면서 구즈를 잃는다. 연인인 항공물리학 전문가인 찰리는 매버릭을 위로하지만, 충격을 받은 매버릭은 전투기 조종을 포기하려 한다. 때마침 MiG-28이 아군의 구축함을 향해 출격하고, 아이스맨이 맞서지만 수적으로 적어 위기에 빠진다.

F-14의 별칭은 '톰캣(수컷고양이)'이다. 미 그루먼사에서 제작했는데, 이 회사는 자사가 만든 전투기에 고양이 이름을 많이 붙였다.

F-14는 미 해군함에 탑재되는 전투기로 항모를 출발해서, 다시 항모로 돌아온다. 때문에 집으로 돌아오는 고양이 같은 느낌이 들기도 한다.

F-14는 탑건에 이어 애니메이션인 초시공요새 〈마크로스〉 시리즈에 등장하면서 군사덕후들에게 더 친숙해졌다. 마크로스는 전투기에서 3단으로 변신하면 건담이 된다.

영화 속 미 해군은 적기가 출현하면 곧바로 같은 수의 아군을 띄워 대응한다. 기본적으로는 적기를 작전반경에서 몰아내는 것이지만, 선제공격을 하지는 않는다. 상대가 신경전을 펴면 같이 신경전을 펴고, 상대가 공격을 하면 그때 응사한다. 즉 상대가 치면 나도 치는 철저한 맞대응 전략이다. 이러한 전략 방식을 게임이론에서는 '팃포탯(Tit for tat)'이라고 부른다. 한마디로 '눈에는 눈, 이에는 이'다.

팃포탯은 상대가 협력하면 자신도 협력해 윈-윈 관계를 만들어내지만, 상대가 배반하면 자신도 배반해 상대가 더 이상 이득을 취하지 못하게 한다. 상대가 다시 협력하면 흔쾌히 협력하고, 다시 배반하면 마찬가지로 보복해 결과적으로 윈-윈 상태를 유도하는 전략이다. 외교국방에서는 실제로 시뮬레이션을 많이 해보면 팃포탯만큼 효과적인 전략도 잘 없다고 한다.

미국 정치학자 로버트 액설로드(Robert Axelrod)는 특히 믿을 수 없는 상대와 게임을 하는 경우는 팃포탯 전략이 가장 효과적이라고 주장했다. 먼저 선의를 베풀어 우선 협력하지만 상대가 배반하면 곧장 배반으로 응징하고, 상대가 협력하면 다시 관용을 갖고 협력한다는 것이다. 이 경우 의도하지 않은 우발적인 충돌을 막는 효과도 있다.

영화 초반에 매버릭은 적기인 MiG-25가 공중전에서 F-14를 표적으로 잡고도 미사일을 쏘지 않고 겁만 주자, 자신도 똑같이 MiG-25를 표적으로 잡은 뒤 겁을 준다. 하지만 적기가 미사일과 벌컨포를 쏘는 후반부에서는 똑같은 방식으로 응수한다. 전형적인 팃포탯이다.

팃포탯 전략은 국제경제 분야에서 많이 쓰인다. 미·중 무역분쟁 당시 중국은 팃포탯 전략을 썼다. 미국이 관세를 올리면 같이 보복관세를 매기고, 미국이 관세를 내리면 같이 내렸다. 한·일 간도 팃포탯 전략으로 맞선 적이 있다. 일본이 우리나라에 반도체 관련 소재 수출을 규제하자 시민들은 노재팬 운동으로 맞섰다.

팃포탯 전략이 최대의 효과를 거두려면 전제가 있다. 두 주체의 경제력이나 군사력 등이 비슷하거나 상대에 큰 손실을 줄 수 있는 무언가가 있을 때 가능하다. 한쪽의 전력이 부족하다면 결코 쓸 수 없는 전략이다.

영화 〈탑건〉은 미 국방부의 전폭적인 지원하에 만들어진 영화로 알려져 있다. 베트남전쟁 이후 반전영화가 붐을 일으키면서 바닥에 떨어진 군에 대한 신뢰도를 되살릴 필요가 있었던 미 국방부와 초대형 블록버스터 작품이 필요했던 할리우드의 이해관계가 맞아떨어져 제작된 작품이다.

참고로 미국은 전 세계에서 국방비를 가장 많이 쓰는 나라다. 스톡홀름 국제평화연구소에 따르면 2021년 기준 미국의 군사비는 8,010억달러로 전 세계 군사비의 38%를 차지하고 있다. 이어 중국(2,930억달러), 인도(766억달러), 영국(684억달러) 러시아(659억달러) 순이다. 한국은 502억달러를 써서 10위에 랭크됐다. 국방비 지출이 두 번째로 많은 나라부터 11위까지 모두 합쳐도 미국만 못하다. 국방비를 써도 참 많이 쓰고 있는데 10년 전과 비교하면 그나마 15%가 줄었다. 국방비 증가율로는 중국이 가장 크다. 지난 10년간 중국의 국방비는 85%가 증가했다.

군수업체도 미국이 강하다. 2018년 기준 상위 100위 방산업체 중 미국 업체는 1위 록히드 마틴을 비롯해 43개 기업이 포진해 있다. 이어 러시아의 10개 업체가 이름을 올렸다. 한국은 한화에어로스페이스(46위), 한국항공우주산업(KAI·60위), LIG넥스원(67위) 등 3개 업체가 상위 100위 업체 리스트에 올라 있다.

위기는 기회를 만든다

- 앙스트블뤼테

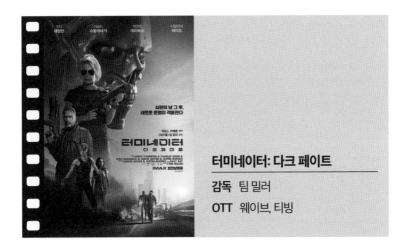

터미네이터: 다크 페이트

감독 팀 밀러

OTT 웨이브, 티빙

▷ 앙스트블뤼테란 독일어로 불안을 뜻하는 '앙스트'와 개화를 뜻하는 '블뤼테'를 합친 단어로 '불안 속에 피는 꽃'이다. 생명체는 자신의 생존이 위태로워질 경우 사력을 다해 자신의 마지막 꽃을 피우고 씨앗을 맺는다. 자신의 유전자를 후대로 잇기 위해서다. 때문에 불안 속에 피는 꽃은 평소보다 더욱 화려하고 유혹적이다.

'Hasta la vista(안녕, 잘가)'를 접고 터미네이터가 "I'll be back"을 선언했다. 〈터미네이터: 다크 페이트〉는 28년 만에 이어진 진짜 터미네이터 시리즈다. 터미네이터 1·2편을 제작한 제임스 카메론이 각본과 제작에 참여했고, 또 한 명의 주인공 린다 해밀턴도 돌아왔다. 아들 존 역을 맡았던 에드워드 펄롱과 T-800인 아널드 슈워제네거가 잠시나마 한 스크린에 담긴다는 것만으로도 올드팬들은 감격스러웠다.

1984년 개봉한 〈터미네이터〉는 SF 역사에 새 장을 열었다는 평가를 받는다. 2029년 먼 미래로부터 살인기계인 T-800이 타임머신을 통해 현재로 온다. T-800의 목적은 사라 코너라는 여인을 제거하는 것! 가까운 미래 인공지능을 가진 전략방위 네트워크인 스카이넷은 핵전쟁을 일으키고, 인류를 전멸로 몰고 간다. 이때 인간저항군의 리더 존 코너는 기계에 반격을 가한다. 존 코너를 제거할 수 없었던 스카이넷은 45년 전 과거로 터미네이터를 보내 존 코너를 전사로 키웠던 그의 어머니 사라 코너를 제거하기로 한다. 이를 알아챈 존 코너는 자신의 부하 카일 리스를 1984년으로 보낸다. 어머니를 지키기 위해서다.

〈터미네이터〉는 저예산으로 찍은 영화다. 하지만 촘촘한 시나리오와 화려한 액션은 관객들을 사로잡았고, 〈터미네이터 2〉부터는 블록버스터로 격상됐다. 〈터미네이터〉는 SF의 탈을 썼지만 피 튀기는 장면들이 많아 아이들은 볼 수 없는 'R'등급을 받았다. 그래서 '사이버 느와르' 혹은 '테크노 느와르'로 분류된다.

〈터미네이터〉에서 가장 매력적인 캐릭터 중 한 명을 꼽으라면 사라 코너다. 겁 많고 평범한 여성이었던 그는 터미네이터에게 쫓기면서 점차 강인한 전사로 바뀌어간다. T-800의 공격에 부상을 입고 쓰러진 카일 리스에게 "일어서. 명령이다. 전사"라고 외치는 장면은 운명을 받아들이고 정면대결을 선택한 그의 모습을 보여준다. 사라 코너는 카일 리스와의 관계에서 얻은 존 코너를 끝내 지켜내며 미래의 전사로 키운다.

〈터미네이터 2〉에서 스카이넷은 어린 존 코너를 제거하기로 하고 T-1000을 보낸다. 액체금속으로 만들어져 자유자재로 변신이 가능한 살인기계다. 사라 코너는 T-1000에도 맞서는 강인한 전사가 되어 있다. 근육질 몸매에 총기를 자유자재로 다루는 그에게서는 더 이상 평범한 여성의 모습은 찾을 수 없다.

〈터미네이터: 다크 페이트〉에서 그는 더 강인해졌다. 최신형 터미네이터 Rev-9에게 바주카포를 쏘는 방탄복 입은 사라 코너의 모습은 단순한 '걸 크러시'를 넘어섰다. 사라 코너는 터미네이터 헌터로 변해 있다. 그는 슈퍼솔저 그레이스와 함께 새로운 인류의 희망이 되어 대니를 지킨다.

매달 가계부도 제대로 못 쓴다던 사라 코너를 전사로 바꾼 극적인 동기는 무엇일까? 아무리 도망가본들 터미네이터의 추격을 피할 수 없다는 것을 깨달은 그는 강해지는 쪽을 택했다. 이른바 '앙스트블뤼테'다.

앙스트블뤼테란 독일어로 불안을 뜻하는 '앙스트(Angst)'와 개화를 뜻하는 '블뤼테(Blüte)'를 합친 단어로 '불안 속에 피는 꽃'이다. 생명체는 자신의 생존이 위태로워질 경우 사력을 다해 자신의 마지막 꽃을 피우고 씨앗을 맺는다. 자신의 유전자를 후대로 잇기 위해서다. 때문에 불안 속에 피는 꽃은 평소보다 더욱 화려하고 유혹적이다. 다시 말해 앙스트블뤼테는 고난을 이겨낸 아름다움을 말한다.

앙스트블뤼테의 사례로 자주 거론되는 것이 스트라디바리우스(Stradivarius)의 바이올린이다. 대당 100억원이 넘어 최고의 명품으로 꼽히는 그의 바이올린은 제작방법이 알려져 있지 않다. 다만 1700년대 당시 유럽에 닥쳤던 소빙하기에 비밀이 있다는 '설'이 있다. 1645~1715년 70년간 유럽에 소빙하기가 닥쳤는데 극심한 추위가 이어지자 생존의 위협을 느낀 나무들은 성장을 극도로 늦췄다. 그 덕에 목재의 밀도가 매우 균일하고 촘촘해졌는데 이 나무로 악기를 만드니 최고의 음질이 나오게 됐다는 것이다.

앙스트블뤼테는 생물학적 용어지만 요즘은 경제·경영에서도 많이 차용된다. 어려움에 빠진 기업이나 국가가 뛰어난 생존력을 보이며 극적으로 위기를 탈출하는 경우에 빗댄다. 정두희는 저서 『미장세』를 통해 중국의 최대 농업기업으로 발돋움한 신시왕(新希望)그룹을 앙스트블뤼테의 사례로 꼽았다. 신시왕그룹은 사업 초기 병아리 10만 마리를 주문한 유통상이 부도가 나 판로가 막히면서 파산위기에 몰렸다. 직원들은 무작정 시장에 나가 발이 부르트도록 돌면서 병아리를 팔았고 이때 만들어진 네트워크와 노하우는 그룹을 중국 최고의 농장으로 발돋움하게 했다.

1997년 외환위기는 우리에게 앙스트블뤼테였다. 생존을 위해 시민들은 장롱 속 금을 팔아가며 힘을 모았고, 정부와 기업은 구조조정을 통해 빠르게 대외경쟁력을 확보했다. 거시경제로 보면 외환위기라는 엄청난 고통은 한국경제를 재정비하는 계기가 됐다.

일본의 첨단소재 한국수출 규제도 한국에는 앙스트블뤼테다. 생존에 위협을 느낀 한국정부와 기업이 소재산업 투자를 강화하고 있기 때문이다. 만약 한국 소재산업이 세계적 수준으로 성장한다면 앙스트블뤼테가 될 수 있다.

영국의 경제학자이자 역사학자인 아널드 토인비(Arnold J. Toynbee)는 "좋은 환경과 뛰어난 민족이 위대한 문명을 만드는 것이 아니라 가혹한 환경이 문명을 낳고 발전시키는 원동력으로 작용한다"고 밝혔다. 그는 모든 문명은 도전과 응전의 결과로 발생한다고 주장했다. 잉카 문명, 마야 문명, 메소포타미아 문명 등이 하루아침에 사라져버린 것도 도전이 없었기 때문으로 봤다.

앙스트블뤼테는 결과적으로 경제주체가 혁신을 하게 하는 동력이 될 수 있지만 장려하기는 힘들다. 위기를 견뎌야 하는 경제주체로서는 상당한 고통을 감내해야 하기 때문이다. 전사가 된 삶이 행복했느냐고 사라 코너에게 묻는다면 그는 뭐라 답할까? 전사는 결코 그가 원하는 삶이 아니었을 것이다. 앙스트블뤼테는 절체절명의 위기에서도 희망을 준다는 점에서 경제주체들에게 끝까지 포기하지 말라는 시그널을 주지만, 그보다는 그런 상황이 오지 않도록 미리 대비하는 것이 더 중요하다.

세 살 버릇 여든까지 간다

- 각인효과

럭키
_____

감독 이계벽

OTT 넷플릭스, 왓챠, 웨이브, 티빙

▷ 각인효과란 특정 시기에 일어나는 학습효과가 평생 동안 영향을 미치는 것을 말한다. 거위의 경우 갓 태어났을 때 처음 본 대상을 어미로 생각한다. '세 살 버릇 여든까지 간다'는 각인효과를 가장 잘 설명하는 속담이다. 어릴 때 몸에 익은 버릇은 '각인'이 되어 나이가 들어도 좀처럼 고치기 어렵다.

칼로 사람을 찌르면 무기가 되지만 음식을 자르면 도구가 된다. 칼을 잘 다루는 손재주는 킬러의 손이 될 수도, 셰프의 손이 될 수도 있다. 영화 〈럭키〉는 눈빛만 마주쳐도 모두 죽여버린다는 킬러가 어쩌다 요리사가 되고, 배우가 되는 이야기다. 만년 조연을 맡았던 유해진의 첫 풀타임 주연작이다.

킬러 형욱은 의뢰받은 일을 단 한 번도 실패해본 적이 없는 잔인한 킬러다. 재성은 사는 게 힘겨워 자살을 생각하는 무명배우다. 어느 날 아뿔싸, 형욱이 공중목욕탕에서 비누에 미끄러져 의식을 잃는다. 그의 명품시계를 탐내던 재성은 그 틈에 슬그머니 사물함키를 바꾼다.

형욱은 의식을 되찾지만 과거 자신이 누군지 기억하지 못한다. 자신을 재성이라 생각한 형욱은 재성의 집을 찾아간다. 그곳은 어질러진 옥탑방인 반면 형욱의 집을 찾은 재성은 펜트하우스에 놀란다. 이래 사나 저래 사나 매한가지인 재성은 이 집에 눌러 산다. 죽기 전 딱 하루라도 멋있게 살다 죽으면 여한이 없는 그다. 운명이 뒤바뀐 두 남자, 자신의 삶을 되돌려놓을 수 있을까.

영화 〈럭키〉는 일본영화 〈열쇠 도둑의 방법〉을 리메이크한 작품이다. 그래서 영문제목도 'Luck'가 아니라 'Luck-Key'다. 목욕탕 키로 인해 행운을 얻었다는 뜻을 담고 있다.

의식을 되찾은 형욱이 일하게 된 곳은 분식집이다. 형욱은 칼재주를 부려 각양각색의 김밥을 만들어낸다. 형욱의 현란한 칼솜씨에 손님들이 부쩍부쩍 늘어난다. 형욱은 과거의 기억을 잃으며 인생이 '리셋'됐다. 그는 자신이 누군지는 모르겠지만, 음식에 소질이 있는 것은 확실하다고 생각할 것이다. 형욱의 이 같은 변신은 '각인효과'를 떠올리게 한다.

각인효과란 특정 시기에 일어나는 학습효과가 평생 동안 영향을 미치는 것을 말한다. 알에서 부화된 새끼 거위가 어미 곁에서 크면 어미를 따르지만 사람과 함께 있으면 사람을 어미로 오인하며 따른다. 시간이 흘러 성숙한 거위가 돼도 사람을 떠나지 않으며 심지어 사람과 짝짓기를 하려 든다.

각인효과의 학습효과는 특정 시기에 일어난다. 이를 임계기간(Critical Period)이라고 한다. 거위의 경우 갓 태어났을 때 처음 본 대상을 어미로 생각한다. 시계를 보여주면 시계를, 청소기를 보여주면 청소기를 어미로 알고 따른다. 거위는 보통 부화해서 2일까지, 오리는 17시간까지 '각인'이 이뤄진다. 보통 새는 생후 50일까지라고 한다. 오스트리아의 로렌츠(Konrad Lorenz)는 이를 관찰해 노벨상을 받았다. 각인효과는 새에게 주로 많이 나타나지만 포유류와 어류, 곤충에게서도 나타난다.

각인효과는 인간에게도 발견된다. 아기들이 태어난 직후 반복적으로 마주한 아빠와 엄마의 얼굴은 평생 지속되는 각인을 형성한다고 한다. 부모의 얼굴은 떠올리기만 해도 마음의 평안이 느껴지는 것은 그래서다.

'세 살 버릇 여든까지 간다'는 각인효과를 가장 잘 설명하는 속담이다. 어릴 때 몸에 익은 버릇은 '각인'이 되어 나이가 들어도 좀처럼 고치기 어렵다. 영·유아기 때 게임이나 영상에 과도하게 노출되면 어른들보다 게임 부작용에 빠질 확률이 커진다. 아이 때 많은 양의 영상과 소리 정보를 접하면 뇌에 각인효과가 생겨 자극에만 민감하게 된다. 이로 인해 일상적인 부모와의 대화, 친구와의 대화, 인간관계 등에 장애가 생길 수 있다는 것이다.

모리 아키오(森昭雄)의 저서 『게임뇌의 공포』에 따르면, 10세를 전후해 뇌의 뉴런 간 연락이 활발해 새로운 신경회로가 많이 만들어지고, 그 내용은 기억장치인 해마에 저장된다. 해마에 저장된 정보가 각인효과를 일으킨다.

축구를 초등학교 고학년 때 시작하면 늦다고 하는 것도 같은 논리다. 공을 다루는 기술과 감각을 익히기 위해서는 가급적 어릴 때 축구를 접하는 것이 좋다. 그래야 몸이 기억한다. 손흥민은 초등학교 3학년 때부터 본격적으로 축구를 배우기 시작했고, 16세때 대한축구협회 우수선수로 선발돼 독일로 축구 유학을 떠났다. 스페인 프로리그인 라리가에서 뛰고 있는 이강인도 유소년축구단인 슛돌이 3기 출신이다.

각인효과는 마케팅에서도 잘 사용된다. 유아를 대상으로 한 마케팅이 대표적이다. 현대자동차가 투자한 〈헬로 카봇〉이나 기아자동차가 지원한 〈또봇〉은 미래의 잠재고객을 만들기 위한 전략이 숨어 있다. 프로야구단이 "아이들에게 꿈을"이리고 외치며 어린이야구단을 운영하는 것도 마찬가지다. 어릴 때 LG팬이 되면 커서도 LG를 좋아하게 된다. 프리미어리그는 어린이들에 대한 다양한 행사를 연다. 어릴 때 좋아하게 된 축구는 커서도 좋아하게 되기 때문이다. 야구, 농구, 배구 등 프로스포츠가 경쟁을 벌이는 지금, 잠재고객에 대한 투자는 중요하다.

상품 초기에 광고를 쏟아붓는 것도 각인효과를 기대하기 때문이다. 소비자들이 브랜드나 상품에 대한 포지셔닝이 채 되지 않았을 때 강렬한 자극을 주면 긍정적인 이미지를 머릿속에 새겨놓을 수 있다.

킬러 형욱이 자신의 과거를 끝내 알지 못한다면 '나의 천직은 셰프'라며 살지도 모른다. 이런 사람은 어떤 사물을 봐도 음식과 요리를 생각한다. 각인효과는 그래서 무섭다.

청춘이니까 불안하다
- 뷰카

라라랜드
_____

감독 데이미언 셔젤
OTT 넷플릭스, 왓챠, 웨이브, 티빙

▶ 뷰카란 변동성, 불확실, 복잡함, 모호성의 알파벳 첫 단어를 합쳐 만든 단어다. 상황이 제대로 파악되지 않아 즉각적인 대응과 극도의 경각심이 요구되는 상황을 나타내는 군사용어로, 1990년대 미 육군 대학원에서 처음 사용되기 시작했다고 한다.

LA도심으로 향하는 꽉 막힌 도로에서 답답해하던 청춘 남녀들이 차 문을 박차고 거리로 쏟아져 나온다. 그리고 멋진 군무를 선보이며 외친다. "It's another day of sun(내일은 내일의 해가 뜰 거야)"이라고.

오늘 어떤 어려움이 있더라도 좌절하지 않고 내 꿈을 향해 달려가겠다는 청춘들의 다짐이 LA로 향하는 고속도로를 뜨겁게 달군다. 민태원도 수필 「청춘예찬」에서 청춘의 피는 더워서 이상을 실현할 자신과 용기가 있다고 말했다.

하지만 삶은 호락호락하지 않다. 거듭된 실패의 냉혹한 현실을 맛보다 보면 청춘도 비틀거린다. 그때 나를 잡아주는 사람은 나처럼 열정을 가진 또 다른 나다. 영화 속 미아는 말한다. "사람들은 다른 사람들의 열정에 끌리게 돼 있어. 자신이 잊은 것을 상기시켜주니까."

데이미언 셔젤 감독의 영화 〈라라랜드〉는 일, 사랑, 어떤 것도 자신할 수 없었지만 열정으로 똘똘 뭉쳤던 청춘에 보내는 찬사다. 라라랜드(La-La Land)는 LA다. LA는 곧 할리우드를 뜻한다. 할리우드는 꿈의 세계, 환상의 세계다. 그러니까 라라랜드는 비현실적인 세계라는 뜻도 갖고 있다.

재즈 피아니스트 세바스찬은 꿈이 있다. 정통 재즈 뮤지션들이 출연하는 전용클럽을 차려 재즈시대를 재현하고 싶다는 것이다. 영화배우 지망생인 미아는 할리우드 최고의 여배우를 꿈꾼다. 두 사람은 서로의 열정을 격려하고, 그 격려는 사랑으로 이어진다.

하지만 그들의 사랑은 길게 이어지지 않는다. 세바스찬은 안정적인 밴드 키보드 연주자로 변신하고, 미아는 계속된 오디션 실패로 좌절한다. 뜨거운 청춘은, 불확실한 미래 앞에 무릎을 꿇는다. 자존심마저 무너졌을 때 둘은 멀어진다.

마침내 세바스찬이 말한다. "그냥 흘러가는 대로 가보자." 미아도 고개를 끄덕인다.

두 사람은 왜 "함께 가자"는 말을 못 했을까? 미아와 세바스찬은 가난한 예술가다. 그들 앞에는 성공을 담보할 수 없는 불안한 미래가 있다. 미래의 변동성과 불확실, 복잡함, 모호성이라는 공통점은 둘을 연인으로 묶어주지만 역설적이게도 서로 헤어지는 원인이 된다.

이들이 처한 상황이 '뷰카(VUCA)'다. 뷰카란 변동성(Volatility), 불확실(Uncertainty), 복잡함(Complexity), 모호성(Ambiguity)의 알파벳 첫 단어를 합쳐 만든 단어다. 상황이 제대로 파악되지 않아 즉각적인 대응과 극도의 경각심이 요구되는 상황을 나타내는 군사용어로, 1990년대 미 육군 대학원에서 처음 사용되기 시작했다고 한다. 적과 접해 있는 상황, 언제 어디서 총과 포가 날아올지 모르는 극도의 혼돈 상황을 떠올려보면 연상하기 쉽다.

그 의미가 민간으로 확장돼 상황이 급변하고 변동성이 커 당장 내일도 예측하기 힘들어진 금융위기 이후 경제·사회적 상황을 일컫는데 사용되기 시작했다. 뷰카는 글로벌 컨설팅 기업인 맥킨지 앤 컴퍼니가 2015년 세계경제 키워드로 선정하면서 유명세를 탔다.

2017년 경제상황도 뷰카였다. 국내 조기 대선과 미국 트럼프 신행정부 출범, 미국발 금리 인상, 브렉시트(영국의 EU 탈퇴), 중국의 사드(고고도미사일방어체계) 무역보복 등 대내외 환경변화는 예측하기 어려웠다. 권오준 포스코그룹 회장은 2017년 신년사에서 "불안정, 불확실, 복잡, 애매한 이른바 '뷰카' 시대에서는 변화에 빠르게 대응할 창의·혁신 문화가 필수적"이라며 "스타트업 기업의 일하는 방식을 도입해 양방향 소통과 스마트 커뮤니케이션을 체질화할 필요가 있다"고 강조했다.

하지만 역대급 뷰카는 따로 있었다. 코로나19가 몰고 온 뷰카다. 2020년부터 시작된 코로나19는 2023년까지도 이어지고 있다. 그 사이 주가는 폭락과 폭등을 거듭했다. 끝난 줄 알았던 인플레이션 시대가 재현되고, 인플레이션을 잡기 위해 빅스텝(한 번에 금리를 0.5%p 올리는 것), 자이언트스텝(한 번에 금리를 0.75%p 올리는 것)을 밟다 보니 금리는 천장 모르게 뛰어올랐다.

코로나19가 언제 끝날지 모르지만, 설사 끝난다고 해도 뷰카 상황이 정리되는 것은 아니다. 금리 인상의 여파로 침체에 빠진 경기가 언제 살아날지 알 수 없기 때문이다. 오히려 그간 가려져 있던 정치·사회적 문제가 불거지면서 경기침체가 장기화될 수도 있다.

대외변수도 많다. 시진핑 주석의 중국과 우크라이나와 전쟁을 벌이는 푸틴 대통령의 러시아는 다음 수를 예측하기 어렵게 한다. 이들에 맞서 미국이 이끄는 서구 동맹의 움직임도 판을 흔들고 있다. 동맹국가를 중심으로 공급망을 재편하겠다는 조 바이든 미국행정부의 구상은 30년 이상을 지배해온 자유무역협정(FTA)의 틀에 맞춰 산업 생태계를 만들어놨던 한국에게는 위기가 되고 있다. 당장 중국과 러시아에 세운 공장은 어떻게 해야 할지 결정하기 어렵다.

경영전문가들은 뷰카시대는 기존의 전략으로는 통하지 않는다며 강력한 기업혁신과 구조조정을 요구한다. 지금까지의 경험과 지식으로는 돌발적이고 불확실한 시대를 돌파하기 어렵다는 것이다. 문제는 '어떻게'다. 기업혁신과 구조조정이라는 방향은 알지만, 실행전략을 알려달라고 하면 백가쟁명이 될 수밖에 없다. 바로 이것이 뷰카시대의 특징이다.

열정이 뜨거울 수 있는 것은 아직 미래가 결정되지 않았기 때문일지도 모른다. 미래가 하나씩 결정되면 열정은 차례대로 식는다. 그 대가로 결과물을 얻게 되지만, 결과물이 언제나 만족스러운 것만은 아니다.

두 사람이 헤어진 5년 뒤. 미아 부부가 우연히 들른 재즈바에서 세바스찬이 연주를 한다. 할리우드에서 성공한 미아와 자신의 재즈바를 운영하는 세바스찬은 그렇게 조우한다. 그때 헤어지지 않고, 두 손을 꼭 맞잡았으면 어땠을까. 미아의 상상이 아련하게 다가온다. 세바스찬과 미아가 나누는 마지막 눈인사는 그래서 짙은 여운을 남긴다. 영화 〈라라랜드〉는 역설적이게도 지독한 현실세계다.

두 배는 더 빨리 달려라
- 붉은 여왕 가설

분노의 질주

감독 롭 코헨

OTT 웨이브, 티빙

▷ 붉은 여왕 가설이란 계속해서 발전하는 경쟁상대에 맞서 끊임없는 노력을 통해 발전하지 못하는 주체는 결국 도태된다는 가설을 말한다. '붉은 여왕의 달리기' 라고도 한다. 이 용어는 루이스 캐럴의 동화 『이상한 나라의 앨리스』의 속편인 『거울나라의 앨리스』에서 유래됐다.

2023년 기준 11편까지 나온 영화 〈분노의 질주〉는 자동차 액션 영화의 새로운 전기를 마련한 시리즈다. 이전까지만 해도 자동차 스트리트 레이싱은 영화의 한 장면에 불과했지만, 이를 하나의 장르로 만들었다는 점에서 획기적이라는 평가를 받는다. 시간이 지날수록 스트리트 레이싱보다 SF성격이 짙어졌지만, 아직까지 자동차를 소재로 한 영화 중에서는 〈분노의 질주〉를 능가하는 작품을 찾아보기 힘들다.

전설은 2001년 개봉된 롭 코헨 감독의 〈분노의 질주〉에서 시작됐다. 달리던 트럭이 도로 위에서 정체 모를 폭주족에게 잇달아 약탈당한다. 사복경찰 브라이언은 이 사건을 해결하기 위해 투입된다. 경찰과 FBI는 폭주족의 대부격인 도미닉 토레토를 의심한다. 브라이언은 도미닉과 스트리트 레이싱을 벌이다 도미닉의 신뢰를 얻는 데 성공한다.

도미닉은 마지막으로 트럭을 한 번 더 약탈한 뒤 손을 씻으려 한다. 하지만 브라이언은 이번에는 도미닉이 성공하지 못할 것이라는 것을 안다. 트럭운전사들이 산탄총을 소지했기 때문이다. 트럭운전사들은 경찰에 도움을 요청해봤지만 속수무책이었다. 경찰이 당최 폭주족을 쫓아가지 못했다. 이런 상태라면 더 이상 트럭을 몰 수 없고, 운전사들은 직업을 잃게 될 것이다. 그래서 트럭운전사들이 생각해낸 것이 무장이다. 스스로를 지키기 위해 변화한 것이다.

계속해서 발전하는 경쟁상대에 맞서 끊임없는 노력을 통해 발전하지 못하는 주체는 결국 도태된다. 이런 가설을 '붉은 여왕 가설(The Red Queen Hypothesis)' 혹은 '붉은 여왕의 달리기'라고 한다.

이 용어는 루이스 캐럴(Lewis Carroll)의 동화 『이상한 나라의 앨리스』의 속편인 『거울나라의 앨리스』에서 유래됐다. 거울나라는 한 사물이 움직이면 다른 사물도 그만큼의 속도로 따라 움직이는 나라다.

앨리스는 붉은 여왕과 함께 나무 아래를 계속 달린다.

숨이 찬 앨리스가 붉은 여왕에게 묻는다. "계속 뛰는데, 왜 나무를 벗어나지 못하나요? 내가 살던 나라에서는 이렇게 달리면 벌써 멀리 갔을 텐데."

그러자 붉은 여왕이 답한다. "느림보의 나라 같으니…. 여기서는 힘껏 달려야 제자리야. 나무를 벗어나려면 지금보다 두 배는 더 빨리 달려야 해."

미국의 진화생물학자인 밴 베일런(Leigh van Valen)은 1973년 「새로운 진화 법칙(A New Evolutionary Law)」이라는 논문에서 '붉은 여왕 가설'을 제기했다. 그는 "생명체들은 모두 진화를 하는데 진화의 속도는 차이가 난다"며 "다른 생명체에 비해 상대적으로 진화가 더딘 생명체는 적자생존에 따라 소멸된다"고 말했다.

붉은 여왕 가설이 경영학에 접목된 것은 최근이다. 1996년 미국 스탠퍼드대학교 교수인 윌리엄 바넷(William P. Barnett)과 모튼 헨슨(Morten T. Hansen)의 공동논문 「조직 진화 내의 붉은 여왕(The Red Queen in Organizational Evolution)」이 계기가 됐다. 이들은 경쟁에서 성과를 높인 기업은 시장에서 승자가 되지만 오래 지속되기는 힘들다고 봤다. 후발주자는 선발주자의 장점과 단점을 알기 때문에 손쉽게 쫓아갈 수 있다는 것이다. 이른바 패스트팔로어(Fast Follower)가 출현한다.

패스트팔로어란 새로운 제품과 기술을 빠르게 쫓아가는 전략 또는 그 기업을 말한다. 패스트팔로어와 달리 시장을 개척하고 주도하는 기업 또는 전략은 퍼스트무버(First Mover)라고 한다. 퍼스트무버는 산전수전 다 겪으면서 시장을 개척해야 하지만 패스트팔로어는 이미 난 길을 따라가기 때문에 아무래도 기술습득이 빠르다. 퍼스트무버들은 특허권을 강화하며 패스트팔로어의 추격을 뿌리치려고 하지만 원체 추격속도가 빨라 방어하는 데 한계가 있다. '1등을 하는 것보다 지키기가 더 어렵다'는 것은 이 때문이다.

1960~1970년대 일본은 미국을 모델로 패스트팔로어 전략을 썼고, 1980~1990년대 한국은 일본을 모델로 패스트팔로어 전략을 썼다. 권오현 삼성전자 상임고문은 "일제강점기, 6·25전쟁을 거치면서 한국은 사람 말고는 자산이 없었다"며 "산업화 초기 기업들은 미국·일본·유럽 등 선진회사를 자세히 봤고, 이를 모방해 빨리 쫓아가자는 패스트팔로어 전략을 하나의 방법론으로 택했다"고 말했다.

한국기업들은 패스트팔로어 전략을 택해 글로벌 기업으로 성장했지만, 숨 돌릴 틈 없이 이제는 중국에 쫓기고 있다. 일본기업 산요의 흑백 TV를 조립하던 삼성전자는 산요, 소니, 파나소닉 등 일본기업들을 따라잡았지만 TCL, 화웨이 등 중국기업에 쫓기고 있다. 자유경쟁시장에서는 새로운 경쟁기업이 끊임없이 등장한다. 혁신을 하지 않는 한 영원한 1등은 없다.

영화 속에서 비무장이던 트럭운전사들이 산탄총을 준비한 것은 시장에서 도태되지 않기 위해 진화한 것으로 볼 수 있다. 반면 도미닉 일당은 전과 비슷하게 공격하면서 위기를 맞게 된다.

〈분노의 질주〉 시리즈는 초기에는 머슬카와 일본차 중심으로 나왔다. 하지만 시리즈가 흥행하면서 갈수록 슈퍼카들이 나오는 빈도가 많아졌고, 그러면서 볼거리도 늘어나고 있다. 단순한 트럭 절도

범이었던 도미닉 일당이 마약왕, 전문킬러, 테러리스트 등과 싸우고 차량으로 탱크, 비행기, 잠수함, 인공위성과 싸우면서 갈수록 설정이 황당무계해진다는 평가도 받고 있다. 하지만 반복되는 카레이싱은 점점 지루해지고, 아이디어는 고갈되는 상황에서 〈분노의 질주〉제작진들은 어떤 식으로든 변화가 불가피했을 것이다.

영화진흥위원회에 따르면 〈분노의 질주〉 첫 편 당시 5만 6,000명에 불과했던 관객 수는 〈분노의 질주: 홉스&쇼〉에서는 360만 명으로 늘어났다. 〈분노의 질주〉 시리즈가 상업영화라는 것을 감안한다면 이들의 혁신은 성공적이다. 붉은 여왕과의 달리기를 잘하고 있는 것이다.

커피 한잔에 파는 프라이버시
- 프라이버시의 역설

7일간의 숨막히는 일급 기밀 폭로 작전!
픽션보다 긴박한 리얼리티 스릴러!

2015년 아카데미
최우수 다큐멘터리상 수상

〈마이클 무어의 감독
스티븐 소더버그 제작〉

시티즌포
2015.11

시티즌포

감독 로라 포이트라스
OTT 왓챠, 웨이브, 티빙

▶ 프라이버시의 역설이란 프라이버시가 중요하다고 생각하면서도 실제로는 프라이버시 보호에 둔감해 생각과 행동 사이에 괴리가 발생하는 것을 말한다. 프라이버시는 꼭 보호되어야 한다고 한 응답자의 63%가 암호기술을 사용한 적이 없고, 50%는 민감한 정보를 담은 서류를 파기하는 데 종이분쇄기를 사용하지 않았다.

2013년 1월 미국의 다큐멘터리 감독인 로라 포이트라스에게 한 통의 전화가 걸려 온다. 익명의 제보자 ID는 '시티즌포(Citizen four)'다. 그는 자신이 전직 CIA 요원이라고 했다. 그러면서 미국 국가안보국(NSA)이 미국인과 외국인을 상대로 무차별적인 감청을 하고 있다고 폭로한다. 포이트라스 감독은 제보자에게 폭로과정을 영상으로 찍자고 제안한다. 그렇게 해서 제작된 영화가 포이트라스 감독의 〈시티즌포〉다.

제보자와 제보자가 지목한 영국 일간지 《가디언》의 프리랜서 기자 글렌 그린월드, 포이트라스 감독이 홍콩의 한 호텔방에서 만났다. 제보자의 이름은 에드워드 스노든(Edward Snowden)이다. 그에 따르면 NSA는 AT&T 같은 통신사는 물론 야후, 구글, 페이스북, 유튜브 등 9개 인터넷회사의 서버에 직접 접속해 음성, 영상, 사진, 이메일 문서를 무차별 수집해갔다. 심지어 앙겔라 메르켈(Angela Merkel) 독일 총리 등 우방국의 수장까지 도·감청하고 있었다.

〈시티즌포〉는 스노든이 기밀을 폭로하는 일주일을 찍은 다큐멘터리다. 대역 없이 폭로 당사자가 그대로 나온다. 스노든이 기밀을 하나씩 털어놓고 그린월드가 보도하는 과정도 촘촘히 담았다. 국가를 상대로 싸워야 하는 개인의 외로움과 두려움도 가감 없이 드러난다. 유럽연합(EU)의 청문회에 나선 암호 이메일 업체 사장인 레빈슨(Ladar Levison)은 개인정보에 대한 중요성을 이같이 말한다. "프라이버시는 함부로 침해하면 안 됩니다. 프라이버시가 없다면 어떻게 자유로운 토론을 할 것이며, 자유로운 표현의 권리가 무슨 소용이 있겠습니까."

개인들이 정보공개를 꺼릴수록 개인정보의 가치가 커진다. 수요는 많은데 공급이 부족하니 가격이 높아질 수밖에 없다. 상업적 가치가 높아지면서 거래가 이뤄진다. 이는 새로운 경제형태를 만드는

데 '프라이버시 경제'라 부른다. 프라이버시 경제란 사용자들이 개인정보를 포털사나 통신사가 소유하지 못하게 하고 자신이 직접 관리하면서 수익을 얻는 경제를 말한다. 플랫폼이 발달하고 개인정보가 상업적 서비스를 제공하는 토대가 되면서 개인들은 자신의 정보가치에 대한 눈을 뜨게 됐다. 각국 정부가 개인정보 활용 시 개인의 허락을 반드시 얻도록 법제화하면서 더는 공짜정보가 없어졌다.

일부 통신사는 통신사용자들에게 기프티콘을 제공하며 자신들이 보유한 개인정보를 제3자에게 사용하는 것에 동의해달라고 제안한다. 통신사들이 이런 정보를 보험사 등에 팔아 수익을 남긴다. 애플사에 따르면 이렇게 수집된 개인정보는 짜깁기되고, 공유되고, 합쳐지고, 다시 나뉘면서 연간 2,270억달러에 달하는 수익을 IT업계에 주고 있다고 한다. 만약 이런 정보를 특정기관이 좌지우지할 수 있다면 프라이버시 경제는 형성될 수 없다.

2017년 미국 국립사이버보안연맹(NCSA) 발표를 보면 미국인의 92%는 온라인상에 제공되는 자신의 데이터 보안에 대해 불안감을 느끼고 있다고 한다. 프라이버시 침해에 대한 우려가 그만큼 크다는 이야기다. 이처럼 사람들은 프라이버시가 중요하다고 하면서 실제로는 프라이버시 보호에 둔감한 경우가 많다. 프라이버시에 대한 생각과 행동 사이에 괴리가 발생하는데, 이를 '프라이버시의 역설'이라고 부른다.

젠스 그로스클래그스(J.Glossklags) 펜실베이니아주립대학교 교수의 연구에 따르면 프라이버시는 반드시 보호되어야 한다고 한 응답자의 63%가 암호기술을 사용한 적이 없고, 44%는 이메일 필터링을 사용하지 않았으며, 50%는 민감한 정보를 담은 서류를 파기하는 데 종이분쇄기를 사용하지 않았다. 그가 피츠버그대학교의 대학생 47명을 대상으로 한 또 다른 실험을 보면 대부분의 학생들이 자신의 퀴즈 성적과 체중에 대한 정보를 1달러 이하에 팔았다. 반면 이런 정보를 보호하는 데는 1달러 쓰는 것도 아까워했다. 즉 이성적으로 판단할 때는 프라이버시를 중시하지만 실제 행동에 있어서는 투자에 인색하고, 아주 작은 이득이 주어지면 쉽게 팔아버린다. 정보기관의 마구잡이 개인정보 수집에 민감하게 반응하지 않은 것도 프라이버시의 역설에서 그 원인을 찾을 수 있다.

영화 속에서 암호 소프트웨어 개발자인 애플바움(Jacob Appelbaum)은 "예전에는 자유라고 표현했던 것을 요즘은 프라이버시라고 표현한다. 프라이버시를 잃으면 자유 그 자체를 잃는다는 점을 인식해야 한다"라고 말한다. 그러면서 "수동적 감시에 대해서도 착각하고 있는데, 감시는 결국 통제"라고 강조한다.

프라이버시의 역설이 생기는 현실적인 이유는 개인이 저항하기에는 데이터 기반 사회가 너무 진행되어버렸다는 점도 있다. 정보비공개를 클릭하는 순간 쓸 수 있는 앱이 제한된다. 불편하지만 개인정보 사용을 동의하지 않을 수 없는 상황으로 점점 몰리고 있다. 인터넷이 발달하는 한 누군가가 나를 들여다보고 있다는 불편함을 감수해야 한다는 의미다.

개인정보의 중요성이 높아지면서 이를 보호하려는 공적 조치가 생겨나고 있다. 유럽연합은 2007년 1월 28일을 '개인정보 보호의 날'로 지정했다. 데이터 프라이버시에 대한 충분한 교육을 시켜 사람들의 인식수준을 높이기 위한 조치였다. 2년 뒤인 2009년에는 미국도 이날을 '데이터 프라이버시의 날'로 지정했다. 한국은 7월 둘째 주 수요일을 '정보보호의 날'로 지정해 기념하고 있다.

하지만 그런 국가조차도 국가안보 등을 이유로 개인정보를 탐낸다. 국내에서는 2016년 테러방지법이 논란이 됐다. 테러방지법은 테러방지를 위해 국가정보원에게 정보수집권과 추적권을 부여하는 것이다. 국정원은 위험인물의 개인정보(사상, 신념, 건강 등 민감정보 포함), 위치정보, 통신이용정보를 수집할 수 있고, 출입국과 금융거래 기록을 추적하고 조회할 수 있다. 이 법은 개인의 기본권을 국가기관이 침해할 수 있다는 우려가 제기되면서 당시 야당인 민주당의 거센 반발을 받기도 했다. 미국에서는 테러방지법과 비슷한 애국자법이 있었다. 애국자법은 도입된 지 14년 만인 2015년에 폐지됐다. 스노든이 폭로한 NSA파문이 결정적 계기가 됐다.

애플의 CEO였던 스티브 잡스는 2010년 올싱스 디지털컨퍼런스(All Things Digital Conference)에서 "자신의 정보를 공유하고 싶은 사람도 있겠지만, 지레짐작하지 말고 얼마큼의 개인정보를 공유하고 싶은지 확인하라. 매번 확인해야 한다. 사용자들이 질려서 그만 좀 확인하라고 할 때까지 확인해야 한다"고 말했다. 빅데이터 세상에서 내 정보를 완전히 보호할 수는 없겠지만, 그렇다 하더라도 끊임없이 보호하려는 노력을 해야 디지털 세상의 노예가 되지 않는다는 것을 잡스는 일찍이 경고했다.

시간이 판단을 바꾼다
-선호역전

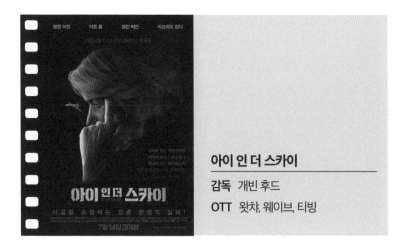

아이 인 더 스카이

감독 개빈 후드
OTT 왓챠, 웨이브, 티빙

▷ 선호역전이란 시간적으로 멀고 가까움에 따라 사람들의 선호가 달라지는 것을 말한다. 선호역전은 '시간적 비일관성'이라고도 하는데, 시간의 차이 때문에 특정 사건에 대한 사람들의 판단이 달라지기 때문이다.

개빈 후드 감독의 〈아이 인 더 스카이〉는 첨단무기전쟁으로 바뀐 현대전을 조명한다. 현대전은 조용한 전쟁이다. 크고 작은 드론을 이용해 주요 타깃을 공격한다. 작전명령은 수천 킬로미터 떨어진 본부에서 이뤄진다. 버튼만 누르면 임무가 완수되는 전자오락 같은 상황이다. 작전이 끝나면 여느 직장인이 그렇듯 노트북을 덮고 퇴근한다. 곰 인형을 사들고 퇴근하면 아이가 활짝 웃으면서 안아줄지도 모른다. 하지만 변치 않는 것도 있다. 어디선가에서는 진짜 사람이 죽는다는 것, 그 결정을 또 다른 사람이 내려야 한다는 것이다.

영국 합동사령부의 작전지휘관 파월 대령은 미국계 테러리스트 댄 포드를 6년째 쫓고 있다. 파월은 케냐 수도 나이로비에서 댄 포드를 찾아낸다. 댄 포드는 또 다른 자살폭탄테러를 기획하고 있다. 파월 대령은 생포 대신 사살하기로 하고, 영국 법무장관에게 폭격 허가를 요청한다. 하지만 영국 법무장관은 무거운 결정을 외교장관에게 미루고, 외교장관은 미국 국무장관에게 결정을 미룬다. 미국 국무장관의 답은 간명하다. "미국인이든 영국이든 미국을 공격하는 자는 적이다." 하지만 폭격대상 저택 앞에는 빵을 파는 소녀가 있다. 그는 무고하다. 미국 네바다 공군기지에 있는 드론 조종사들은 좀처럼 폭격 방아쇠를 당기지 못한다.

테러리스트들이 자살폭탄을 터트리면 평균 80명의 민간인이 죽는다. 지금 폭격을 하면 한 명의 아이는 죽지만 80명의 미래 희생자는 구할 수 있다. 반대로 폭격을 하지 않으면 한 명의 아이는 구하겠지만 80명의 민간인이 희생될 수 있다. 한 명과 80명의 죽음.

"부수적인 문제로 전체 작전을 망칠 셈이냐"라고 미국은 다그치지만, 드론 조종사들은 쉽게 결정을 내리지 못한다. 고도의 훈련을 받은 드론 조종사들이 결단을 늦추는 것을 단순히 감정 때문이라고 볼 수 있을까. 경제학적으로 보자면 그 망설임에는 '시간의 차이'도 있다.

한 명이 죽는 것은 당장이지만 80명이 죽는 것은 몇 달 후의 이야기다. 시간적으로 멀고 가까움에 따라 사람들의 선호가 달라질 수 있다. 이를 '선호역전(Preference Reversals)'이라고 한다. 선호역전은 '시간적 비일관성(Time Inconsistency)'이라고도 한다. 시간의 차이 때문에 특정 사건에 대한 사람들의 판단이 달라지기 때문이다.

다이어트를 해서 여름에 멋지게 비키니를 입고 싶지만, 당장 달콤한 초콜릿의 유혹을 떨치기 힘들다. 담배를 끊는 것이 건강에 좋다는 것을 알지만 당장 한 개비가 더 달콤하다. 합리적이라면 큰 이익을 위해 작은 이익을 포기하는 것이 옳다. 하지만 '시간의 차이'가 끼어들면서 선호가 뒤바뀐다. 여름의 비키니는 해변에 가지 못한다면 의미가 없다. 즉 현시점에서 여름의 몸매 자랑은 불확실하지만, 당장의 달콤함은 확실하다. 담배도 건강을 해칠 우려는 있지만 미래의 일이다. 반면 지금 담배 한 개비는 확실한 효용을 준다.

결혼을 앞두고 생긴다는 메리지 블루(Marriage Blue)도 선호역전의 결과다. 프로포즈를 받았을 때는 너무 기뻤지만, 결혼식 날짜가 다가오면 미래에 대한 불안이 겹치며 심리가 불안정해진다. 시간에 따라 '결혼'에 대한 감정이 달라지는 것이다.

도모노 노리오(友野典男)는 저서 『행동경제학』에서 "선호역전은 단순히 심리 때문이 아니라 뇌반응의 결과"라고 밝혔다. 맥클루어(Samule Mcclure)와 레입슨(David Laibson) 등이 가장 가까운 장래의 작은 이익과 먼 장래의 큰 이익을 선택할 때의 뇌의 활동상태를 조사해보니 활성화되는 뇌 부위가 다르더라는 것이다. 가까운 장래의 작은 이익은 뇌에서 '감정'을 느끼는 부분이, 먼 미래의 큰 이익은 '인지'를 느끼는 부분이 활성화됐다. 감정 부분이 이기면 전자를, 인지 부분이 이기면 후자를 택한다는 것이다. '감정의 욕구'와 '의지의 힘'의 대결은 질문에 따라서도 달라질 수 있다. 이른바 '프레이밍' 싸움이다.

"일주일 뒤에 100만원을 갚아라"와 "168시간 뒤에 100만원을 갚아라"는 느낌이 다르다. 참고로 일주일은 168시간이다. 시간선호가 만들어낸 것이 이자율이다. 사람들은 현재의 소비를 미래의 소비보다 더 선호한다. 경제학자인 어빙 피셔(Irving Fisher)의 말을 빌리자면 사람들은 빨리 소비하려는 '조급증'이 있다. 때문에 장기로 빌릴수록 더 많은 이자를 줘야 한다. 정상적인 상황이라면 3년물 국채보다 10년물 국채 금리가 더 높다. 즉 선호역전의 가치만큼 이자율이 결정된다.

전쟁에서의 선호역전을 일으키는 것은 또 있다. 명분이다. "테러리스트들이 80명을 죽이면 우리는 선전전에서 이기지만, 우리가 한 아이를 죽이면 그들이 이긴다"는 영화 속 대사는 전쟁에서 의사 결정이 어떻게 이뤄지는지를 엿볼 수 있게 한다. 대중의 지지를 받지 못하는 전쟁은 오래 끌 수 없다. 여론을 얻기 위해서는 선한 명분이 필요하다.

2022년 러시아는 우크라이나를 침공하면서도 '전쟁'이라는 표현 대신 '특별군사작전'을 수행한다는 표현을 썼다. 자국은 물론, 국제적 여론을 의식한 조치였다. 한 명의 일병을 구하기 위해 8명의 아군이 희생을 감수한다는 영화 〈라이언 일병 구하기〉도 같은 연장선상에 있다. 8명의 생명을 살리는 것이 합리적이겠지만, 때론 한 명의 효용가치가 더 클 수도 있다. 전쟁 때마다 영웅이 탄생하는 이유이기도 하다. 이처럼 인간은 시간뿐 아니라 때로 명분 때문에도 비합리적인 결정을 내린다.

바보들만 사는 세상

- 레몬시장

이디오크러시

감독 마이크 저지

OTT 디즈니+, 웨이브

▶ 레몬시장이란 품질이 나쁜 상품만 거래되는 시장을 말한다. 신맛 나는 레몬만 넘쳐나는 비정상적인 시장과 같다는 뜻에서 파생된 용어다. 레몬시장은 판매자와 구매자가 똑같은 수준의 정보를 서로 공유하지 못하는 '정보비대칭' 때문에 생겨난다. 정보 부족으로 잘못된 선택을 하는 것을 '역선택'이라고 부른다.

맬서스(Thomas R. Malthus)의 『인구론』에 따르면 인간은 경쟁을 통해 더 똑똑해지고, 더 문명화돼왔다. 이른바 적자생존이다. 지금까지 인류는 그런 식으로 진화해왔고, 또 그렇게 진화될 것이라고 우리는 굳게 믿어왔다. 그런데 정말로 우리가 생각한 방향으로 인류는 진화할까?

마이크 저지 감독의 〈이디오크러시〉는 "아닐 수 있다"고 말한다. 과거에 그랬다고 미래도 꼭 그러라는 법은 없다. '이디오크러시(Idiocracy)'는 바보(idiot)와 정부·통치를 뜻하는 접미사(-cracy)를 합친 단어다. 즉 바보들의 정부, 바보들의 통치라는 의미다.

2005년 미군은 '인간동면 프로젝트'를 비밀리에 추진 중이었다. 이 실험에 현역군인인 조 바우어와 민간인 여성인 리타가 참여한다. 1년간 얼렸다가 해동시키는 것이 원래 계획이었다. 하지만 두 사람이 막상 눈을 떴을 때는 500년이 지난 2505년이다. 세상은 바보들이 지배하고 있다. 세상천지는 쓰레기밭이고, 논밭은 메말라간다. 사람들은 물 대신 브라운도사의 스포츠음료를 즐긴다. 조 바우어는 어느새 '세상에서 가장 지능이 뛰어난 인간'이 되어 있다. 카마초 미국 대통령은 그를 내무부 장관으로 임명해 산적한 국가현안을 해결하라고 명령한다.

500년 뒤 미래는 왜 바보들의 세상이 됐을까? 영화는 IQ 140의 트레버 부부와 IQ가 아주 낮은 클리본의 삶을 통해 '역진화'를 설명한다. 트레버 부부는 결혼 직후 "아이를 가지는 것은 신중하게 결정하겠다"며 아이 낳기를 거부한다. 결혼 5년 뒤 "지금은 시장이 불안정하다"며 아이를 낳지 않는다. 결혼 10년 뒤 트레버 부부는 "아이를 갖기로 했는데 잘 안 된다"고 말한다. 15년이 지나자 부부는 인공수정을 통해 아이를 낳으려 하지만 남편이 갑작스레 죽는다. 반대로 클리본은 아내와 관계 때 콘돔을 사용하지 않아 아이를 곧

바로 낳는다. 5년 뒤에는 2명의 여자와 바람을 피워 아이를 또 낳는다. 10년 뒤에는 큰 사고를 당하지만 줄기세포기술의 힘으로 생식력을 다시 회복해 아이를 낳는다. 클리본은 쾌락을 스스로 제어하지 못한다. 이런 식으로 시간이 흐르자 지능지수가 높은 인류는 사라지고, 지능지수가 낮은 인간들이 넘쳐났다.

퇴보한 인간들만이 사는 세상은 품질이 나쁜 상품만 거래되는 시장과 닮았다. 경제학에서는 이를 '레몬시장'이라 부른다. 레몬시장은 판매자와 구매자가 똑같은 수준의 정보를 서로 공유하지 못하는 '정보비대칭' 때문에 생겨난다. 1970년 미국의 경제학자 조지 애컬로프(George Akerlof)가 「레몬시장: 품질의 불확실성과 시장 메커니즘」이라는 논문을 발표하면서 널리 알려졌다.

레몬시장 이론은 중고차시장에서 잘 적용된다. 중고차를 팔려는 사람은 정보가 많은 반면 중고차를 사려는 사람은 정보가 적어 품질보다 더 많은 돈을 주고 중고차를 살 수 있다. 정보 부족으로 잘못된 선택을 하는 것을 '역선택'이라고 부른다. 역선택이 많다 보면 중고차시장에는 점점 품질 나쁜 차량만 나오고, 구매자들은 실망해서 시장을 떠나 결국은 중고차시장이 붕괴될 수 있다.

레몬은 겉은 노랗고 예쁘지만, 막상 먹어보면 신맛이 난다. 신맛나는 레몬만 넘쳐나는 시장과 같다는 뜻에서 이런 시장을 '레몬시장'이라고 부른다. 레몬시장에서는 수요·공급의 법칙이 적용되지 않는다. 상품가격이 낮으면 '품질이 아주 떨어지는 것 아니냐'는 의심이 커져 되레 수요가 줄어든다. 경제학이 레몬시장을 정상시장으로 보지 않는 이유다.

보험시장도 역선택 우려가 큰 시장이다. 보험에 가입하려는 사람은 자신의 건강에 대한 많은 정보를 갖고 있는 반면 보험사는 보험 가입자에 대한 정보가 많지 않다. 건강한 사람은 보험에 가입하지 않고, 건강하지 않은 사람만 보험에 가입하다 보면 보험료 지출이 많아져 보험시장이 붕괴될 수 있다.

대출시장도 마찬가지다. '돈을 잘 갚을 수 있는 상태냐, 아니냐'는 대출자 개인이 가장 잘 안다. 자칫 신용평가를 잘못하면 신용도가 높은 사람은 시장을 이용하지 않고, 신용도가 낮은 사람만 시장에 남게 된다.

선거에서도 후보자에 대한 충분한 정보가 제공되지 않을 때 유권자들은 역선택을 할 수 있다. 때문에 선거관리위원회는 TV토론, 선거공보물 등을 통해 후보자 정보를 유권자에게 적극적으로 전달하려 노력한다.

이 영화 속에서 바보가 더 많아지는 현상은 '자연의 포식자가 사라졌다'는 가정에서 출발한다. 자본주의에서 자연의 포식자는 빈곤이다. 빈곤을 몰아낸 사회는 복지가 탄탄했을 것이다. 하지만 IQ 높은 트레버 부부는 그 정도 복지로는 여전히 아이를 키우기 어렵다고 생각했다. 사회가 트레버 부부에게 안심하고 아이를 낳아 기를 수 있다는 충분한 정보를 제공하지 못하면서 트레버 부부는 출산을 포기했다. 반면 IQ가 낮은 클러본은 아이를 낳으면 그럭저럭 키울 수 있다는 정보를 갖고 있었을 것이다. 그래서 아이 낳기를 꺼리지 않았다. 그 결과 사회적 역선택이 일어났다.

정보경제학에서는 역선택을 피하기 위한 답으로 '정보비대칭 해소'를 제안한다. 중고차시장을 건강하게 유지하도록 하기 위해 정부와 조합은 중고차매물조회 사이트와 중고차보험이력 서비스를 온라인에서 제공하고 있다. 특히 허위매물을 올리거나 침수차량을 중고차시장에 내놨을 경우 중고차판매자에게 막대한 벌금을 부과함과 동시에 사업자등록 취소까지 시킬 수 있다. 차 소유자와 차를 사려는 소비자 간의 정보비대칭을 적극적으로 해소하기 위해 두 주체를 이어주는 판매자에게 일정 부분 책임을 물리는 것이다.

만약 사전에 정보비대칭을 해소하지 못했다면 시장을 지킬 방법은 없는 것일까? 사후적 조치가 있다. 생명보험사들은 보험가입자가 가입 당시 자신의 주요한 병력을 속였을 경우 보험금을 지급하지 않는다. 이런 조치를 통해 정보비대칭에 대한 불합리한 이득을 취득하는 것을 방지하고 보험시장을 지속 가능하도록 유지할 수 있다.

내가 나치를 따르는 이유

- 포모증후군

조조 래빗

감독 타이카 와이티티

OTT 디즈니+, 웨이브, 티빙

▷ 포모증후군이란 세상의 흐름을 자신만 놓치고 있다거나 혹은 제외되고 있다는 공포에 시달리는 것을 말한다. 포모란 'Fear of Missing out'의 약자다. 사회적 동물 인 사람은 자신의 무리에서 떨어져 나가는 것을 두려워하는 본능이 있다. 원래 포 모는 제품의 공급량을 줄여 소비자를 조급하게 만드는 마케팅 기법을 의미했다.

"내 모든 힘을 독일의 구원자 히틀러에게 바치기로 한다. 히틀러 를 위해서는 내 목숨도 아깝지 않다. 하일 히틀러."

열 살 소년 조조 베츨러의 우상은 아돌프 히틀러다. 조조에게 히틀러는 위대한 아리아인의 조국, 독일의 영웅이다. 어느 날, 동경하는 히틀러의 환상이 조조 앞에 나타난다. 오늘은 (유겐트)히틀러 소년단 주말 훈련캠프에 참가하는 날이다. 군복을 입은 자신의 모습은 아무리 봐도 멋지다. 최고의 충성스런 나치 꼬마가 됐다. 비록 신발끈은 못 매도 말이다. 언젠가 머리에 뿔 달린 유대인 한 명을 잡아 히틀러의 개인 경호원이 될 꿈을 꾼다.

타이카 와이티티 감독의 영화 〈조조 래빗〉은 열 살 철부지 소년 조조의 시선으로 2차 세계대전 당시 독일의 광기를 바라본다. 어른들이 강요한 군국주의와 나치즘은 조조의 눈에 어떻게 비칠까?

조조는 멋진 독일군을 꿈꾸지만 실은 토끼 한 마리 죽이지 못할 정도로 여리다. 그래서 얻게 된 별명이 '조조 래빗'. 겁쟁이 조조라는 뜻이다. 자신의 용맹성을 증명하기 위해 멋지게 수류탄을 투척하지만 발밑에서 터진다. 큰 부상을 당한 조조는 유겐트 캠프에서 쫓겨난다. 엄마 로시는 전쟁과 정치 이야기만 하는 조조가 걱정스럽다. 놀기 좋아하고, 천둥이 치면 엄마에게 달려오던 열 살짜리 꼬마는 나치에 미쳤다. 하지만 희망의 끈을 놓지 않는다. 하나 남은 자식이 귀신이 아니라는 희망 말이다.

조조는 이제 나치가 됐다고 생각한다. 유대인과는 어울려서는 안 된다고 스스로를 단속한다. 하지만 조조의 집에 숨어든 유대인 소녀 엘사는 반박한다. "넌 나치가 아냐, 조조. 나치상징과 군복을 좋아하고 무리에 속하고 싶은 열 살짜리 꼬마일 뿐이야."

조조는 군복을 입으면 용기가 샘솟는다. 유겐트의 주말캠프 훈련이 매우 힘들겠지만, 잘 이겨낼 수 있을 것이라고 스스로 최면을 건다. 조조에게 나치 군복은 자신을 멋진 독일남자로 만들어주는 과시적 소비 대상이다. 그래서 수류탄 사고로 군복을 벗게 됐을 때 조조는 침울해진다. 여전히 군복을 입은 친구 요키가 너무 부럽다. 요키의 군복을 손으로 쓸어본다. "이거 너무 얇네. 종이로 만든 거니?" 요키는 덤덤하게 말한다. "아니, 독일의 특수 신소재로 만든 거야."

사회적 동물인 사람은 자신의 무리에서 떨어져 나가는 것을 두려워하는 본능이 있다. 세상의 흐름을 자신만 놓치고 있다거나 혹은 제외되고 있다는 공포에 시달리는 것을 '포모증후군(FOMO Syndrome)'이라고 부른다. 포모란 'Fear of Missing out'의 약자다. 원래 포모는 제품의 공급량을 줄여 소비자를 조급하게 만드는 마케팅 기법을 의미했다. TV홈쇼핑은 쇼호스트가 상품을 설명하는 동안 '곧 매진' '선착순 한정판매' 등의 경고등을 화면에 계속 띄운다. 지켜보는 소비자로 하여금 조급함이 들게 하기 위해서다.

토끼를 죽이지 못해 소년단을 이탈했던 조조는 용기를 내 훈련장으로 돌아온다. '조조 래빗'이라 불리며 또래무리에서 떨어져 나가는 것이 두려웠기 때문이다. 수류탄은 무섭지만, 이걸 던지지 못해 왕따가 되는 게 더 무섭다. 조조는 눈을 꾹 감고 '돌격 앞으로'를 외친다. 하버드대학교와 옥스퍼드대학교는 포모를 사회병리현상의 하나로 주목했다. 미국에서 50%가 넘는 성인이 포모 증세로 고통을 겪고 있다고 한다.

세상에서 소외된다는 두려움은 '양떼효과'를 불러 일으킨다. 양떼효과란 무리에서 뒤처지지 않기 위해 다른 이들을 따라 하는 심리를 말한다. 양떼효과는 무리에서 뒤처지지 않기 위해 어쩔 수 없이 소비에 동참한다는 특징이 있다. 다리에 심각한 부상을 입은 조조는 더이상 전투요원이 될 수 없다. 하지만 조조는 팸플릿을 붙이고 재활용품을 수거하는 일을 하며 소년단에 복귀한다. 이런 식으로라도 함께해야 또래무리에서 완전히 떨어져 나가지 않을 수 있기 때문이다.

몇 해 전 중·고등학생들 사이에서 한 벌에 수십만원짜리 고가의 패딩이 유행했다. 패딩의 가격에 따라 계급도 생겨났다. 너나없이 고가의 패딩을 사 입었다. 이 패딩은 부모의 등골을 빼먹는다고 해 '등골브레이커'로도 불렸다.

양떼효과는 주식시장에서도 종종 관찰된다. 2020년 주식시장이 뜨겁자 많은 사람들이 주식시장에 뛰어들었다. 가격이 치솟은 부동산시장에도 '패닉바잉'이 일어났다. 자산이 불어나는 시대에 자신만 뒤처질 것이 두려워진 사람들은 '영끌'을 해서라도 시장에 참여했다.

양떼효과는 밴드왜건효과와 유사하다. '밴드왜건효과'란 퍼레이드의 맨 앞에 위치한 밴드들이 단 마차를 따라 행렬이 따라가듯 유행에 따라 '따라하기 소비'가 이뤄지는 것을 말한다. 다만 양떼효과는 뒤처지지 않기 위해 어쩔 수 없이 구매한다는 의미가 강한 반면, 밴드왜건효과는 적극적이고 능동적으로 구매한다는 점이 다르다.

다시 영화로 돌아가보자. 독일 나치는 어린아이들을 소년단에 넣어 단체훈련을 시켰다. 소년단에서 세뇌교육을 받은 아이들은 진짜 나치로 변해갔다. 철부지 조조도 달라졌다. 세상에서 가장 강한 것은 금속이고, 다이너마이트고, 근육이라고 믿는다. 집단적 교육을 받으며 독일 아이들의 포모증후군은 점점 더 심해졌을 것이다. 조조는 엄마에게도 자신 있게 말한다. "승전하면 우리 청년들이 세상을 지배할 거래요. 총통이."

하지만 전쟁이 진행되면서 조조는 점차 전쟁의 진실을 알게 된다. 잔혹한 전쟁은 놀이가 아니었다. 유대인도 괴물이 아니었다. 사랑하는 엄마를 잃고 유대인 엘사를 좋아하게 되면서 비로소 조조는 집단적 최면에서 깨어난다.

상상 속의 히틀러가 나타나 조조를 달랜다. "(예전처럼) 하일 히틀러라고 말해줘." 조조는 입술을 굳게 다물더니 한마디 내뱉는다. "꺼져."

방향전환을 잘해야 승리한다

- 피보팅

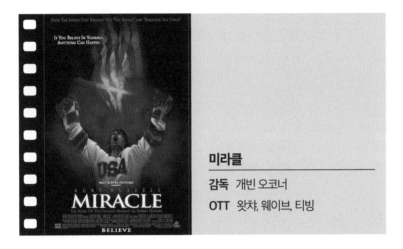

미라클

감독 개빈 오코너

OTT 왓챠, 웨이브, 티빙

▷ 피보팅은 선수가 몸의 중심축을 한쪽 발에서 다른 쪽 발로 이동하며 방향전환하는 것을 말한다. 경영학에서 피보팅은 기존의 사업 아이템이나 모델의 본질과 가치를 유지하면서 다른 사업이나 모델로 전환하는 것을 말한다. 예컨대 대리점에서 여행상품을 팔던 여행업자가 온라인에서 여행상품을 판다면, 피보팅한 것이다.

미국인들에게 역사상 최고의 스포츠경기를 꼽으라고 하면, 첫손에 꼽는 경기가 있다. 1980년 미국 레이크플래시드에서 열린 동계 올림픽 아이스하키 결승전인 미국과 소련 전이다.

소련의 아프가니스탄 침공으로 냉전이 최고조로 달하던 시기, 아이스하키에 진심인 미국과 소련이 외나무다리에서 만난다. 하지만 대학생이 주축이 된 미국은 역사상 가장 젊은 팀이었고, 소련은 5연속 올림픽 금메달에 도전하는 무적함대였다. 비록 미국이 개최국이긴 해도 미국의 승리를 점치는 사람은 없었다. 하지만 미국은 4대3으로 극적인 승리를 거둔다.

경기가 끝나기 직전 흥분한 캐스터가 외친 말이 "기적을 믿습니까?(Do You Believe in Miracles?)"였다. 이는 미국 스포츠중계 역사상 가장 유명한 말이 됐다. 미국인들은 이 경기를 'Miracle on Ice', 즉 '얼음판 위의 기적'으로 부른다.

한국인에게도 이런 경기가 있다. 1997년 일본 도쿄에서 벌어졌던 월드컵 아시아지역 최종예선 한·일 전이다. 한국의 2대1 승리로 끝난 이 경기는 지금도 '도쿄대첩'으로 회자된다. 이민성의 역전골이 터졌을 때 중계캐스터가 외쳤던 "후지산이 무너졌다"는 역대급 코멘트로 남아 있다.

개빈 오코너 감독이 'Miracle on Ice'의 실화를 스크린에 담은 영화가 〈미라클〉이다. 미국 아이스하키 국가대표팀은 허브 브룩스(Herb Brooks) 감독이 이끌었다. 그는 미국이 마지막으로 동계올림픽 아이스하키에서 금메달을 딴 1960년 미국대표팀 선수 출신이었다. 하지만 1980년 소련은 어마어마한 팀이었다. 미국은 1960년 이후 20년간 소련을 이겨본 적이 없었다. 소련은 심지어 미국 NHL올스타를 만나서도 승리를 거뒀다. 레이크플래시드 동계올림픽 직전 미국팀과 가진 시범경기에서도 10대3으로 일방적인 승리를 거뒀다.

미국대표팀은 최약체로 평가받고 있었지만, 그들에게는 젊음의 패기가 있었다.

경기 직전 로커룸에서 브룩스 감독은 선수들의 눈을 바라보며 주먹을 불끈 쥔다. "너희가 만약 10번 소련을 만나면 걔들이 9번을 이기겠지. 하지만 오늘밤은 아니다. 오늘밤은 우리가 세계 최고의 하키팀이다. 이제 너희들의 시대다." 감독이 불어넣어준 자신감, 젊은 패기와 체력, 관중들의 열렬한 응원, 이런 것들이 한데 합쳐져서 결국 미국은 기적 같은 승리를 일군다.

당시 미국과 소련에게 이 경기는 단순한 아이스하키 경기가 아니었다. 소련이 아프가니스탄을 침공하고, 때마침 오일쇼크가 터지면서 미국경제는 어려웠다. 이런 상황에서 소련은 미국을 박살내겠다며 최강의 아이스하키팀을 내보냈다. 미국으로서도 경기침체로 힘들어하는 국민들을 위해서 승리가 필요했다. 외환위기 어려움을 겪던 한국인에게 도쿄대첩의 승리가 필요했던 것과 똑같은 상황이다.

영화 〈미라클〉은 미국대표팀이 기적 같은 승리를 거두는 과정에 초점을 맞추지만, 정치적인 부분을 벗겨내고 스포츠 영화 자체로 봐도 재밌다. 미국과 소련의 결승전을 재현한 영화 후반부 30분은 박진감과 스릴이 넘친다. 지금도 이만한 아이스하키 영화를 찾기 힘들 정도다. 영화를 보다 보면 여러 가지 아이스하키 용어를 들을 수 있다. 슬랩샷, 파워플레이 같은 단어들이다.

서양인들이 아이스하키를 좋아하다 보니 하키에서 파생된 경제 용어도 꽤 있다. 대표적으로 '피보팅'이 있다. 피보팅은 선수가 몸의 중심축을 한쪽 발에서 다른 쪽 발로 이동하며 방향전환하는 것을 말한다. 아이스하키뿐 아니라 농구와 축구에서도 즐겨 쓰이는 용어다. 경영학에서 피보팅은 기존의 사업 아이템이나 모델의 본질과 가치를 유지하면서 다른 사업이나 모델로 전환하는 것을 말한다. 예컨대 대리점에서 여행상품을 팔던 여행업자가 온라인에서 여행상품을 파는 것으로 바꿨다면 '피보팅했다'고 말할 수 있다. 아날로그 사업을 하던 기업들이 디지털 사업으로 전환하는 것을 '디지털 피보팅'이라고 부르기도 한다.

피보팅은 최근 스타트업계에서 자주 쓰인다. 스타트업이 하려는 사업들은 아직 사업모델이 무르익지 않은 경우가 많아 사업을 해나가다 방향을 전환해야 할 때가 많다. 피보팅을 해 성공한 대표적인 사례가 넷플릭스다. 넷플릭스는 처음 비디오테이프 대여사업을 하다가 스트리밍 플랫폼으로 바꿨다. 국내에서는 배달의 민족이 피보팅 사례로 자주 언급된다. 배달의 민족은 전화번호부앱으로 시작했다가 배달사업으로 전환해 성공했다.

피보팅은 그 뜻이 갈수록 확대되고 있다. 공간이나 건물을 개조해 전환하면 '하드웨어 피보팅', 소비자의 니즈에 맞춰 대응하면 '타깃 피보팅', 서비스나 상품을 새롭게 기획하거나 새로운 판로를 개척하면 '세일즈 피보팅'이라 부른다. 예를 들어 중국이 한한령을 내리자 K-pop 아이돌들이 동남아시아와 중남미로 방향을 돌렸는데 이는 '타깃 피보팅'으로 볼 수 있다. 코로나19로 여객수요가 줄자 대한항공은 여객수송 대신 화물수송으로 방향을 전환했는데 이는 '세일즈 피보팅'이라고 부를 만하다.

피보팅을 잘하려면 축이 되는 발에 힘이 있어야 한다. 마찬가지로 경영에서도 피보팅이 성공하려면 결국 본업에 대한 이해가 탄탄해야 한다.

'하키스틱 곡선'이라는 경제용어도 알아둘 만하다. 아이스하키 스틱은 끝부분은 살짝 구부러져 있고, 손잡이로 갈수록 길어진다. 이처럼 처음에는 완만하게 변하다가 일정 시점이 지나면 급격히 치솟는 형태의 곡선을 하키스틱 곡선이라고 한다.

경제 분야에서는 지표가 처음에는 느리게 움직이다가 일정 시점에서 탄력을 받으면 쭉 올라가는 경우가 있다. 신제품을 출시했을 때 처음에는 판매량이 완만하게 늘다가 입소문이 난 뒤 판매량이 급상승하는 사례를 종종 본다.

하키스틱 곡선은 기후변화를 설명하는 과정에서 나왔다. 펜실베이니아주립대학교 대기과학과 교수인 마이클 만(Michael E. Mann)은 지난 천 년간 북반구 기온이 거의 변화 없다가 20세기 들어서 갑자기 급상승하는 것을 설명하면서 하키스틱 곡선이라는 표현을 썼다. 하키스틱 곡선은 기후변화뿐 아니라 산업혁명 이후 생산성 증가나 인구 증가에도 적용된다.

하키스틱 곡선이 스타트업계로 들어오면서 스타트업의 성장곡선을 상징하는 표현으로도 많이 쓰이고 있다. 스타트업은 초기에는 느린 성장을 하다가 어느 순간 폭발적인 성장을 한다. 최근 OTT 가입자도 그렇다. 배달음식서비스도 그렇게 성장했다. 그러다 보니 초기에 누가 시장을 선점하느냐가 정말 중요해졌다. 하키스틱 곡선을 다른 말로 'J커브'라고 부르기도 한다.

유괴인가, 아동학대인가?

- 레드헤링

미쓰백

감독 이지원

OTT 왓챠, 웨이브, 티빙

▷ 원래 레드헤링은 오래 보관하기 위해 훈제한 붉은색 청어를 말하는데 냄새가 독했다. 경제학에서 레드헤링은 '판단을 흐리게 하는 거짓신호'다. 대공황 이전의 미국 투자은행들은 새로 생겨난 기업들이 내놓은 초기사업계획서를 레드헤링이라고 불렀다. 겉으로는 그럴듯한 내용이지만, 자세히 보면 허점이 많기 때문이다.

불편하지만 봐야 하는 영화가 있다. 외면한다고 외면되지 않는 현실이 존재하는 경우다. 아동학대를 정면으로 마주하는 이지원 감독의 〈미쓰백〉이 그런 영화다. 이 감독은 〈미쓰백〉의 시나리오를 쓰게 된 것에 대해 "고통받던 옆집 아이를 외면한 비겁한 자신에 대한 참회록"이라고 말했다. 아동폭력을 당하는 것이 틀림없는 옆집 아이를 보면서도 아무런 도움을 주지 못했던 자책이 담겨 있다고 한다. 영화의 모티브는 '원영이 사건'으로 알려져 있다. 의붓어머니가 베란다와 욕실에서 원영이를 상습폭행하고, 추운 겨울 락스원액을 아이 몸에 뿌린 뒤 방치해 죽인 실제 사건이다.

겨울밤 차가운 거리에 누더기 내복을 한 장 입고 쪼그려 앉아 있는 아이가 있다. 누가 봐도 아동학대를 당하는 것 같은 아이 '지은'이다. 대부분의 어른이 그냥 지나치는데 지나치지 못하는 한 명이 있다. 그의 이름은 상아. 그냥 '미쓰백'으로 불러달란다. 살인미수로 전과가 있는 그는 세차장과 마사지숍을 전전하며 어렵게 살고 있다. 자신도 힘든데 지은에게 자꾸만 마음이 간다. 그 역시 어린 시절 같은 고통을 겪었기 때문이다. 그는 주저하다가 말을 건넨다. "이런 나라도 같이 갈래?"

미쓰백은 2층 배관 파이프를 다고 탈출한 지은을 안고 사라진다. 그제야 자신의 아동학대 사실이 알려질까봐 두려워진 의붓어머니는 친부에게 말한다. "그 여자는 전과자야. 유괴됐다고 해."

주의를 다른 곳으로 돌리거나 혼란을 유도해 상대방을 속이는 것을 경제학에서는 '레드헤링(Red Herring)'이라고 부른다. 레드헤링은 오래 보관하기 위해 훈제한 붉은색 청어를 말한다. 레드헤링은 냄새가 독했다. 잘 훈련된 사냥개도 레드헤링의 냄새에 후각을 잃을 정도다. 이를 이용해 18~19세기 레드헤링은 여우 사냥개의 후각을 단련시키는 데 사용됐다고 한다. 또한 1800년대 영국의 죄수들은 탈옥 전에 레드헤링을 온몸에 비벼댔다. 감시견들의 추격을 피하기 위해서다.

레드헤링은 훗날 '논점을 흐리고 엉뚱한 곳으로 상대방의 관심을 돌리는 것'을 뜻하는 말로 의미가 확장됐다. 예컨대 논쟁 중에 대뜸 "너, 몇 살이야" "왜 반말이야"라고 말하며 말머리를 돌리는 경우다. 장유유서가 여전히 영향을 미치는 한국에서 자주 볼 수 있는 '주의 전환의 오류(Red Herring Fallacy)'다.

경제학에서 레드헤링은 '판단을 흐리게 하는 거짓신호'로 본다. 대공황 이전의 미국 투자은행들은 새로 생겨난 기업들이 내놓은 초기사업계획서를 레드헤링이라고 불렀다. 초기사업계획서는 겉으로는 그럴듯한 내용이지만, 자세히 들여다보면 허점이 많았기 때문에 속지 말라는 경고의 의미가 담겨 있다.

코로나19 확산 초기에 주가가 큰 폭으로 떨어지자 '코로나19가 블랙스완이냐, 레드헤링이냐'라는 논란이 제기됐다. 만약 코로나19가 전 세계로 확산된다면 발생 가능성이 거의 없지만 일단 발생하면 엄청난 충격을 주는 '블랙스완'이 될 것이고, 코로나19가 기존 독감과 별 차이가 없다면 주식시장의 관심을 엉뚱한 데로 돌린 '레드헤링'이 될 수 있다는 것이다.

레드헤링과 유사한 의미를 지니고 있는 용어가 '맥거핀'이다. 맥거핀은 앨프리드 히치콕의 영화 〈해외 특파원〉(1940년)에서 사용한 암호명으로, 스코틀랜드인의 이름에서 따온 것이다. 관객들은 암호명 맥거핀이 무슨 의미가 있는 것은 아닌가 기대를 했지만 실은 아무 의미가 없었다. 즉 맥거핀이란 별것 아닌데 부각시켜서 관객들에게 혼란을 일으키는 사건, 상황, 소품 등을 의미한다.

히치콕은 맥거핀을 영화에서 즐겨 사용했다. 영화 〈사이코〉에서는 주인공이 돈을 훔쳐 달아나는데, 영화는 그가 가지고 다니는 돈다발의 행적을 따라 전개된다. 관객들은 돈다발이 영화의 진행에 의미가 있을 것으로 생각하고 주목했다. 하지만 돈다발은 주인공이 죽고 난 뒤 사라지는데, 돈다발의 역할은 실은 여주인공이 모텔까지 도착하는 과정을 보여주는 것이 전부였다.

맥거핀을 잘 활용한 대표적인 영화로 〈라이언 일병 구하기〉가 있다. 영화에서 보면 구출되는 대상이 라이언이든 타이거든 중요하지 않다. 하지만 관객들은 '라이언 일병'이라는 이름에서 괜히 구해야 할 것 같은 중요인물처럼 느껴진다. 핵심은 8명의 대원이 한 명의 포로 일병을 구하는 것인데도 말이다.

맥거핀은 영화용어였지만 지금은 정치·경제·외교·문화 등 여러 분야에서 차용돼 쓰인다. 2022년 중반, 한·중 무역수지가 30년 만에 적자를 기록했다. 일각에서는 코로나19로 인한 중국 도시봉쇄로 인한 일시적 현상이니만큼 호들갑 떨 필요가 없다고 한다. 무역이 정상적인 수준으로 복원되면 한국 수출이 늘어 무역수지 흑자가 가능하다는 주장이었다. 반면 한·중 무역구조가 구조적으로 변하는 중요한 변곡점이라는 주장도 있었다. 중국의 기술력이 높아지면서 대중국 수출이 추세적으로 줄어들고 있는 반면 중국산 핵심 원자재 수입의존도가 높아지면서 수입이 빠르게 증가하고 있다는 것이다. 훗날 돌아보면 우리는 2022년의 한·중 무역역조를 어떤 식으로 기억하게 될까? 만약 코로나19가 끝난 뒤 한·중 무역수지가 다시 흑자로 돌아선다면 2022년의 일시적 무역적자는 우리의 주의를 공연히 딴 데로 돌리게 한 '레드헤링' 혹은 '맥거핀'으로 불릴 수도 있다.

다시 영화로 돌아가보자. 경찰은 처음에 이 사건을 유괴사건으로 봤다. 하지만 아이가 창밖을 통해 배관을 밟고 빠져나오는 장면을 자동차 블랙박스에서 확인하면서야 비로소 수사는 아동학대로 방향을 튼다. 수사에 혼선을 준 레드헤링도 기록된 증거 앞에서는 더 이상 냄새를 풍기지 못했다.

경제는 경제주체들의 이야기입니다. 모든 경제활동에는 스토리가 있습니다. 그리스신화, 고전문학, 역사는 경제에 풍성한 이야기를 제공합니다. 그 스토리가 모이면 법칙이 되고, 경제사가 됩니다. 때로 이야기는 반복됩니다. 파비우스 장군과 블루투스왕, 트로이의 목마, 위대한 개츠비는 경제와 어떻게 만나게 될까요?

경제는 스토리다

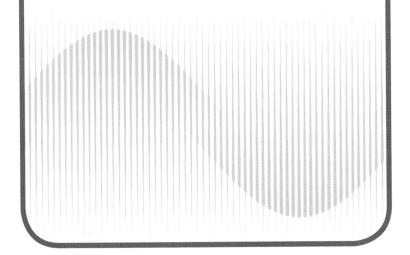

없는 것도 판다

- 공매도

한 솔로: 스타워즈 스토리

감독 론 하워드

OTT 디즈니+, 웨이브, 티빙

▶ 공매도란 갖고있지 않는 주식을 빌려 거래하는 것을 말한다. 향후 주가가 떨어지면 수익을 얻는 투자기법이다. 공매도가 많이 들어온 종목은 향후 주가가 떨어질 것이라 예측하는 투자자가 많다는 뜻이어서 주가에 부정적으로 작용할 수 있다. 주식시장 전체로 보자면 공매도는 주식시장의 과열을 막는 역할을 한다.

스타워즈 마니아들에게는 스타워즈 이야기라면 무엇이든 즐겁다. 프리퀄(오리지널 영화의 앞이야기)이든 스핀오프(오리지널 영화를 바탕으로 새롭게 만든 이야기)든 시퀄(원작 이후의 이야기)이든 상관이 없다. 스타워즈는 그렇게 스토리를 불려가면서 신화가 없던 미국에 현대판 신화를 선사하고 있다.

론 하워드 감독의 〈한 솔로: 스타워즈 스토리〉는 스타워즈의 두 번째 스핀오프 작품으로, 개봉 순서로 따지면 10번째 작품이다. 츄바카와 단짝을 이루며 밀레니엄팔콘호를 조종하는 한 솔로는 우주의 밀수꾼이다. 하지만 루크 스카이워커와 레이아 공주를 만나면서 저항군에 가담해 제국군과 맞선다. 모두 3부작으로 제작되는데 이 영화는 그 첫 이야기다. 스타워즈의 첫 번째 스핀오프는 '로그 원'이었다.

영화의 시간적 배경은 한 솔로가 처음 등장한 스타워즈4 〈새로운 희망〉의 10년 전이다. 부모를 여의고 어릴 때부터 코렐리아 행성 빈민촌에서 살던 한 솔로는 캡틴 프록시마가 이끄는 범죄조직에 몸을 담는다. 한 솔로는 '최고의 조종사'가 되기 위해 제국의 해군항공대에 조종사로 지원하지만 여의치 않다. 전장을 탈영한 한 솔로는 생존을 위해 밀수꾼 베킷 일당과 손을 잡는다.

한 솔로는 성도 없다. 이름만 '한'이다. 해군항공대를 지원할 때 이름을 적어야 하는데, 모병관이 "본래부터 혼자였다"는 한 솔로의 말을 듣고는 즉석에서 '솔로'라는 성을 만들어준다. 어릴 때부터 길거리에서 자란 한 솔로는 두둑한 배짱에 넉살 좋고, 순발력이 뛰어나다. 은하계에서 가장 빠른 우주선인 밀레니엄팔콘이 필요했던 한 솔로는 자신의 우주선을 걸고 밀수꾼 랜도와 도박판에 마주 앉는다. 하지만 실제로 자신의 우주선을 갖고 있지 않았다. 없는 우주선을 걸고 거래를 한 셈이 됐다. 밑장 빼기로 승리한 랜도는 솔로에게 우주선을 넘겨줄 것을 요구한다.

금융시장에서도 없는 주식이나 채권을 거래하는 경우가 있다. 공매도(空賣渡)다. 말 그대로 '없는 것을 판다'는 뜻이다. 주식을 소유하고 있지 않는 사람이 주식을 갖고 있는 사람에게서 주식을 빌려 3자에게 판 뒤 약속한 기일까지 시장에서 해당 주식을 사서 갚으면 된다. 공매도는 향후 주가가 떨어질 것이라 생각할 때 펼 수 있는 전략이다. 이해하기 쉽게 예를 들어보자.

① 현재 주당 4만원인 ㄱ주식을 A씨가 B씨에게서 빌린다.
② 이때 수수료로 100원을 지급한다.
③ 이렇게 빌린 ㄱ주식을 C에게 4만원에 판다.
④ ㄱ주식가격이 2만원으로 떨어졌다.
⑤ A씨는 시장에서 2만원에 ㄱ주식을 사서 B씨에게 갚는다
⑥ A씨는 2만원의 차익이 생겼는데, 수수료 100원을 제하면 1만 9,900원을 벌었다.

A씨는 주식을 보유하지 않고도 공매도 거래로 1만 9,900원의 수익을 얻었다. 이처럼 공매도는 미래의 주식가격이 하락할 때 수익이 난다. 반대라면 손실을 본다. 예컨대 2만원 주식이 나중에 4만원으로 올랐다면 2만원의 손실에다 수수료 100원까지 2만 100원의 손실을 본다.

공매도에는 차입공매도와 무차입공매도가 있다. 차입공매도는 주식을 미리 빌려온 뒤 공매도를 하는 것이고, 무차입공매도는 주식을

빌려오지도 않은 상태에서 주식부터 파는 것을 말한다. 한국은 2000년 우풍상호신용금고가 공매도를 했다가 결제불이행(주식을 되갚지 못한 것)을 한 사태를 겪은 후 차입공매도만 허용되고 있다.

주식시장에서 공매도가 많이 들어올수록 주가는 부정적인 영향을 받는다. 향후 주가하락에 베팅한 사람들이 많다는 뜻이니까 아무래 일반투자자들은 긴장하게 된다. 자신이 모르는 악재가 있을 수도 있고, 공매도에 베팅한 세력들이 의도적으로 주가하락을 유도할 수도 있다.

주식시장 전체로 보자면 공매도는 주식시장의 과열을 막는 역할을 한다. 주식시장은 상승장에 베팅하는 것이지만, 가격이 떨어지는 것을 기다리는 자가 있는 한 계속 강세장을 고집할 수 없기 때문이다.

2021년 주가가 하락하자 국내 주식시장에서는 개미투자자들이 공매도 폐지를 요구하고 나섰다. 국내 공매도제도는 외국인과 기관 등 큰손들에게 일방적으로 유리한 데다 이들이 주가에 미치는 영향이 커 개미투자자들이 손해를 보고 있다는 것이다. 공매도 거래는 일반적으로 증권사가 중계한다. 증권사가 개인들에게서 주식대여 승낙을 받고 빌려와 기관이나 외국인에게 빌려주는데, 증권사는 이 과정에서 발생하는 수수료 차익을 먹는다. 그런데 외국인이나 기관 투자자는 거래규모가 크고 신용도가 높다 보니 주식대여를 위한 담보비율이 낮고 상환기관도 길다. 반면 개인투자자는 담보비율이 높고, 차입기간도 60일에 불과하다. 때문에 개미투자자들은 공매도 상환기간과 담보비율을 외국인이나 기관들과 같이 맞춰달라는 요구를 꾸준히 하고 있다.

공매도에 대한 개미투자자의 거부감은 미국 증시도 다르지 않다. 2021년 미국의 대형 헤지펀드인 멜빈캐피탈이 게임스탑을 대규모 공매도하자 이에 반발한 개미투자자들이 주식을 대량매입하며 주가를 끌어올렸다. 이에 게임스탑 주가가 폭등했고, 멜빈캐피탈은 큰 손실을 입은 끝에 파산했다. 미국 경제방송 CNBC는 단 일주일간 게임스탑으로 인해 공매도 세력들이 손실 본 액수가 200억달러로 추정된다고 밝혔다.

공매도 결제불이행은 시장에서 매우 심각하게 다뤄진다. 금융시장은 한번 신뢰를 상실할 경우 엄청난 혼란을 겪을 수 있기 때문이다. 공매도 결제불이행의 규모가 크거나 악의적일 경우 해당 기관은 시장에서 퇴출되고, 형사처벌도 받는다. 영화에서도 랜에게 우주선을 되갚지 못한 한 솔로는 도망친다. 도박의 세계에서도 결제불이행은 목숨을 걸 만큼 중대한 사안이다.

20

속이 썩었다

- 포템킨경제

대립군

감독 정윤철
OTT 티빙

▷ 포템킨경제란 겉은 괜찮지만 속이 썩은 경제상황이다. 1990년대 후반의 러시아는 사회주의에서 자본주의로 이행하면서 부작용이 속출했다. 저질상품이나마 생산하던 공장들은 가동을 멈췄고, 집단농장의 생산성도 떨어졌다. 폴 크루그먼은 이런 러시아의 경제를 '포템킨경제'라 불렀다.

군역은 국방의 의무다. 양인(천민을 제외한 사람) 남자라면 누구나 군대에 가서 복무를 해야 했다. 하지만 군역은 힘들었다. 관리나 지방 세력가들은 슬금슬금 빠져나가기 시작했다. 농민들은 군역을 회피할 방법이 없었다. 군역을 하는 동안 농토를 비워야 해 식솔들의 생계도 곤란해졌다. 그러자 조선 중기에는 군역을 피하려 승려가 되거나 유랑인이 되는 농민이 속출했다. 돈이 있는 사람들은 대가를 지불하고 군역을 타인에게 떠넘겼다. 이른바 대립군(代立軍)이다. 대립군이란 생계를 유지하기 위해 돈을 받고 다른 사람의 군역을 대신해주는 사람을 말한다.

정윤철 감독의 영화 〈대립군〉은 이 같은 역사적 사실에 주목했다. 때는 1592년 임진왜란이다. 왜구를 피해 선조가 '파천(播遷, 임금이 도성을 버리고 피란함)'한다. 그러면서 세자 광해에게 임금의 지위를 나눠준다. 광해는 의병들을 끌어모으기 위해 먼 강계로 향한다. 광해의 호위를 어쩌다 보니 대립군들이 맡는다. 대립군은 나라가 망해도 달라질 것이 없는 밑바닥 인생이다. 대립군의 수장 토우는 공을 세워 천한 인생에서 탈출하기를 꿈꾼다.

임진왜란 당시 조선은 힘 한번 쓰지 못하고 한양을 내줬다. 당시 조선의 군적에 기록된 병력은 10만 명이다. 하지만 실제 훈련된 군사는 1만 명 내외에 불과했다. 나머지는 양민과 노비들이었다. 이들은 훈련을 받지도, 무장을 하지도 못했다. 한마디로 조선의 병력은 속 빈 강정, 빛 좋은 개살구에 불과했다.

겉만 번지르르하고 실속이 없는 것을 뜻하는 표현으로 '포템킨마을(Potemkin Village)'이 있다. 그리고리 포템킨(Grigory Potemkin)은 러시아 여제인 예카테리나 2세의 연인으로 막강한 권력을 휘둘렀던 장군이다. 유명한 전함 '포템킨'도 그의 이름을 땄다.

1787년 예카테리나 2세가 제국 남부 시찰에 나섰다. 여제는 바지

선을 타고 드니프로강을 여행하면서 새로운 러시아를 둘러볼 생각이었다. 전해오는 말에 따르면 포템킨 장군은 시찰 하루 전날 예정지역에 가서 영화 세트와 같은 가짜 거리를 만들었다. 마을 전체 풍경을 그려놓은 두꺼운 종이를 여제가 볼 수 있도록 강둑에 세웠다. 낙후된 마을을 아주 잘사는 것처럼 꾸며서 여제를 기쁘게 하려는 생각이었다. 예카테리나 여제가 지나간 뒤에는 즉시 세트를 철거한 뒤다음 시찰지역에 세웠다. 이후 포템킨마을은 '현실과는 전혀 상관없는 외관상으로만 뛰어난 허울'을 가리키는 말로 쓰이게 됐다.

미국의 경제학자 폴 크루그먼(Paul Krugman)은 이 용어에서 착안해 새로운 경제용어를 만들었다. 바로 '포템킨경제(Potemkin Economy)'다. 포템킨경제란 겉은 괜찮지만 속이 썩은 경제상황이다. 서방이 냉전시대 경쟁자였던 러시아경제를 비꼬면서 유래됐다.

1990년대 후반의 러시아는 사회주의에서 자본주의로 이행하면서 부작용이 속출했다. 저질상품이나마 생산하던 공장들은 가동을 멈췄고, 집단농장의 생산성도 떨어졌다. 폴 크루그먼은 이런 러시아의 경제를 포템킨경제라 불렀다.

포템킨경제는 20여 년 뒤에 다시 소환됐다. 2014년 블라디미르 푸틴 대통령이 우크라이나 영토였던 크림반도를 강제병합하자 서방은 러시아에 대해 경제제재를 내렸다. 2013년 7%였던 러시아 경제성장률은 2014년 1.3%로 급락했다. 외국자본이 대거 이탈하면서 러시아 루블화 가치가 폭락했고, 국가 신용등급은 강등됐다. 그러자 "러시아경제는 포템킨경제"라는 말이 다시 나왔다.

10억원이 넘는 아파트를 가지고 있지만 은행빚이 8억원에 달한다면 개인에게는 포템킨경제가 된다. 삼성전자 등 몇몇 대장주들이 지수 상승을 견인할 뿐 대부분의 중·소형주는 힘을 쓰지 못한다면 활황인 주식시장도 포템킨경제가 될 수 있다. 지표상으로는 실업자가 적은데 주변을 보면 실업자가 넘쳐나는 경제상황도 포템킨경제다. 일자리가 늘었다는데 청년 실업이 여전하고 좋은 일자리는 줄었다면 이 역시 포템킨경제를 벗어나기 어렵다.

포템킨경제는 도널드 트럼프 미 대통령이 당선되면서 미국에서 재부각됐다. 로렌스 서머스(Lawrence Summers) 하버드대학교 교수는 트럼프의 금융완화 정책, 1조원에 달하는 인프라 투자, 법인세 인하 등 트럼프의 경제공약에 대해 "실체가 없는 포템킨마을"이라며 비난했다.

아시아경제도 포템킨경제라는 조롱을 받았다. 미국의 금리 인상만으로도 역내 경제가 흔들릴 수 있다는 이유에서다. 노무라증권의 아시아 전략가 션 달비(Sean Darby)는 2004년 "미국이 연말까지 금리를 올리면 가계부담 대출부담이 늘어 소비가 줄어들 것"이라며 "특히 한국을 비롯한 영국·호주 등 주요 경제지역 내 가계소비 몰락은 아시아경제 성장을 더디게 만들 것"이라고 밝혔다.

2022년 기준으로 보면 글로벌경제 전체가 포템킨경제였다. 미 연방준비제도이사회가 공격적으로 금리를 올리자 중국도, 독일도, 일본도 맥을 못 추며 '킹달러' 시대가 열리고 있다. 엔, 유로, 파운드, 프랑 등 주요 6개국 통화와 달러와의 가치를 보여주는 달러인덱스는 역대 최고로 치솟고 있다. 글로벌 주식시장은 자국의 경제상황보다 미국의 주요 경제지표 발표의 영향을 더 받고 있다.

영화 속 대립군은 체계적인 훈련을 받지 못했다. 제대로 된 장비를 갖추지도 못했다. 때문에 정규군에 비해 오합지졸인 경우가 많았다. 하지만 대립군은 정규군보다 전투에서 훨씬 뛰어났다. 목숨을 걸고 싸워야 했고, 수많은 전장에서 체득한 경험이 있는 대립군은 기강이 해이해져 있던 정규군보다 훨씬 유능했다. 영화 속에서 전투는 대립군이 하고, 조선군은 전투가 끝난 뒤 전공을 부풀리기 위해 적의 수급을 모으는 데 여념이 없다. 조선의 정규군은 제대로 적과 싸울 수 없는 포템킨마을이었던 셈이다.

2022년 미국은 인플레이션감축법(IRA)을 통과시키며 미국 내에서 생산된 자동차에 대해서만 보조금을 주겠다고 밝혔다. 인도·태평양경제프레임워크(IPEF)를 통해 경제동맹들과 공급망을 만들겠다고도 했다. 기존의 자유무역질서를 흔드는 보호무역적 조치인데 그만큼 미국경제와 산업의 경쟁력이 약하다는 반증도 된다. 겉으로는 달러 패권을 쥔 유일한 세계 초강대국이지만 속으로는 산업생산 기반이 상당히 무너져버린 '포템킨경제' 상태가 아닐까, 그런 의심을 해본다.

LGBTQ의 슬기로운 소비생활

-핑크머니

콜 미 바이 유어 네임

감독 루카 구아다니노
OTT 넷플릭스, 왓챠, 웨이브, 티빙

▷ 핑크머니란 성소수자들이 가진 소비능력 혹은 구매력을 말한다. 핑크머니는 브랜드 충성도가 높다는 특징이 있다. 성소수자들은 자신들을 지지하는 브랜드를 적극 소비하는 경향이 있기 때문이다. 6월 LGBTQ 프라이드는 연말 핼러윈과 크리스마스, 2월 밸런타인데이와 함께 미국에서 소비가 가장 많은 3대 시즌 중 하나다.

연인 사이를 가로막는 금기는 어느 시절에나 있다. 희곡 『로미오와 줄리엣』에서는 가문의 벽이, 영화 〈로마의 휴일〉에서는 신분의 벽이 있었다. 가문과 신분의 벽이 낮아진 현대는 어떤 금기가 연인

사이에 버티고 있을까?

루카 구아다니노 감독의 영화 〈콜 미 바이 유어 네임〉은 '성'이라고 말한다. 동성애에 대해 세간의 시선이 많이 달라졌지만, 여전히 한 켠에서는 쉽게 받아들이지 못한다. 그래서일까, 최근 국제영화제에서는 〈브로크백 마운틴〉〈그린북〉〈아가씨〉〈보헤미안 랩소디〉 등 동성애가 직·간접 소재가 되는 퀴어영화가 많이 주목받고 있다. 〈콜 미 바이 유어 네임〉도 이 부류에 속한다.

역사학자인 펄먼 교수는 여름마다 젊은 학자 한 명을 자신의 가족별장으로 초청한다. 1983년 이탈리아의 여름이다. 24세 미국 청년 올리버가 찾아왔다. 지적이면서 자신감이 넘치는 호남형 인물인 올리버는 주변 여성들에게 인기가 많다. 그런데 비단 여성들뿐 아니다. 펄먼 교수의 아들인 17세 소년 엘리오도 그에게 호감을 갖고 있다. 올리버 역시 엘리오에 대한 감정이 예사롭지 않다.

동성애의 역사는 깊다. 고대 그리스의 호메로스와 소크라테스도 동성애에 탐닉했다. 철학자 플라톤은 『향연』에서 "인간은 원래 하나가 둘로 나누어진 불완전체인데, 다시 온전한 하나의 모습을 되찾기 위해 자신과 똑 닮은 나머지 반쪽을 찾아다닌다"고 말했다. "Call me by your name and I'll call you by mine(네 이름으로 나를 불러줘, 내 이름으로 너를 부를게)"이라고 올리버가 엘리오에게 읊조리는 바로 그 대사다. 영화가 계속해서 고대 그리스풍 조각을 비추는 것은 동성애가 허용됐던 그 시절을 떠올리는 미장센이다.

성소수자(LGBTQ: 레즈비언, 게이, 바이섹슈얼, 트랜스젠더, 퀴어)가 증가하면서 이들의 구매력도 커지고, 소비시장도 커지고 있다. 성소수자들이 갖고 있는 소비능력 혹은 구매력을 '핑크머니'라고 부른다.

미국의 핑크머니 시장은 9,170억달러가 넘는 것으로 알려져 있다. 매년 6월에는 LGBTQ들의 '월드 프라이드' 행사가 열린다. 미국 소비업계에서는 연중 소비가 가장 큰 시즌으로 연말 핼러윈과 크리스마스, 2월 밸런타인데이에 이어 6월 LGBTQ 프라이드를 꼽는다. 사이먼 펜윅(Simon Fenwick) 미국 광고대행협회 부사장은 "기업들은 핑크머니가 6월 성소수자의 달에만 발생하는 이윤이라고 생각하지 말고 좋은 돈(Good money)이라고 생각하고 꾸준히 수익을 낼 수 있도록 앞장서 광고하고 행동해야 한다"고 말했다.

2019년 뉴욕에서 열린 LGBTQ 프라이드에서는 베르사체, 유튜브, 유나이티드항공, 로레알, HSBC 등 글로벌 기업들이 로고를 무지개색으로 바꿨다. 다이어트 코크, 유니레버, 우버, IBM, 닛산 등은 메인스폰서로 참여했다. 기업들이 앞다퉈 LGBTQ를 공략하는 건 핑그머니는 브랜드 충성도가 높기 때문이다. LGBTQ 커뮤니티에 따르면 LGBTQ를 지지하는 회사의 상품을 더 많이 소비하겠다는 답변이 응답자의 76%나 됐다.

현대자동차도 핑크머니 시장에 뛰어들었다. 2019년 현대차는 미국 LA에서 개최되는 '30회 GLAAD 미디어 어워드'를 공식 후원했다. GLAAD 미디어 어워드는 성소수자 커뮤니티 LGBTQ에서 현저한 공적이 있는 미디어와 인물을 기리기 위한 상이다. 영화나 TV 프로그램, 게임 및 음악 등 예술 분야를 포함해 저널리즘, 광고 등 다양한 영역에 대해 시상한다. 앞서 현대차는 2018년 공식 유튜브 계정에 '우리의 이야기(Our Story)'라는 제목의 싼타페 광고를 게재했는데 성소수자 이야기를 담아 화제를 불러일으켰다. 당시 광고를 보면 레즈비언 커플이 결혼식을 올리는 영상과 더불어 '세상의 모든 가족을 위해(For every kind of family)'라는 카피가 흘러나온다. 보수적인 분위기의 현대차가 성소수자에 대한 광고를 확대하는 것은 국제적으로 성소수자를 인정하는 움직임이 빠르게 확산되고 있기 때문이다.

동성애를 넘어 동성결혼을 인정하는 국가도 늘어나고 있다. 네덜란드는 2000년 세계에서 최초로 동성결혼을 인정했다. 이어 벨기에(2003년), 캐나다(2005년) 등이 허용했다. 남미에서는 아르헨티나(2010년)가 처음이었다. 미국도 2013년 동성결혼을 허용했다. 아시아에서는 2019년 대만이 최초였다. 태국은 결혼과 유사한 '시민 동반자 관계'를 맺는 것을 허용하고 있다. 2019년 현재 동성결혼을 허용한 국가는 28개다.

물론 아직은 동성 간 결혼이 불법인 나라가 여전히 더 많다. 미국 퓨 리서치가 지난 2013년에 한 조사를 보면 아시아와 아프리카 국민의 절반 이상은 동성애에 대해 부정적 견해를 보였다. BBC는 "LGBTQ에 대한 태도가 국가마다 다른 것은 경제발전, 민주주의, 종교 등 3가지 요인과 연결된다"며 "가난한 나라일수록, 민주주의 발전이 더딜수록, 종교의 영향력이 강할수록 LGBTQ에 덜 우호적"이라고 분석했다.

카톨릭 전통이 강한 남유럽도 동성애에 대해 부정적이다. 당연히 동성결혼을 합법화한 나라도 아직 없다. OECD의 2019년 동성애 관용도 조사를 보면 이탈리아는 10점 만점에 3.3점으로 매우 낮았다. 한국(2.8점)과 비슷한 수치다. OECD 평균은 5.1점이고, 관용도가 가장 높은 곳은 아이슬란드(8.3점)였다.

영화의 말미, 엘리오의 부모인 펄먼 교수 부부는 두 사람의 관계를 눈치챈다. 이탈리아 부모인 엘리오의 부모는 아들 엘리오와 젊은 학자 올리버에게 어떤 조언을 해줄까.

국가빚, 나중에 갚겠습니다

- 모라토리엄

국가부도의 날

감독 최국희

OTT 왓챠, 웨이브, 쿠팡플레이, 티빙

▶ 　모라토리엄이란 국가나 지방자치단체(지자체)가 외부에서 빌린 돈에 대해 일방적으로 만기에 상환을 미루는 행위다. 특정 국가가 모라토리엄을 선언하면 국제금융시장 안정을 위한 응급조치로 채무삭감, 이자감면, 상환기간 유예 등 채무조정 작업에 들어간다. 아예 돈을 갚지 못하겠다고 선언한다면 디폴트다.

　　채권을 다루는 은행권에 이런 이야기가 있다. 10억원을 빌리면 돈 빌린 사람이 은행에 돈을 못 갚을까봐 잠을 못 잔다. 대출을 상환하지 못하면 담보를 차압당하고 신용불량자가 될 수 있다. 만약 1,000

억원을 빌리면 어떻게 될까? 이제는 은행이 잠을 못 잔다. 돈 빌린 사람(차주)이 돈을 못 갚아 1,000억원 대출이 부실화된다면 은행이 위험하다. 그런데 10조원을 빌렸다면 어떨까? 은행도, 돈을 빌린 개인(기업)도 '될 대로 돼라'가 된다고 한다. 은행과 개인이 해결할 수 있는 규모가 넘어서기 때문이다. 채권자와 채무자 모두 정부만 쳐다본다고 한다.

만약 1997년 외환위기 당시 한국이 채무를 당분간 못 갚겠다며 모라토리엄을 선언했더라면 어떠했을까? 그랬더라면 간담이 서늘해진 글로벌 채권사들을 움직여 국제통화기금(IMF)보다 더 좋은 조건으로 협상을 이끌어낼 수 있었을까?

IMF의 요구로 금융시장을 전면개방하면서 한국은 아시아의 자동입출금기(ATM)가 됐다. 장기간 고금리 긴축정책을 쓰면서 알짜 우량기업이 흑자도산해 헐값에 해외 헤지펀드에 팔려 나갔다. 비정규직이 도입되고 해고가 쉬워지면서 노동안정성이 흔들리기 시작했다. 정규직과 비정규직으로 이분화된 노동양극화도 이때 시작됐다. 이때 치솟은 자살률은 아직도 크게 내려가지 않고 있다. 20년째 OECD 국가 중 자살률 1위 국가다.

반면 한국과 정반대의 다른 처방을 내린 곳도 있다. 말레이시아는 투기자본 규제와 자본유출 통제로 맞섰다. 결과적으로 말레이시아는 한국처럼 기업도산, 서민경제 위축, 높은 자살률은 없었다. 당시 총리였던 마하트리(Mahathir Mohamad)는 김영삼 정부보다 더 현명한 판단을 한 것일까?

최국희 감독의 영화 〈국가부도의 날〉은 한국은행 통화정책팀장

한시현의 입을 빌려 묻는다. "IMF에 자금지원을 요청하느니 채무 지급유예 선언이라도 해야 합니다."

영화〈국가부도의 날〉은 3명의 등장인물을 통해 이야기를 풀어나 간다. 1997년 초반 경기호황이 지속되던 때 한시현 팀장은 연말 외 환 부족 가능성을 정부에 보고한다. 금융시장에서 이상징후를 느낀 증권맨 윤정학은 사표를 내고 역베팅을 결심한다. 한국경제가 어떻 게 돌아가는지 알 리 없는 소규모 제조업체 사장 갑수는 대형백화점 의 어음거래 계약서에 도장을 찍으며 빚을 내 납품을 시작한다.

"환율방어로 일주일에 20억달러 써. 원·달러 환율 800원 지키기 위해 환율방어 안 할 수가 없을 거고. 10월 말 롤오버비율(만기연장) 86.5%, 일제히 만기연장 부. 12월 안에 자신의 투자금 갚으라고."

7월 태국이 투기세력의 공격을 견디지 못하고 외환위기에 빠졌 다. 사실상 고정환율제를 채택하고 있던 한국도 환율이 상승하기 시 작하자 외환시장에 달러를 쏟아부어야 했다. 하지만 전년부터 이어 진 대규모 경상수지 적자로 여력은 없었다.

"11월 15일 외환보유액 158억달러. 거절당한 롤오버, 선물환거래 감안하면 실질보유고는 90억달러 이내. 이대로라면 수출과 수입을 정부가 보증할 수 없어."

계산을 해보니 국가부도의 날까지 남은 시간은 단 일주일이다. 대 책반 내부에서 위기대응 방식을 놓고 의견이 엇갈린다. 재정국 차관 은 IMF행을 요구한다. IMF에서 외환을 빌려와 위기를 넘기자고 한 다. 세상에 공짜돈은 없다. IMF로부터 외환을 빌린다면 IMF가 요구 하는 조건들을 받아들여야 한다. 채권자가 부도위기에 몰린 채권자에게 빌려주는 돈인 만큼 조건은 까다롭고, 고통스러울 것이다.

한국은행의 한시현 팀장은 IMF행을 반대한다. "국가자산을 담보로 자산유동화 증권(ABS)을 발행하거나, 채무 지급유예(모라토리엄)를 선언해야 합니다."

'모라토리엄(Moratorium)'이란 국가나 지방자치단체(지자체)가 외부에서 빌린 돈에 대해 일방적으로 만기에 상환을 미루는 행위다. 라틴어로 '지체하다'는 의미인 'morari'에서 유래됐다. 돈을 안 갚겠다는 게 아니라 '갚고는 싶은데 돈이 없으니 기다려달라'는 이야기다.

특정 정부가 빌린 돈을 못 갚겠다고 뒤로 넘어지면 현실적으로 돈을 회수할 방법이 없다. 군사를 동원해서 담보를 확보해야 하는데 이는 전쟁을 하자는 소리니 현실적으로 불가능하다. 그러다 보니 급해지는 곳은 돈을 빌려준 금융기관이다. 이들도 어디선가로부터 자금을 조달했기 때문에 대출금 회수가 막히면 먼저 파산위험에 몰릴 수 있기 때문이다. 타국 금융기관이 대출해준 것이라면 위험은 제3국으로 진이된다. 때문에 특정 국가가 모라토리엄을 선언하면 국제금융 안정을 위한 응급조치로 국가 간 채무조정 작업(Rescheduling)에 들어간다. 채무삭감, 이자감면, 상환기간 유예 등의 협상이 진행된다.

모라토리엄은 프랑스에서 시작된 제도로 1차 세계대전에서 패한 독일이 엄청난 전쟁배상금을 지불하게 되자 모라토리엄을 선언했다. 최근 사례를 보면 1982년 멕시코와 브라질이, 1998년 러시아가, 2008년 두바이가 각각 모라토리엄을 선언했다.

아예 돈을 갚지 못하겠다고 선언한다면 디폴트(Default)다. 2001년 아르헨티나, 2008년 에콰도르가 선언했다.

모라토리엄과 디폴트는 돈을 약속한 기한 내 갚지 못한다는 '부도 선언'이기 때문에 사실상 국제금융거래가 끊긴다. 신용등급이 폭락해 자금조달이 어려워지고, 환율은 폭등한다. 한번 깨진 신뢰로 추후 신용을 회복하기도 어렵다. 벼랑 끝 전술이긴 하지만 상당한 리스크가 뒤따른다는 이야기다.

영화 속 한시현 팀장의 주장처럼 한국이 모라토리엄을 선언했으면 어땠을까. 말레이시아처럼 아무 일도 없었을까. 다만 한국이 말레이시아와 사정이 다르다는 것은 감안해야 한다. 한국은 밀과 원유를 해외에서 전량 수입해 와야 한다. 당장 달러가 없으면 하루도 버틸 수 없다. 모라토리엄 선언이 잘 받아들여졌다고 하더라도 협상까지는 많은 시간이 걸린다.

그럼에도 모라토리엄 선언은 정말 불가능했을까. 혹시 관료들의 배짱이 없었던 것은 아닐까. 아니면 영화처럼 노동유연화, 외국인투자확대 등을 위해 의도적으로 방치했던 것은 아닐까. 혹은 관료들의 어떤 사익이 걸려 있었던 것은 아닐까. 역사에 '만약'은 없다지만 '복기'는 해볼 수 있는 대목이다.

공짜 선물에 숨은 진실
- 트로이의 목마

겨울왕국 2

감독 크리스 벅·제니퍼 리
OTT 디즈니+, 웨이브, 티빙

▷ 트로이의 목마란 악성코드의 하나로, 정상적인 프로그램으로 위장해 램에 상주하며 해커가 공격할 때 시스템 내부 정보가 빠져나가도록 방화벽을 열어주는 역할을 한다. 그리스인들이 군사를 숨겨 트로이 성안으로 보낸 뒤 한밤에 빠져나와 성문을 열어주는 데 이용했던 트로이목마와 닮았다고 해서 이런 이름이 붙었다.

디즈니는 고전동화를 각색해 현대동화로 바꾸는 마법을 갖고 있다. 크리스 벅과 제니퍼 리 감독의 〈겨울왕국 2〉에서는 원작인 한스 안데르센(Hans Andersen)의 『눈의 여왕』 자취를 더 이상 찾아보기 힘들다. 〈겨울왕국 2〉는 6년 만에 나온 〈겨울왕국〉의 속편이다.

　아렌델 왕국의 여왕이 된 엘사는 어느 날 환청을 듣는다. 마법의 숲이 자신을 부르는 소리다. 바람·불·물·땅의 정령들은 아렌델 왕국을 위협한다. 트롤이 전해준 해법은 마법의 숲으로 들어가 과거의 진실을 찾아야 한다는 것이다. 마법의 숲은 과거 할아버지였던 선왕이 노덜드라 부족과 평화협정을 맺은 장소다.

　하지만 어쩐 일인지 두 민족은 칼을 겨눴고, 할아버지는 죽고 엘사의 아버지만 간신히 살아 돌아왔다. 두 민족의 싸움에 화가 난 정령들은 숲을 안개로 덮어버렸고, 34년간 누구도 들어갈 수 없는 장소가 됐다.

　아렌델 왕국과 노덜드라 부족 간 갈등에는 댐이 있었다. 아렌델 왕국은 노덜드라 부족에게 평화의 상징으로 큰 댐을 지어줬다. 겉으로는 '큰 선물'이라고 했지만 실제로는 아니었다. 숲의 마법을 따르는 노덜드라 부족이 언젠가 왕권을 위협할 것으로 우려한 엘사 할아버지의 계략이었다. 댐은 숲과 물을 죽이고, 노덜드라의 힘을 약하게 하는 데 효과가 있었다.

　아렌델 왕국이 지어준 댐을 사이버세계에 빗대면 악성코드인 '트로이의 목마'와 닮았다. 이 악성코드는 정상적인 프로그램으로 위장해 램에 상주하며 해커가 공격할 때 시스템 내부 정보가 빠져나가도록 방화벽을 열어주는 역할을 한다. 마치 트로이전쟁에서 그리스인들이 군사를 숨겨 트로이 성안으로 보낸 뒤 한밤에 빠져나와 성문을 열어주는 데 이용했던 트로이목마와 닮았다고 해서 이런 이름이 붙었다.

트로이의 목마 악성코드는 웹하드, 이메일의 첨부파일, P2P, 프리웨어, 불법복제프로그램 등을 통해 사용자의 컴퓨터에 숨어든다. 사용자가 이메일에 첨부된 파일을 클릭하거나 링크를 클릭하는 순간 프로그램이 실행돼 사용자의 컴퓨터를 좀비PC로 만든다. 컴퓨터바이러스가 아니어서 타 컴퓨터로 전파하는 능력은 없지만, 시스템 어딘가에 숨겨진 감염파일을 통해 지워도 지워도 다시 설치되는 끈끈한 생명력을 자랑한다. 개인정보가 유출되고 PC가 느려지고 시스템이 파괴되는 피해가 계속되다가 전체를 포맷해야 하는 상황이 생길 수 있다.

트로이의 목마 개념이 처음 제시된 것은 1974년 미 공군의 취약점을 분석한 리포트에서다. 이 개념을 처음으로 구현한 것은 세계 최초의 시판용 컴퓨터인 유니박(UNIVAC)에 포함된 게임 '애니멀(Animal)'이었다. 악의적인 형태의 트로이의 목마는 1980년대에 본격적으로 등장했다.

트로이목마 감염을 막기 위해서는 출처가 모호한 이메일 첨부파일이나 소프트웨어는 내려받아서는 안 된다. 또한 배너를 함부로 클릭해서도 안 된다. 공짜를 미끼로 잘 접근한다는 점에서 무료 소프트웨어도 조심해야 한다.

아렌델 왕국이 지어준 댐이 딱 그랬다. 공짜로 지은 댐이지만 물길이 가로막히면서 물과 숲의 생명체들이 죽어갔고, 이 때문에 마법의 숲의 힘도 급속도로 약해졌다. 그대로 두었더라면 노덜드라 부족은 빠르게 힘이 빠져 아렌델 왕의 지배를 받게 될 수도 있었다.

아델렌 왕국의 전략은 중국의 일대일로 전략을 연상케 한다. 일대일로는 시진핑 국가주석이 2013년 주창한 구상으로 직역하면 하나의 띠, 하나의 길이다. 일대는 중국과 중앙아시아, 유럽을 잇는 실크로드 경제벨트를 의미하고, 일로는 동남아와 서남아, 아프리카를 잇는 해양실크로드 경제벨트를 의미한다.

중국은 이를 위해 AIIB(아시아인프라투자은행)를 설립하고 막대한 투자에 나섰다. 중국은 2021년까지 144개 국가에 투자했거나 투자 약정을 맺었는데 그 규모가 595억달러에 달하는 것으로 알려졌다. 문제는 중국의 투자가 공짜가 아니라는 것이다. 중국은 차관으로 자금을 빌려줬다. 그 자금을 받아 중국 건설사들은 역내 국가에서 도로, 철도, 댐, 항만 등을 건설했다. 중국의 SOC 투자를 반갑게 받아들였던 국가의 상당수는 곧 부채의 덫에 빠졌다. 특히 파키스탄, 라오스, 몰디브 등은 IMF에 구제금융을 요청하는 등 국가부도 위기에 몰리고 있다.

채무를 갚지 못한 나라들 중에는 항만이나 철도 운영권을 중국 기업에 넘겨주는 사례도 나온다. 스리랑카는 함반토타항을 건설했지만 차관을 상환하지 못하게 되자 2017년 중국 국영 항만기업인 자오상쥐(招商局)에 99년 기한으로 항만 운영권을 넘겨줬다. 결과적으로 중국은 타국의 주요 SOC 시설을 확보해 상업적·군사적으로 중요한 교두보를 확보하게 됐다.

이에 그동안 일대일로를 긍정적으로 보며 참여를 검토했던 호주, 영국 등은 거리를 두기 시작했다. 특히 미국은 일대일로가 중국의 패권주의적 발상에서 나온 '트로이목마'라고 보고 IPEF(인도·태평양경제프레임워크) 등을 통해 직접 견제에 나서고 있다.

이처럼 트로이의 목마는 '숨겨진 꼼수'라는 의미로, 경제를 비롯해 사회·문화·정치·외교 분야에서 널리 쓰인다. 2022년 9월 영국 일간지 《가디언》의 일요판인 《옵서버》는 "K-pop은 중독성 있는 한국드라마와 함께 (북한에 대한) 문화적 트로이의 목마"라고 보도했다. 지도자에 대한 희생을 강요하는 북한 드라마나 영화와 달리 한류는 사랑을 희생의 대상으로 삼으면서 북한 주민들의 마음속을 파고 있다는 것이다.

진실을 알게 된 엘사의 동생, 안나는 숲에 심어둔 트로이의 목마 (댐)를 제거하려 한다. 문제는 '어떻게?'다. 연약해 보이던 안나의 대모험이 시작된다.

부동산, 미술품에 투자하라

- 대체투자

아이리시맨

감독 마틴 스코세이지
OTT 넷플릭스

▶ 대체투자란 주식이나 채권 같은 전통적인 투자상품이 아닌 다른 대상에 투자하는 것을 말한다. 사모펀드, 헤지펀드, 부동산, 인프라, 벤처기업, 원자재, 선박 등에 대한 투자, 미술품, 보석, 골동품 등에 투자하거나 농장이나 임야에 투자하는 것도 대체투자다. 대체투자는 금융시장의 영향을 직접적으로 받지 않는다.

"영화를 공부할 때 가슴에 새긴 말이 있는데 (당신이 말한) '가장 개인적인 것이 가장 창의적'이라는 것."

봉준호 감독이 마틴 스코세이지 감독에게 보낸 경의는 92회 아카데미시상식에서 가장 인상 깊은 장면 중 하나로 남아 있다. 스코세이지 감독이 작품상을 놓고 〈기생충〉과 경쟁했던 작품이 〈아이리시맨〉이다. 러닝타임 약 3시간 30분에 달하는 이 영화는 1975년 실종된 미국의 노동운동가 지미 호파(Jimmy Hoffa)를 다룬다. 지미 호파는 230만 명에 이르는 전미트럭운전사노조(IBT) 위원장으로 '1950년대의 엘비스보다, 1960년대의 비틀스보다 유명했던' 인물이다.

2000년대 초, 요양원에서 휠체어에 앉아 있는 80대 노인 프랭크 시런이 회상하는 장면에서 영화는 시작된다. 1955년 트럭운전사 시런은 고장 난 차를 고치기 위해 고속도로변 텍사코 주유소에 주차한다. 이때 뜻하지 않게 도움을 준 사람이 러셀 버팔리노다. 알고 보니 그는 이탈리아계 마피아로, 지미 호파와 막역한 관계다. 시런은 버팔리노와 호파를 위해 청부살인을 하는 '페인트공'이 된다. 승승장구하던 노조위원장 호파는 존 F. 케네디가 대통령이 되면서 꼬이기 시작한다. 법무장관으로 임명된 대통령의 동생인 로버트 케네디는 대선 경쟁자였던 닉슨을 지지했던 호파를 조사해 구속한다.

부하인 피츠에게 자리를 물려준 호파는 석방된 뒤 노조위원장 복귀를 꿈꾼다. 하지만 피츠는 이미 마피아의 지지를 받고 있었다. 마피아는 왜 지미 호파를 버렸을까? 답은 '노조의 연기금'이었다. 피츠는 마피아가 마음대로 연기금을 대출받아 쓸 수 있도록 눈을 감았다. 마피아는 그 돈으로 라스베이거스 카지노 등 각종 개발사업에 투자했다. 반면 호파는 위원장이 될 경우 그간 나간 대출을 모두 회수하겠다고 했다.

연기금이란 연금기금을 줄인 말로, 향후 노조원들에게 노후자금인 연금을 주기 위해 모은 자금을 말한다. 국민연금기금·공무원연금기금·사학연금기금·군인연금기금 등이 대표적인 국내 연기금이다. 해외에서는 캘리포니아공무원연금기금·캐나다연금기금·일본공적연금기금·노르웨이정부연금기금 등이 유명하다.

기금은 향후 연금을 주기 위해 모아놓은 돈이다. 안전하게 예치를 해놓는 것이 가장 중요하다. 그런데 예치만 하기에는 아깝다. 은행에 예치하면 안전은 하겠지만 이자율이 낮아 수익은 거의 나지 않는다. 목돈이 된 기금을 보다 공격적으로 투자한다면 더 큰 수익을 남길 수 있다. 그러면 구성원들에게 연금을 더 많이, 더 오래 줄 수 있다.

이런 발상에서 연기금은 은행 예치에서 나와 주식 투자와 채권 투자에 나섰다. 안전성이 중요하기 때문에 주식은 대형주 투자가, 채권은 국고채 투자가 많았다. 하지만 한동안 주식시장이 지지부진하고, 채권수익률도 제로에 가깝게 떨어지자 금융상품 외 다른 투자대상을 물색하기 시작했다. 바로 그게 부동산과 인프라 투자다. 주식이나 채권이 아닌 상품에 투자하는 것을 '대체투자'라 부른다.

대체투자 상품에는 사모펀드, 헤지펀드, 부동산, 인프라, 벤처기업, 원자재, 선박 등이 있다. 또한 미술품, 보석, 골동품 등에 투자하거나 농장이나 임야에 투자하는 것도 대체투자다. 대체투자는 금융시장의 영향을 직접적으로 받지 않아 금융시장이 침체되거나 위기 때 포트폴리오 전략으로 유용하다.

영화 〈아이리시맨〉에서처럼 노조가 마피아에 연기금을 대출해 부동산 개발에 투자한 것은 대체투자의 전형적인 사례다. 부동산 대체투자는 부동산 경기가 좋을 때는 높은 수익을 낼 수 있지만 침체에 빠질 때는 반대로 대규모 손실을 볼 수 있다. 또한 투자과정이 투명하거나 공개적이지 않을 경우 비리에 연루될 가능성도 크다.

노조위원장이 주물렀던 IBT의 연기금 관리는 미국정부의 대대적인 부패 수사 이후 모건스탠리·골드만삭스·노던트러스트 등 투자은행(IB)에 위탁됐다. 하지만 2008년 금융위기 당시 투자했던 부동산과 파생상품, 주식이 반토막나며 심각한 위기를 겪는다. 시장 전문 매체인《마켓워치》는 2016년 'IBT의 연금은 어떻게 마피아보다 월스트리트에 의해 사라지게 됐을까'라는 기사를 통해 수탁자 문제를 집중적으로 다뤘다.

여기서 궁금한 것이 하나 있다. 한국의 연금인 국민연금기금은 잘 운용되고 있을까? 900조원 규모의 국민연금기금은 규모에 있어 세계 3대 기금으로 불린다. 국민연금기금은 1988년 시행이 된 이래 지금까지 연금보험료 수입이 연금지급액보다 많았다. 아직까지는 연금을 받는 사람보다 연금료를 내는 사람이 많았기 때문인데, 매년 적립되는 규모는 40조원가량 된다. 국민연금은 기금의 상당액을 투자로 불렸다. 2022년 6월 말까지 국민연금이 조성한 기금은 1,164조원인데 이 중 39%인 454조원이 각종 투자로 불린 자금이다. 국민연금이 1988년부터 2021년 말까지 거둔 연평균 누적 수익률은 6.76%에 달한다. 물론 매년 수익을 기록한 것은 아니다. 주식과 부동산시장이 활황이던 2021년은 한 해 동안 투자수익으로 91조원을 늘렸지만 2022년은 자산가격이 폭락하면서 7월까지 76조원의 손실을 봤다.

국민연금은 주로 국내외 채권과 주식에 투자한다. 안정성이 중요하기 때문이다. 현재 대체투자 비중은 135조원으로 15.3%다. 하지만 장기적으로 대체투자 비중을 늘리겠다는 전략을 갖고 있다. 투자 포트폴리오를 다변화해놓으면 위기 시에 리스크를 분산할 수 있는데다 부동산은 투자수익률이 향후에도 높을 것으로 전망되기 때문이다.

국민연금기금이 투자수익을 얼마나 거두느냐에 따라 국민연금 고갈 시기는 큰 영향을 받게 된다. 2041년께부터 국민연금은 지급액이 연금료 수입액보다 많아지는데, 현 상태대로라면 2055년쯤 되면 기금이 고갈될 것으로 전망된다. 참고로 4대연금 중 공무원연금과 군인연금은 이미 기금이 고갈돼 별도 투자행위를 하지 않고 있다.

변호사 출신 작가 찰스 브랜트(Charles Brandt)는 논픽션 〈아이리시맨〉에서 아일랜드계 마피아 조직원이었던 시런이 호파를 죽였다고 밝혔다. 영화의 원작이 된 이 작품의 원제는 『당신이 페인트칠을 한다고 들었다(I heard you paint houses)』다. 이는 호파와 시런이 처음으로 통화하면서 했던 말이다. '페인트를 칠하다'는 마피아의 언어로, 살해할 때 튄 피가 벽이나 마루를 적시는 것을 뜻한다. 즉 청부살인을 한다는 뜻이다.

컨베이어벨트에 녹아 있는 포드의 꿈

- 포디즘

포드 V 페라리

감독 제임스 맨골드

OTT 디즈니+, 웨이브, 티빙

▶ 포디즘이란 생산공정을 표준화해 대량생산을 하고 이를 대량소비하는 헨리 포드의 경영철학이다. 이탈리아 사상가인 안토니오 그람시가 『옥중수고』에서 처음 언급한 용어로 '포드주의'로 번역된다. 포디즘은 포드를 최고의 자동차회사로 성장시키고, 미국 제조업의 생산방식을 송두리째 바꿔버린 경영혁신으로 평가받는다.

미국 미시간주 디트로이트시 외곽의 디어본에는 '헨리 포드 뮤지엄'이 있다. 공식명칭은 '미국 혁신의 헨리 포드 뮤지엄(Henry Ford Museum of American Innovation)'이다. '혁신'이라는 수식어를 보면 미국인이 헨리 포드를 어떻게 대하는지를 짐작할 수 있다.

이 뮤지엄에는 포드사가 만든 기념비적인 차들이 전시돼 있는데, 그중 하나가 GT-40이다. GT-40은 1966년부터 4년간 프랑스의 자동차대회 '르망 24시'를 지배했던 처음이자 마지막 미국 자동차다. GT-40 3대가 나란히 1, 2, 3위로 결승선을 통과하던 '포토 피니시'는 미국 자동차 역사의 명장면으로 여전히 기억된다.

제임스 맨골드의 영화 〈포드 V 페라리〉는 1966년 포드 영광의 주역 중 한 명이었던 켄 마일스(Kenneth Miles)를 추억한다. 1960년대 최악의 판매 부진을 겪던 포드사는 새로운 전략을 세운다. 개성 강한 베이비붐 세대를 잡기 위해서는 승리의 이미지가 필요하다는 것이다. 그 무대로 르망 24시를 꼽는다. 르망 24시는 24시간 동안 3명의 드라이버가 13.6259km의 트랙을 교대로 쉬지 않고 달리는 지옥의 레이스다. 완주조차 어려운 대회라 우승 차는 일약 럭셔리 브랜드로 떠오른다. 벤틀리·부가티·알파로메오·재규어·페라리·포르쉐·아우디 등이 그랬다.

포드사는 부도위기에 몰린 페라리를 인수·합병해 르망 24시에 도전하기로 한다. 하지만 엔초 페라리(Enzo Ferrari) 회장은 포드사에 대해 "형편없는 작은 차를 만드는 형편없는 공장"이라는 독설을 퍼부으며 인수·합병 제안을 퇴짜 놓는다. 분노한 포드사의 회장 헨리 포드 2세(Henry Ford II)는 르망 24시에서 우승해 페라리를 눌러버리기로 결심한다. 포드사는 르망 레이스 우승자인 캐롤 셸비를 영입하고, 셸비는 최고의 튜닝 능력과 레이싱 실력을 가진 켄 마일스를 영입한다.

페라리가 포드를 "형편없는 작은 차"라고 폄훼하는 데는 '포디즘 (Fordism)'이 있다. 포디즘이란 '생산공정을 표준화해 대량생산하고 이를 대량소비하자'는 헨리 포드의 경영철학을 말한다. 이탈리아의 사상가인 안토니오 그람시(Antonio Gramsci)가 『옥중수고』(1934)에서 처음 언급한 것으로, '포드주의'로 보면 된다. 포디즘은 사실 포드를 최고의 자동차회사로 성장시킨 경영혁신이다.

헨리 포드는 '차량을 싸게 만들어 많은 사람이 타도록 하고 싶다' 는 꿈을 가졌다. 그는 고민 끝에 컨베이어벨트 시스템을 고안해냈다. 포드는 시카고의 도축장과 방직공장을 방문했다가 이동형 자동차 생산라인에 대한 아이디어를 얻었다. 1913년 포드사의 하일랜드 파크 공장에서 작업대 대신 컨베이어벨트가 들어섰다. 차량의 구조와 형태는 조립하기 쉽도록 설계해 표준화시켰다. 1대당 2,000달러에 달하던 자동차는 300달러까지 떨어졌다. 포드자동차는 최고의 시대를 구가했고, 이 성공은 미국 제조업 전반으로 확대됐다.

포디즘은 노동 분야에도 큰 영향을 미쳤다. 분업이 극대화되면서 고급 숙련기술을 독점하던 장인과 숙련노동자의 설 자리가 사라졌다. 가용할 수 있는 노동자층이 크게 확대됐다. 포드는 가난한 농민, 유럽 이민자, 흑인, 여성, 전과자도 흔쾌히 채용했는데, 시스템에 맞춰 조립만 하면 됐기 때문이다. 타 사업장에서도 노동효율성을 높이기 위해 포디즘을 잇달아 도입했다. 하지만 포디즘 도입은 역설적으로 노조의 힘이 커지는 결과가 됐다. 한 명만 빠지면 전체 공정이 멈춰 섰기 때문이다. 노동자들이 잇달아 노조에 가입하면서 노동시장이 빠르게 민주화됐다.

독일 히틀러는 산업생산 체계를 통채로 바꾼 것을 찬양하면서 1938년 포드에게 최고훈장을 수여했다. 러시아 혁명가 레닌(Vladimir Lenin)과 스탈린(Joseph Stalin)도 포디즘에 열광해 계획경제의 기초로 삼았다. 하지만 노동하는 인간은 공학의 대상이 돼버렸고, 하루 종일 볼트를 죄는 단순 작업은 노동의 성취감을 빼앗았다.

1960년대에 접어들자 포디즘은 한계에 다다랐다. 포디즘이 찍어내는 정형화된 제품은 기호가 다양해진 시장에서 더 이상 먹혀들지 않았다. 노동자는 생산공정상 부속품의 하나로 전락하면서 창의성이 상실됐다. 권위주의적인 위계질서는 조직을 급속도로 관료화했다.

반면 페라리 같은 소량 주문제작하는 차는 희소가치까지 높아지면서 고급차 이미지가 생겼다. 시장은 계속해서 포드사 경영에 경고를 줬지만 헨리 포드 2세는 "한 달에 우리의 하루 생산량도 못 만드는 회사를 따라가야 하는 이유가 뭐냐"며 페라리를 무시했다. 결국 포드는 제너럴 모터스의 쉐보레와 토요타의 추격에 밀렸고, 1970년대에 들어서면서 경쟁력을 급속히 잃으며 정상의 자리에서 물러나야 했다.

영화 속 마일스는 각종 대회를 휩쓸지만 포드사 경영진들은 마뜩잖아한다. 윗사람의 심기를 거침없이 건드리는 마일스의 야생마 같은 성격이 마음에 들지 않은 탓이다. 레이싱의 성과도 포드사에게는 회사의 성과에 불과했다. 포드 경영진은 속도, 전략, 심지어 RPM까지 통제하고 싶어했다. 포드 수석 부회장 리오 비비가 셸비에게 "포드차에는 포드유형의 드라이버를 넣어라. 이것이 포드방식이다"라고 압박하는 것도 이 때문이다.

포디즘은 미국사회를 대량생산, 대량소비로 이끈 힘이지만 요즘은 긍정적으로만 인식되지는 않는다. 다양성을 강조하는 MZ세대의 트렌드와는 맞지 않기 때문이다. 트럼프 대통령이 2017년 일자리 창출을 위해 미국 제조업체들의 미국 내 공장 증설을 요구하자 시사 잡지《애틀랜틱》이 "포디즘의 귀환일 뿐"이라고 일축한 것은 이 때문이다.

포디즘의 2022년판이 '포스트포디즘'이다. 이른바 '탈포드주의'로 다품종 소량생산 방식을 통해 작업의 유연성을 확보하고 직무를 통합하며, 그룹 또는 팀 중심의 작업체계를 도입하고 있다. 이와 함께 노동의 숙련화를 유도하고 노동자들의 경영 의사결정 참여도 허용하고 있다. 전기차와 자율주행자동차 시대가 앞으로 성큼 다가온 지금 포스트포디즘으로 미국은 또 한 번의 혁신에 성공할 수 있을까.

싸우지 않고 승리한다

- 파비우스의 승리

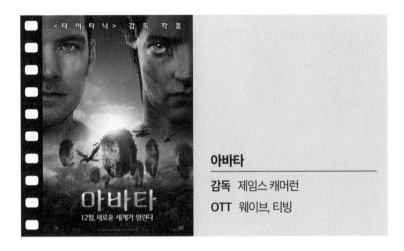

<타이타닉> 감독 작품

아바타

감독 제임스 캐머런
OTT 웨이브, 티빙

▷ 파비우스의 승리란 싸우지 않고 승리를 거두거나 혹은 피해를 보았더라도 결과적으로 승리하는 것을 뜻한다. 고대 로마 장군인 파비우스가 카르타고의 한니발과의 정면대결을 피하고 카르타고 본국을 공격하는 지구전을 10여 년간 편 끝에 결국 승리한 데서 유래했다.

2019년 11월 영화 〈아바타 2〉의 실사 촬영이 공식 종료됐다는 소식이 들려왔다. 코로나19로 개봉이 계속 미뤄졌던 〈아바타 2〉는 후반 작업을 거쳐 2022년 12월 개봉됐다. 〈아바타〉(2009)가 개봉된 지

13년 만이다. 아바타는 2022년 〈아바타 2〉 개봉을 시작으로 2년에 한 번씩 새 시리즈가 개봉될 예정이다. 2028년 〈아바타 5〉가 마무리된다.

2009년 개봉한 제임스 캐머런의 영화 〈아바타〉는 경이로웠다. 감정까지도 컴퓨터그래픽(CG)으로 표현할 수 있는 '이모션 캡처'는 매혹적인 영상미를 선보였다. 2019년 〈어벤저스: 엔드게임〉에 자리를 내어주기 전까지 〈아바타〉는 한국에서 역대 외국영화 중 최다 관객을 동원했다.

영화 〈아바타〉의 무대는 판도라 행성이다. 이 행성에는 엄청난 에너지를 지닌 자원인 언옵타늄이 묻혀 있다. 자원개발사인 RDA는 판도라 행성에 기지를 만든다. 문제는 판도라 행성의 대기는 독성이 많아 사람이 자유롭게 호흡할 수 없다는 것이다. 그래서 생각해낸 게 바로 아바타다. 아바타는 판도라 행성의 원주민인 나비족의 DNA와 인간을 섞어 만든 새로운 생명체로, 인간이 뇌파로 조종할 수 있다. 전직 해병대원 제이크는 아바타 '제이크'를 조정해서 나비족에게 접근한다.

언옵타늄은 나비족의 신성한 나무인 홈트리 밑에 묻혀 있다. RDA 사는 무력으로 홈트리를 쓰러뜨려 단숨에 언옵타늄을 채굴하려 한다. 하지만 제이크가 이를 막아선다. 나비족이 이주하도록 설득해보겠다는 것이다. RDA사는 제이크에게 나비족을 설득할 기회를 준다. 단, 주어진 시간은 1시간뿐이다.

제이크는 '파비우스의 승리'를 원했다. 파비우스의 승리란 싸우지 않고 승리를 거두거나 혹은 피해를 보았더라도 결과적으로 승리하는 것을 뜻한다. 고대 로마 장군인 퀸투스 파비우스 막시무스는 알프스를 넘어온 카르타고의 장군 한니발 때문에 고전하자 전쟁에 투입됐다. 파비우스는 연전연승하는 한니발과 정면대결을 벌이기보다 뒤를 쫓아다니며 식량보급로를 끊었다. 정정당당한 전쟁을 명예롭게 여기던 로마인들은 파비우스를 '한니발의 머슴'이라고 조롱하며 쫓아냈지만 로마군이 한니발에 대패하자 다시 불러들였다. 파비우스는 철저하게 한니발과의 전투를 피하고 카르타고 본국과 동맹을 공격하는 지구전을 10여 년간 펼친 끝에 승리했다. 파비우스는 이후 '로마의 방패'라는 칭호를 얻었다.

카르타고는 한니발 이외에 유능한 장수가 없었고 수적으로 병사가 부족한 반면 로마는 수많은 장수와 군사가 있다는 것을 이용한 전략이었다. 한반도 역사에서는 소손녕과 담판을 벌여 강동 6주를 획득한 서희의 외교술이 파비우스의 승리로 기억할 만하다.

파비우스는 '페이비어니즘(Fabianism)'의 유래가 됐다. 페이비어니즘은 1884년 영국에서 설립된 페이비언협회(Fabian Society)의 이념으로, 급진적 혁명이 아닌 점진적인 변화를 통해 사회주의로 변해가자는 주장이다. 페이비어니즘은 복지국가에 대한 아이디어를 줬고, 영국 노동당의 정책에 큰 영향을 미쳤다. 경제학자 케인스(John Maynard Keynes)도 페이비언협회의 회원이었다.

파비우스의 승리는 투자나 경영에 있어서도 시사점을 준다. 언제나 강 대 강 대결이 좋은 것만은 아니라는 것이다. '치킨게임'은 리스크가 크다. 패하면 모든 것을 다 잃고, 혹여 승자가 되더라도 피해가 과도하게 컸다면 누릴 것이 별로 없다. 때문에 쉬어가기 투자나 전략적 제휴를 통해 싸우지 않고도 이기는 길을 찾는 것이 필요하다. 싸우지 않고 승리하는 것이 최선이라는 손자병법의 '부전이승(不戰而勝)'과도 맥락이 같다.

아무리 쉬운 상대라도 상대가 결사항전으로 나오면 강자도 피해가 커진다. 2차 세계대전 당시 미국은 승기를 잡기도 일본군의 옥쇄전략에 어려움을 겪었다. 옥쇄전략(玉碎戰略)이란 '옥처럼 아름답게 깨져 부서지다'라는 뜻으로, 강한 적을 끌어들여 함께 죽는 것을 말한다. 미국은 태평양 섬을 점령할 때도 많은 인명을 잃어야 했다. 전쟁의 승리를 위해서는 일본 본토 상륙이 불가피했는데, 얼마나 많은 미군을 잃어야 할지 예측하기 어려웠다. 미드웨이 전투에서 패전한 뒤 태평양에서 급속히 밀려나는 데다 동맹국인 독일과 이탈리아가 항복해 고립된 일본이었지만, 일왕은 항복할 생각이 없었다. 그래서 택한 것이 원자폭탄이었다. 히로시마와 나가사키에 터트린 두 발의 원폭은 마침내 일왕의 항복을 이끌어냈다.

승리는 했지만 상처뿐인 승리를 이르는 말로는 '피로스의 승리'가 있다. 고대 그리스 에피로스의 왕 피로스는 로마와 두 번에 걸쳐 전쟁을 치러 모두 승리를 거둔다. 하지만 두 전투에서 너무 많은 장수들을 잃었고, 결국 마지막 전투에서 패한다. 이후부터 많은 희생이나 비용의 대가를 치른 승리를 '피로스의 승리'라 부르고 있다.

피로스의 승리를 경제용어로 바꾸면 '승자의 저주'가 된다. 승자의 저주는 인수합병(M&A) 혹은 기업 간 치킨게임 때 잘 벌어진다. 2006년 금호아시아나그룹은 대우건설 인수전에 6조원을 써내 승리했지만, 이어진 글로벌 금융위기로 인수자금을 마련하지 못해 그룹

이 공중분해됐다. 대우건설은 다시 토해냈고, 그룹 주력사였던 아시아나항공, 금호생명, 대한통운은 매각됐다.

〈아바타〉에서 RDA사는 결국 물리력을 택한다. 미사일과 레이저 등 과학기술력을 앞세워 활로 대적하는 나비족을 섬멸할 수 있다고 생각한 것이다. 하지만 내 땅을 쉽게 내어줄 생명체는 없다. 겁을 먹고 도망가리라고 생각했던 나비족이 목숨을 걸고 결사항전하면서 전세가 복잡해지기 시작했다.

27

부의 대물림, 교육의 대물림

- 위대한 개츠비 곡선

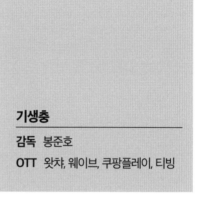

기생충

감독 봉준호

OTT 왓챠, 웨이브, 쿠팡플레이, 티빙

▷ 위대한 개츠비 곡선이란 경제적 불평등이 커질수록 세대 간 계층이동성이 낮다는 결과를 보여주는 그래프다. 소득불평등이 심한 미국과 영국에서는 부모 소득과 자녀 소득의 상관관계가 50%가량 됐지만, 비교적 소득불평등이 적은 핀란드와 노르웨이에서는 상관관계가 20% 미만으로 훨씬 낮게 나타났다.

"행주 삶을 때 나는 냄새 있지? 그것과 비슷해. 암튼 뭐 말로 설명하기는 힘들고, 가끔 그 지하철 타면 나는 냄새 있어. 그런 거랑 비슷해."

박 사장이 투덜대며 말한다. 자신의 운전기사에게서 나는 이 불쾌한 냄새는 '선'을 넘어 뒷좌석 자신에게도 넘어온다.

지하에는 땅 밑 특유의 곰팡내가 난다. 바퀴벌레와 곱등이가 아닌 다음에야 누군들 눅눅하고 퀴퀴한 이 냄새가 좋을까. 하지만 그곳에라도 살지 않으면 안 되는 서민들이 있다. 비싼 땅값을 감당할 수 없는 서민들이다. 봉준호 감독은 그들을 주목했고 아카데미는 그런 봉준호를 주목했다. 봉준호의 영화 〈기생충〉은 4개의 오스카상을 받았다. 오스카가 외국어로 된 영화에게 작품상 등 상을 무더기로 몰아준 것은 유례없는 일이었다. '빈부격차'는 결코 한국만의 이야기가 아니었다. 소수의 부자, 다수의 서민은 자본주의 사회가 공통적으로 겪는 문제다.

영화는 반지하방에 걸려 있는 양말로 시작된다. 햇빛 한 줌 들어오지 않는 어두운 반지하방에 억지로 널린 세탁물은 제대로 마를 것 같지도 않다. 기택네 4인 가족은 누구 하나 변변한 벌이가 없다. 피자 포장지를 만들어 받는 푼돈이 생활비의 전부다. 통신요금을 내지 못해 와이파이도 끊겼다. 그러니 온라인으로 구직활동을 하기도 어렵다.

기택네가 처음부터 가난했던 것은 아니다. 치킨집을 했지만 망했고, 대만 카스테라 프랜차이즈를 열었지만 또 망했다. 기택은 대리도 뛰고 발레파킹 일도 했지만 가정을 건사할 정도는 되지 않았다. 바퀴벌레와 곱등이가 득실대는 반지하는 그들이 의탁할 마지막 공간이 됐다. 한국사회의 어두운 모습을 오롯이 담은 이 영화는 1,000만 명이 봤다. 많은 사람들이 기택네를 공감했다는 이야기다. 기택의 말을 빌리자면 봉준호는 '계획'이 있었고, 영화가 세상에 나온 시점은 '참으로 시의적절'했다.

기택네가 암울해 보이는 것은 미래가 보이지 않기 때문이다. 한국사회에서 학력은 가난을 탈출할 수 있는 주요한 사다리다. 하지만 아들 기우는 4수생이고, 딸 기정은 미대 입시에 낙방했다. 기우와 기정의 실력이 나빠서였을까? 기우는 명문대에 합격한 친구만큼이나 영어를 잘하고, 기정은 위조 여부를 알아챌 수 없을 만큼 포토샵을 잘 다룬다. 그럼에도 대입에 낙방했다면 다른 이유가 있을 수 있다. 부모의 정보력과 재력 없이는 대학에 들어가기 힘들다는 한탄을 허투루 흘려듣기 힘들다. 합격했다고 한들 학업을 이어나갈 수 있을지 장담할 수도 없다. 기택네는 학비를 낼 형편이 아니기 때문이다. 하지만 대학 졸업장이 없다면 좋은 직장을 갖기 힘들다.

한국사회는 갈수록 계층이동이 어려워지고 있으며, 부의 대물림은 심해지고 있다. 경제협력개발기구(OECD)에 따르면 한국의 소득 하위 10% 계층이 평균소득 계층에 진입하는 데 5세대(150년)가 걸리는 것으로 조사됐다. 마일스 코락(Miles Corak) 캐나다 오타와대학교 교수가 '대대로 이어지는 불평등'이라는 연구를 통해 소득불평등(지니계수)과 소득 대물림 수준의 상관관계를 분석해 곡선 하나를 도출해냈다.

이에 따르면 경제적 불평등이 커질수록 세대 간 계층이동의 가능성이 낮았다. 소득불평등이 낮은 덴마크·노르웨이·스웨덴 등 북유럽 국가들은 부모와 자녀의 소득 상관관계가 20% 미만이었다. 즉 가난한 집에 태어나도 고소득층으로의 계층이동이 쉬웠다. 반면 소득불평등이 큰 미국과 영국은 부모와 자녀의 소득 상관관계가 50%가량 됐다. 가난한 집 아이가 부자가 되는 계층이동이 쉽지 않았다는 의미다.

앨런 크루거(Alan Krueger) 미 프린스턴대학교 교수는 2012년 백악관 경제자문관 시절 이 곡선을 '위대한 개츠비 곡선'이라 명명했다. 피츠제럴드(F. Scott Fitzgerald)의 소설 『위대한 개츠비』의 주인공 개츠비가 가난한 농부의 아들로 태어났지만 맨손으로 막대한 부를 일궈 상류층에 진입한 데서 착안했다.

기회의 불평등을 알 수 있는 국내 지표로는 주병기 서울대 교수의 '개천용지수'가 있다. 주병기 교수가 중학교 국·영·수 학력평가자료를 분석해보니 부모의 소득이 높을수록 성적도 좋은 경향이 나타났다. 특히 영어와 수학이 국어에 비해 학력 대물림이 심했다. 이 같은 현상에 대해 주병기 교수는 선행학습을 얼마나 했느냐가 영향을 주는 것으로 분석했다. 정상적인 교과 과정보다 앞선 과정을 공부하는 선행학습은 주로 사설학원에서 해준다.

기택의 아들 기우에게도 기회가 왔다. 명문대생 친구가 해외연수를 가 있는 동안 자기가 하던 부잣집 과외를 맡아달라고 제안한 것이다. 하지만 기우의 학력이 걸림돌이다.

방법은 있다. 재학증명서를 위조하면 된다. 아버지 기택은 위조된 서류를 들고 집을 나서는 아들에게 "네가 자랑스럽다"고 격려한다. 아들 기우는 "저 내년에 이 대학 꼭 들어갈 거거든요"라며 자기합리화를 한다. 가난으로 생존의 위협을 느끼는 기택의 가족에게 학력위조는 죄로 느껴지지 않았다. 인지부조화의 전형이다. 인지부조화란 자신이 믿는 것과 현실이 다를 때 현실을 인정하기보다 자신이 믿는 것을 합리화하려는 심리를 말한다.

기우는 마침내 과외선생님이 된다. 박 사장네는 돈이 문제가 아니다. 민혁샘 수준의 '레벨'이라면 돈은 얼마든지 줄 수 있다. 박 사장의 부인은 제안한다. "그래서 제가 첫 수업은 참관해도 될지?(Is it ok with you?)"

부모의 재력은 좋은 선생님의 과외로 이어져 학력이라는 이름으로 자녀에게 이전된다. 역설적으로 좋은 선생님에 대한 박 사장 부인의 집착은 기택네가 돈을 벌 수 있는 기회가 된다. 기우의 동생 기정은 미술 테라피 선생님으로 속여 박 사장네에 들어간다. '제시카는 외동딸, 일리노이 시카고, 과 선배는 김진모, 그는 네 사촌'이라는 제시카송을 읊으며.

박 사장네가 집을 비우자 기택의 아들 기우는 앞마당에서 잔디밭에 드러누워 햇살을 쬐며 책을 읽는다. 박 사장네 가사도우미로 채용된 엄마 충숙이 아들에게 소리친다. "밖에 누워서 왜 그러고 있니!" 기우가 답한다. "이게 집에 누워서 하늘 보고 있는 거거든. 되게 좋아."

상류 인생에 '기생충'처럼 스며든 하류 인생. 이들은 성공적인 동행을 할 수 있을까.

부산에서 마약을 제조한 이유는?

- 니어쇼어링

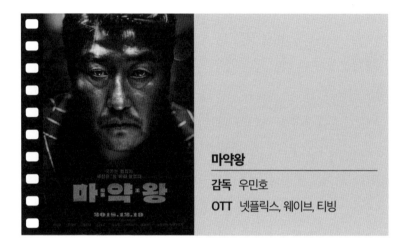

마약왕

감독 우민호
OTT 넷플릭스, 웨이브, 티빙

▶ 니어쇼어링이란 국내 시장과 가까운 인근 지역으로 생산시설을 옮기거나 아웃소싱을 통해 상품을 생산하는 것을 말한다. 미국이라면 멕시코, 한국이라면 중국이 니어쇼어링 장소가 될 수 있다. 자국보다 인건비가 싸고 물류비용도 낮은 곳이 니어쇼어링 장소로 적합하다.

1980년 3월 29일 오후 부산 수영구 민락동의 한 호화주택 앞에서 대낮 총격전이 벌어졌다. 3시간 동안 경찰과 대치한 끝에 검거된 자는 이황순이다. 부산에서 마약을 대량으로 만들어 일본으로 수출하던 필로폰(일명 히로뽕) 밀수단의 우두머리였다. 이날《경향신문》은 그를 '초현대식 장비를 갖춘 한국판 마피아'라고 보도했다.

우민호 감독의 영화〈마약왕〉은 이황순 검거사건을 모티브로 한다. 1970년대 초에 금과 시계를 밀수하다 붙잡힌 이두삼은 교도소에서 마약 밀수업자를 만나면서 마약에 눈을 뜨게 된다. 그는 부산에서 제작한 필로폰에 '메이드 인 코리아'라는 상표를 붙여 일본에 밀수출한다. 돈이 되는 것은 다 수출해야 했던 수출보국의 시대에 수출역군(?)이 된 이두삼은 "뽕을 일본에 팔면 애국 아니가"라고 당당히 말한다.

중추신경흥분제인 메타암페타민. 일본 다이닛폰 제약은 1941년 이 약품에 '필로폰'이라는 이름을 붙여 팔았다. 필로폰을 일본어로 읽은 것이 히로뽕이다. 필로폰은 먹으면 잠이 안 오고 공포감이 사라진다. 일제는 잠들지 말고 군수공장에서 일하라고, 전쟁에서 겁먹지 말라고 필로폰을 풀었다. 전쟁은 끝났지만 그 맛을 잊지 못하는 사람들로 인해 일본사회는 혼란에 빠졌다. 일본정부는 법으로 필로폰 제조를 금지시켰다. 그러자 필로폰 제조업자들은 가까운 부산으로 고개를 돌렸다.

조총련계 밀수업자가 이두삼을 유혹한다. "부산은 특히 물이랑 공기가 좋아 뽕 색깔이 고와." 이두삼이 되묻는다. "조선서 만들어가 여기서 팔면 우째 되노?" "금댕이지."

밀수가 용이하고 품질 좋은 필로폰을 만들 수 있는 부산은 일본 마약업자들에게 니어쇼어링 장소로는 적격이었다. '니어쇼어링 (Near-shoring)'이란 국내 시장과 가까운 인근 지역에서 아웃소싱을 하는 것을 말한다. 원료(일명 원단)는 대만에서 구해 왔다. 대만(원료)-부산(제조)-일본(소비)으로 이어지는 극동아시아의 마약류 시장이 완성됐다. 이른바 '화이트 트라이앵글'이다.

원재료 수입, 중간재 가공, 최종 생산이 각기 다른 나라에서 이뤄지며 부가가치를 만드는 '글로벌 아웃소싱'을 글로벌 가치사슬(Global Chain Value)이라 부른다. 2000년대 들어 빠르게 확산되던 글로벌 가치사슬은 금융위기를 지나면서 약화되고 있다. 경기침체로 자국산업과 일자리를 지키려는 보호무역 기조가 강해진 것이 원인이다. 트럼프 전 미국 대통령은 "미국을 다시 위대하게(Make America Great Again)"를 외치며 보호무역주의의 부활을 알렸다. 이를 신호탄으로 주요국들은 법인세를 감면하고, 각종 규제를 완화하는 행렬에 뛰어들었다.

신흥국의 임금인상이 가팔라지면서 선진국과의 생산비용 차이가 줄어들고 있는 점, 어느 정도 성장한 개도국들이 저임금산업에서 부가가치산업으로 산업재편을 시도하고 있는 점 등도 변화를 앞당기고 있다. 오프쇼어링(생산기지를 해외로 이전하는 것)보다는 리쇼어링(해외로 떠났던 기업이 되돌아오는 현상으로 온쇼어링이라고도 함) 이야기가 더 많이 들리는 것은 이 때문이다.

특히 바이든 행정부가 인플레이션감축법(IRA)을 발효하면서 글로벌 공급망은 새로운 변곡점을 맞고 있다. 미국은 자국에서 생산된 전기자동차와 2차전지, 바이오의약품에 대해서만 보조금을 줄 방침이다. 미국에서 생산하면 제조비용이 높아지지만 그 이상의 보조금을 지급해 가격경쟁력을 유지해주겠다는 것으로, 이는 보조금 지급을 반대했던 세계무역기구(WTO)체제에 반한다. 하지만 미국의 이같은 변화는 각종 보조금과 특혜를 몰아주며 전기차, 2차전지, 반도체 등을 육성하고 있는 중국이 촉발시켰다는 반박도 있다.

최근에 부각되는 마약생산지는 태국·라오스·미얀마 국경이 접한 산악지대인 '골든 트라이앵글'이다. 이 지역은 아편생산에 맞는 최적의 기후와 자연조건을 갖추고 있어 한때는 미국에서 유통되는 헤로인의 60%가 이곳에서 생산되기도 했다. 샨족 독립운동을 지위했던 쿤사(Khun Sa)는 마약을 생산해 벌어들인 자금으로 무장조직을 만들기도 했다.

이란·파키스탄·아프가니스탄 접경지역인 '골든 크레센트'도 유럽과 미국의 마약 공급지로 유명하다. '코카인 트라이앵글'도 있다. 콜롬비아·페루·볼리비아 접경지역으로, 세계 코카인의 대부분을 생산한다.

1990년대가 되면서 화이트 트라이앵글에는 변화가 왔다. 생산지가 중국으로 바뀌고, 한국도 일본과 함께 소비지로 바뀌었다. 한국에서 마약을 제조했던 필로폰 조직들은 중국을 니어쇼어링 장소로 선택했다. 중국은 땅이 넓어 숨을 곳이 많고, 사정당국의 단속도 상대적으로 약했다. 인건비도 쌌다. 또한 동북3성에는 필로폰의 원료인 황마가 자생하기도 했다. 1995년 검찰은 중국 선양, 장춘 등에 필로폰 공장을 차려놓고 이곳에서 만든 다량의 필로폰을 한국과 일본으로 밀수출하던 국내 마약조직을 검거했다. 이 사건을 통해 일본 최대의 야쿠자 조직이 동북아 마약밀매에 깊게 개입돼 있다는 사실이 드러났다.

중국 당국의 마약단속이 강화되면서 최근 국내로 반입되는 마약은 멕시코·페루 등 남미 지역으로 바뀌었다. 마약 밀수 루트도 다양화돼 국제우편이나 특송화물로도 많이 반입된다. 미국에서 군사우편으로 들여오다 적발된 사례도 있다. 관세청에 따르면 2021년 국내에 밀반입되다 적발된 마약류는 1t이 넘는데, 이를 금액으로 환산하면 무려 4,500억원어치라고 한다. 관세청 개청 이후 역대 최고치였다. 한·중·일 공조로 동북아 지역에서의 마약생산량은 대폭 축소됐지만 마약소비는 여전하다는 이야기다.

바이킹왕의 꿈을 기억하라
- 블루투스

영원히 기억될
그들의 마지막 모험이 시작된다!

드래곤
길들이기
3

절찬상영중

드래곤 길들이기 3

감독 딘 데블로이스
OTT 웨이브, 티빙

▶ '블루투스'란 10~100m 정도 거리에서 무선으로 서로 연결하는 무선인터페이스 규격으로, 스마트폰과 무선헤드셋은 물론 PC, 프린터, TV, 냉장고 등에 적용된다. 명칭은 10세기 유명한 바이킹왕인 블루투스에서 유래됐다. 북유럽을 통일한 블루투스처럼 각종 디지털기기를 하나로 묶은 통신환경을 구축한다는 의미다.

팻 시프먼(Pat Shipman)은 저서 『침입종 인간』에서 현생 인류인 호모 사피엔스가 생존한 이유를 "늑대를 가축화해 개로 만들어 사냥했기 때문"이라고 주장한다. 호모 사피엔스는 개와 함께 자신보다 더 큰 동물을 사냥할 수 있게 됐고, 이것이 생존할 수 있었던 큰 이유가 됐다는 것이다. 실제 개는 늑대와 DNA가 매우 유사하다. 개는 빙하기 때 회색늑대가 길들여져 가축이 된 것으로 추정된다.

여의주를 입에 물고 하늘로 승천하는 용은 동아시아 전설에 존재하는 두렵고 신령스러운 존재다. 하지만 '꿈 공장' 드림웍스 앞에서는 용도 길들일 수 있는 대상이 된다. 만약 용을 길들일 수 있다면 인간은 무엇을 할 수 있을까?

2010년 개봉한 영화 〈드래곤 길들이기〉는 바이킹 소년 '히컵'과 나이트 퓨어리 '투슬리스'가 적에서 친구가 되는 이야기를 담았다. 〈드래곤 길들이기 2〉를 통해 힘을 합쳐 적을 막아낸 둘의 우정이 10년 만에 막을 내린다. 딘 데블로이스 감독은 3편 제작과 관련해 "콜럼버스가 바다 끝 미지의 세상이 있고 지구는 둥글다는 것을 증명하듯, 관객들이 이곳에 함께 들어오는 순간 드래곤들과 이제 헤어져야 할 시간이라는 생각이 들게 하는 것이 가장 궁극적인 생각이었다"고 말했다.

바이킹과 드래곤이 함께 평화롭게 살아가던 버크섬. 이곳에 드래곤 헌터 그리멜이 나타나면서 〈드래곤 길들이기 3〉가 시작된다. 위협을 느낀 히컵은 버크섬을 버리기로 한다. 드래곤과 섬 주민인 바이킹들과 함께 새로운 거처를 찾아 대이동을 한다. 하지만 이제는 바이킹과 드래곤들도 헤어질 때다. 하얀 '라이트 퓨어리'와 사랑에 빠진 투슬리스는 드래곤들과 함께 용들의 세상 '히든월드'로 떠난다.

히컵 일행의 이동은 노르만 이동과 닮았다. 바이킹은 유럽 북부 스칸디나비아반도 쪽에 살았던 종족이다. 뛰어난 조선·항해술을 갖고 있어 영국과 프랑스의 해안은 물론 내륙인 동로마제국까지 괴롭

했다. 바이킹은 전 유럽에 공포의 대상이었다. 바이킹은 온난화를
피해 8세기부터 11세기까지 남하해 유럽의 문화·예술·언어·과학기
술에 큰 영향을 미쳤다.

바이킹의 후예인 노르웨이, 스웨덴, 덴마크는 오늘날에도 지구촌
에 많은 영향을 미치고 있다. 1988년 통신회사 에릭슨을 주축으로
IBM, 인텔, 노키아, 도시바 등이 참여해 디지털기기의 무선 통신의
세계적인 규격을 만들었다. 프로젝트명은 '블루투스 SIG'였다. 이
프로젝트명은 추후 기술 브랜드로 발전됐는데 바로 이것이 '블루투
스(Bluetooth)'다. 블루투스는 10~100m 정도 거리에서 무선으로 서
로 연결하는 무선인터페이스 규격으로, 스마트폰과 무선헤드셋 등
에 적용되는 기술이다. 블루투스는 PC, 프린터, TV, 냉장고 등도 연
결할 수 있다.

블루투스라는 명칭은 10세기 유명한 바이킹왕 해럴드 블루투스
곰슨(Harald Bluetooth Gormsson)에서 유래됐다. 그는 기독교를 국교로
받아들이고, 최초로 덴마크와 노르웨이를 통일했다. 블루투스는 북
유럽을 통일한 왕처럼 각종 디지털기기를 하나로 묶은 통신환경을
구축한다는 의미를 담고 있다. 블루투스의 로고도 바이킹족의 알파
벳 루닉 문자 중 왕 이름의 앞 글자인 해럴드의 'H(ᚼ)'와 블루투스의
'B(ᛒ)'를 합쳐서 만들었다고 한다.

블루투스라는 명칭을 제안한 것으로 알려진 인텔의 짐 카대크(Jim
Kardach)는 "블루투스왕이 평화적인 협상을 통해 민족들을 통합한
것처럼 노트북 PC와 휴대전화가 매끄럽게 통신할 수 있다는 의미를
담았다"고 말했다. 한국으로 치자면 삼성전자와 LG전자 등 한국기

업들이 새로운 기술표준을 만들고 그 명칭을 '광개토' 혹은 '왕건'으로 정한 것과 같다.

블루투스를 영어 그대로 해석하면 '푸른 이'가 된다. 왕이 전투 중 치아를 다쳐 파란색 의치를 넣었는데 웃을 때마다 파란 이가 드러나 '블루투스'라는 이름이 됐다는 설이 있다. 또 다른 설은 왕이 블루베리를 워낙 좋아해 이가 파래졌다는 이야기가 있다.

바이킹의 모험정신과 개척정신, 전문성은 오늘날 세계경제에도 큰 기여를 했다. 컴퓨터 마우스, 잉크젯프린터, 액정디스플레이, 이동전화 등은 스웨덴이 발명했다. 올레 해드크비스트(Olle Hedqvist)는 저서 『바이킹 경영학』을 통해 바이킹의 7가지 행동규범이 북유럽의 강한 기업을 성장시키는 데 기여했다고 밝혔다. ①전문화된 기술로 무장해 세계시장으로 나아갈 것 ②상대방을 이해하고 융화하려는 자세를 가질 것 ③규칙을 지키고 공정하게 거래할 것 ④'혼자는 강하다'는 정신을 갖고 강렬한 개인의 힘을 발휘할 것 ⑤관료주의를 배제하고 속도를 중시하는 슬림화된 조직을 만들 것 ⑥위험을 두려워하지 않는 모험가 정신을 가질 것 ⑦최소 투자로 최대의 이익을 얻을 수 있는 전략을 세울 것 등이다.

바이킹정신으로 무장한 '노란 바이킹' 스웨덴은 세계적인 기업을 많이 만들어냈다. 가구업체 이케아, 자동차회사 볼보와 사브, 통신장비제조업체 에릭슨, 가전업체 일렉트로룩스, 트럭제조업체 스카니아, 의류회사 H&M 등이 대표적이다. 음악스트리밍서비스 기업인 스포티파이도 최근 널리 알려졌다. 덴마크는 블록장난감 회사인 레고, 스포츠메이커 험멜, 풍력발전 부분의 베스타스, 세계 최고의 해

운업체인 A.P. 몰러-머스크그룹 등이 대표기업이다.

바이킹의 흔적은 생각보다 넓다. 스웨덴 지방의 노르만족은 키예프 공국을 건설해 러시아의 기원이 됐다. 프랑스의 노르만족은 이탈리아에서 나폴리 왕국을 건설했다. 레이프 에이릭손(Leif Erikson)이 이끄는 바이킹들은 콜럼버스보다 500년 앞선 1001년 대서양을 횡단해 아메리카에 진출하기도 했다. 이들은 캐나다 동해안의 뉴펀들랜드섬에 정착했는데, 이 지역을 '빈란드(Vinland)'라 불렀다고 한다.

영화에서 버크섬을 떠난 히컵 일행은 히든월드를 찾아가다 만난 풍요로운 섬에 정착한다. 이들이 새로 정착한 풍요의 섬이 혹시 빈란드는 아니었을까.

제 살을 깎는 것은 아프지만

- 카니발리제이션

너의 췌장을 먹고 싶어

감독 츠키카와 쇼

OTT 넷플릭스, 왓챠, 웨이브

▷ 카니발리제이션이란 한 기업이 신상품을 출시하면서 기존 자사 제품의 시장이 축소되는 현상을 말한다. '자기 잠식' 또는 '자기 시장 잠식'으로 번역된다. 카니발리제이션은 사람이 사람을 먹는 풍습인 카니발리즘에서 파생된 용어다. 신대륙 발견 당시 카리브해 섬에 사는 카리브족이 사람을 먹는 식인종이라고 유럽에 알려졌다.

벚꽃처럼 화려하게 만개했다가 단번에 사라지는 사랑. 일본 대중 문화 속에는 유독 이런 사랑이 많다. 책을 덮은 뒤 남는 잔상은 온통 분홍, 애절한 그 빛깔이 머릿속을 떠나지 않는다. 츠키카와 쇼(月川翔)

감독의 영화 〈너의 췌장을 먹고 싶어〉도 딱 그런 영화다. 엔딩크레딧이 올라가고 나면 천장 위로부터 벚꽃이 우수수 떨어질 것만 같다.

하루키는 타인에게 전혀 관심이 없는 외톨이 소년이다. 어느 날 병원에서 대기하다가 '공병문고(共病文庫)'라 쓰인 책을 줍는다. 같은 반 사쿠라의 일기다. 밝고 활발해 학급에서 가장 인기가 많은 소녀다. 알고 보니 사쿠라는 췌장에 병이 나 죽어가고 있다. 사쿠라는 '버킷리스트'를 만들어 소년과 나누고 싶어한다. 숫기 없는 소년은 당황스러워하면서도 점차 사쿠라에게 마음이 끌린다.

소녀는 당돌하다. "췌장을 먹고 싶어." 소년이 어이없어한다. "갑자기 무슨 소리야. 카니발리즘에 눈이 뜬 거야?" 소녀가 답한다. "옛날 사람들은 아픈 곳이 있으면 다른 동물의 그 부위를 먹는대. 그러면 병이 낫는다고 믿었대."

'카니발리즘(Cannibalism)'이란 사람이 사람을 먹는 풍습을 말한다. 어원은 카리브족(Carib)에서 나왔다. 신대륙을 발견할 당시 카리브해 섬에 사는 카리브족이 사람을 먹는 식인종이라고 유럽에 알려졌다.

카니발리즘에서 파생된 경제용어가 있다. '카니발리제이션(Cannibalization)'이다. 한 기업이 신상품을 출시하면서 기존 자사제품의 시장이 축소되는 '제 살 깎기' 현상을 말한다. 우리말로는 '자기 잠식' 또는 '자기 시장 잠식'으로 번역된다.

예컨대 다이어트 콜라를 출시하면 코카콜라의 판매량이 줄어들 수 있다. 음원을 출시하면 CD시장이 위축된다. 이 때문에 시장지배적 사업자들은 시장의 판을 바꿀 수준의 신제품을 내는 것을 꺼리는 경향이 있다. 자율주행자동차와 전기차 개발을 기존 자동차 제조사가 아닌 정보통신(IT)업체인 구글과 신생기업인 테슬라가 주도한 것도 이 때문이다.

하지만 대세는 거스를 수 없다. 신제품 개발을 주저하다간 한순간에 역사의 뒤편으로 사라질 수 있다. 휴대폰 세계 1위 업체였던 노키아는 스마트폰시장에 늦게 진출했다가 새 시장의 주도권을 뺏기고 결국 퇴출됐다. 노키아도 스마트폰 제작 특허가 많았지만 시장 잠식을 우려해 개발을 주저했다. 실제 노키아는 2011년 애플을 상대로 음악 재생기기, 카메라, 사용자 인터페이스, 안테나 혁신기술 등에 대한 46건의 특허를 침해당했다며 소송을 제기했다. 애플은 2007년 이후 판매한 아이폰에 대한 로열티를 노키아에 지불하기로 합의하면서 상호 소송을 취하했다. 더 이상 휴대폰을 생산하지 않는 노키아는 이동통신 분야의 특허를 판매해 수익을 얻는 특허괴물로 쪼그라들었다.

코닥도 1975년 일찌감치 디지털카메라를 개발했지만, 만들기만 해놓고 시장에 내놓지 않았다. 세계 표준이 된 35mm필름 시장에서 코닥의 시장점유율은 한때 90%에 달했다. 1981년 코닥의 내부보고서를 보면, 코닥은 디지털카메라가 불러올 충격을 이미 예견했지만 자신이 선점한 시장을 스스로 뒤흔들 자신은 없었다. 결국 1981년 소니가 디지털카메라를 출시하면서 '세계 최초' 타이틀을 가져갔고, 2000년대 이후 디지털카메라가 본격 보급되면서 코닥은 파산으로 내몰렸다.

전기차 시대가 오면서 일본차들이 패자가 될 가능성이 커지고 있다. 2022년 기준 전기차 판매 3위는 중국, 4위는 한국이다. 일본은 8위에 그치고 있다. 일본차 메이커들은 전기차로 전환하기보다는 내연기관 시스템을 골격으로 하는 하이브리드 자동차에 집중했다. 토요타와 혼다 등은 절대강자로 군림했던 내연기관차시장을 쉽게 포기할 수 없었다. 하지만 2028년 이후 유럽 등 주요국이 내연기관차 판매를 금지하면 시장은 전기차 중심으로 재빠르게 재편될 것으로 보인다.

국내기업들도 신제품을 낼 때마다 카니발리제이션 우려에 빠진다. 하이트진로가 맥주 테라를 출시할 때 같은 회사의 하이트맥주가 눈에 밟혔다. 농심의 짜왕은 짜파게티시장을 잠식한다는 걱정이 많았다고 한다. 삼성전자는 한동안 중저가 스마트폰은 만들지 않았다. 브랜드가 저렴해지면 고가 스마트폰시장이 잠식될 수 있기 때문이다. 하지만 중국산 저가 스마트폰 공세가 심해지자 결국 중저가폰인 갤럭시A를 내놨다.

플랫폼 변화도 기존 시장을 잠식한다. 온라인 판매가 늘어나면 오프라인 가게가 어려워지는 것을 '온라인 카니발리제이션'이라 부른다. 롯데홈쇼핑과 롯데닷컴의 매출이 매년 큰 폭으로 증가할수록 롯데백화점과 롯데마트의 매출이 줄어드는 딜레마가 발생한다. 카카오뱅크, 토스 등 인터넷 전문은행들이 약진하자 시중은행들도 같은 고민을 하고 있다. 온라인을 강화하다 보면 오프라인 매출이 감소할 수밖에 없다.

저서 『파괴적 혁신』을 쓴 클레이튼 크리스텐슨(Clayton M. Christensen) 하버드 경영대학원 석좌교수는 "선도기업의 실패 원인은 해오던 방식대로만 열심히 해서"라며 "기존의 시장을 지배하는 게 아니라 새로운 시장을 만드는 게 중요하다"고 말했다.

다시 영화로 가보자. 췌장암은 애플의 CEO 스티브 잡스를 앗아
간 난치병이다. 발견하기도 어렵고, 치유하기도 매우 까다로운 암으
로 알려져 있다. 사쿠라는 '좋은 친구' 사이인 하루키에게 제안한다.
"내가 죽으면 내 췌장을 (네가) 먹게 해줄게. 누가 먹어주면 영혼이
그 사람 안에서 계속 살 수 있대." 실제 식인종들은 인육을 배가 고
플 때 먹기도 했지만 병을 고치기 위해, 복수를 하기 위해, 죽은 자와
하나가 되기 위해 먹기도 했다.

하루키는 독백으로 답한다. "나는 네가 되고 싶어. 나는 사실 너의
췌장을 먹고 싶어." 사쿠라도 도서관에 숨겨놓은 편지에 속마음을
남긴다. "나는 하루키가 되고 싶어. 나도 역시 너의 췌장을 먹고 싶
어." 완성될 수 없는 사랑 앞에 놓인 두 사람의 흔치 않은 사랑 고백
이다.

담을 쌓으면 경제가 좋아질까?

- 블록경제

글루미 선데이

감독 롤프 슈벨

OTT 웨이브

▶ 블록경제란 여러 국가에 의해 형성된 단일 경제권을 말한다. 블록 내 경제권끼리는 혜택을 주지만, 블록에서 벗어난 경제권에 대해서는 그 반대의 차별적 조치를 취한다. 대표적인 사례로 영국 파운드를 기축통화로 하는 스털링 블록이 있다. 인도·태평양경제프레임워크(IPEF)는 미국의 동맹국들만 가입할 수 있는 경제블록이다.

　사랑을 소유하지 않고 공유할 수 있을까? "당신을 완전히 잃느니 반쪽이라도 갖겠어"라며 연인을 반분 혹은 삼분할 수 있을까?

　롤프 슈벨 감독의 〈글루미 선데이〉는 한 여자를 사랑한 세 남자의 이야기다. 1930년대 후반 자보와 그의 연인 일로나는 헝가리 부다페스트의 작은 레스토랑 '자보'를 운영한다. 일로나는 레스토랑에 새 피아니스트로 온 안드라스에게 마음을 뺏긴다. 안드라스도 일로나에게 이끌려 자신이 작곡한 '글루미 선데이'를 바친다. 일로나의 마음을 알게 된 자보는 일로나를 반만 갖기로 한다. 일로나는 자보의 다정다감함과 재력, 안드라스의 외적 매력과 천재성을 포기할 수 없다. '자보-일로나-안드라스'의 삼각관계가 시작된다.

위태위태하던 삼각관계는 엉뚱한 데서 균형이 깨지고 만다. 나치가 헝가리를 침공하고, 점령군 독일군 속에는 낯익은 인물이 있다. 한스 대령이다. 한때 일로나에게 청혼을 했다가 거부당하자 자살을 시도했던 남자다. 한스는 두 사람과 달리 일로나를 소유하려 든다.

세 사람의 운명이 엇갈리는 지점은 2차 세계대전이다. 유약했던 사업가 지망생 한스는 점령군 나치의 기병대가 돼 부다페스트를 접수한다. 독일의 침공은 명백한 만행이지만 독일인들은 그렇게 생각하지 않는다. 한스는 일로나에게 보낸 편지에서 "독일은 대독일이 되어가고 있어요. 우리가 살기에 독일은 너무 좁아요"라고 주장한다. 그 이야기를 들은 안드라스는 "땅 없는 사람은 많지만 모두가 전쟁을 일으키지는 않아요"라고 맞받아친다. 옆에 있던 자보가 대꾸한다. "경제학상으로 말하는 거겠지."

1939년 9월 1일 독일이 폴란드를 침공한다. 폴란드의 동맹국이던 영국과 프랑스가 독일에 선전포고를 하면서 2차 세계대전이 시작된다. 나치의 꿈은 유럽 통일이었다. 나치는 왜 유럽을 통일하려 했을까? 2차 세계대전은 경제학사로 보면 '블록경제'의 싸움이었다.

1929년 시작된 대공황으로 독일경제도 파탄이 난다. 미국을 비롯한 영국, 독일, 일본 등은 자국의 산업을 보호하기 위해 관세를 올리며 보호무역주의를 폈다. 하지만 역설적이게도 보호무역주의는 국가 간 교류를 위축시켰고, 되레 경제침체를 가속화시켰다. 이때 나온 대안이 '블록경제'다. 블록경제란 여러 국가에 의해 형성된 단일 경제권을 말한다. 블록 내 경제권끼리는 관세를 인하하고 각종 수입 규제를 풀어 무역을 촉진시키지만, 블록에서 벗어난 경제권에 대해서는 그 반대의 차별적 조치를 취한다.

과거 블록경제는 종주국과 식민지 간에 형성됐다. 종주국은 생산을 하고, 식민지는 원료 공급처와 소비시장이 됐다. 블록경제가 본격화된 것은 대공황 이후다. 1932년 캐나다 오타와에서 열린 영국 제국경제회의에서 영국은 영국 본토와 그 속령 간에 특혜관계를 만들기로 결정했다. 당시 회의에 참가한 영연방 8개국은 한 달간 회의한 끝에 서로에게 낮은 관세를 부과하기로 결정했다. 이른바 영국 파운드를 기축통화로 하는 '스털링 블록(Sterling Block)'의 시작이다.

영연방이 블록경제를 형성한 것은 미국에 대응하기 위해서였다. 미국은 1929년 대공황으로 자국산업이 위기에 빠지자 수입품에 최고 500%의 관세를 부과하는 홀리스무트법을 통과시키고 빗장을 걸어 잠갔다. 세계 최대 시장이 무역을 막자 유럽 주요 국가들은 수출길이 막혔다. 규모의 경제가 필요했던 영국은 영연방을 중심으로 스털링 블록을 만들었다. 프랑스는 구식민지들과 함께 '프랑 블록'을 만들었다. 미국은 미국 본토와 남아메리카를 묶는 '아메리카 블록'으로 확대시켰다.

문제는 독일과 일본이었다. 블록경제에서 살아남기에 독일과 일본은 너무 좁았다. 이들에게는 블록으로 묶을 식민지가 필요했다. 이들의 선택은 침공이었다. 독일은 폴란드를 침공하며 동유럽과 서유럽으로 급속히 영토를 넓혀 나갔다. 독일의 점령지는 '마르크 블록'이 됐다. 독일은 유럽국가들의 각기 다른 궤간(선로간격)을 통일해 유럽철도망을 하나로 만들 구상까지 했다. 특히 궤간이 3m, 차량폭이 6m에 이르는 거대철도 '브라이트 스푸어반(Breitspurbahn)'을 계획했는데 전시에는 전쟁물자 수송을 위한, 전후에는 경제대통합을 위한 구상이었다.

일본은 조선을 병합한 데 이어 만주와 동남아시아로 진격했다. 일본도 침략지마다 철도를 먼저 깔았다. 전쟁과 수탈을 위해 필요한 인프라였다. 일본은 '대동아공영권'을 외쳤는데, 경제학적으로 볼 때 일본이 시도한 경제블록이었다. 일본은 서구의 제국주의에 맞서 아시아인끼리 뭉치자는 명분을 내세웠지만 실제는 팽창주의적 침략전쟁에 불과했다.

한때 글로벌 경제는 국경 없는 자유무역을 선호했지만 최근에는 다시 지역 블록화되고 있다. 유럽연합(EU), 아세안(ASEAN), 미국·멕시코·캐나다무역협정(USMCA), 남미공동시장(Mercosur) 등이 대표적이다. 중국 주도로 진행되는 경제동반자협정(RCEP)은 더 적극적인 경제블록이다. 경제블록은 철저히 이해타산에 따라 구성되기 때문에 주요국들은 뭉쳤다 헤어졌다를 반복한다. 오바마 미국 행정부는 환태평양경제동반자협정(TPP)을 추진했지만, 차기 트럼프 행정부가 틀었고, 조 바이든 행정부가 들어서면서 일본 주도로 포괄적·점진적

환태평양경제동반자협정(CPTPP)로 결실을 맺었다.

경제적 이해에 따른 경제블록 대신 정치·경제적 이익에 따른 복합적 형태의 경제블록도 나타나고 있다. 미국이 주도하는 인도·태평양경제프레임워크(IPEF)는 미국의 동맹국들만 가입할 수 있는 경제블록이다. 무섭게 성장하는 중국을 견제하기 위해 공급망 재편 등을 추진하고 있다. 미국은 인플레이션감축법안(IRA)을 통과시키며 2차전지, 반도체 등은 미국과 자유무역협정(FTA)을 맺은 나라에서 생산되거나 조달된 제품만 미국 내에서 판매를 허가하겠다고 밝혔다. 총칼만 들지 않았을 뿐 소리 없는 경제전쟁은 계속되고 있다.

달은 보는 것이 아니라 가는 곳이다

- 문샷싱킹

인천상륙작전

감독 이재한
OTT 왓챠, 웨이브, 티빙

▷ 문샷싱킹이란 10%를 개선하기보다 10배의 혁신을 이뤄내는 도전적인 생각을 말한다. 문샷이란 '달탐사선 발사'를 뜻한다. 1962년 케네디 대통령은 달에 탐사선을 보내겠다고 선언했다. 달을 관찰하기 위해 망원경의 성능을 높이는 게 아니라 아예 달에 탐사선을 보내겠다는 식의 파격적인 발상을 문샷싱킹이라고 한다.

6·25전쟁의 '인천상륙작전'은 2차 세계대전의 '노르망디상륙작전'과 함께 전세를 바꾼 대표적인 상륙작전으로 꼽힌다. 대규모 인원과 물량이 투입된 인천상륙작전은 영화적 시각으로만 보면 충무

로가 충분히 탐낼 만한 블록버스터급 소재다. 하지만 우리가 '한국인'인 이상 6·25전쟁 소재는 다루기에 민감하다. 흥미 위주의 전쟁 영화로 다루기 어렵다. 6·25전쟁은 휴전이 됐을 뿐 여전히 현재진행형인 전쟁이라는 점도 그렇다. 영화적 재미를 강조하다 보면 전쟁이 너무 가벼워지고, 역사적 의미를 강조하자면 영화가 너무 무거워진다. 휴전선 너머 있는 북을 의식하면 정치적 해석도 가능하다. 영화 〈인천상륙작전〉을 둘러싼 여러 논쟁들도 여기서 시작된다.

〈인천상륙작전〉은 이재한 감독의 두 번째 6·25전쟁 소재 영화다. 첫 번째가 포항의 학도병 이야기를 다룬 〈포화속으로〉다. 인민군의 기습남침에 한국군과 연합군은 낙동강 이남을 제외한 전 지역을 빼앗긴다. 유엔연합군 최고사령관 맥아더 장군은 인천상륙작전을 세운다. 작전명은 '크로마이트(Operation Chromite)'다.

맥아더 장군은 해군 첩보부대 대위 장학수와 그 부대원을 적지인 인천에 투입한다. 이들은 켈로부대(미국 극동군사령부 정보참모부 산하에 창설된 특수부대) 대원들과 함께 중요 정보 수집에 나선다. 작전명 'X-레이'다. 인민군 인천방어사령관 림계진은 이를 눈치채고 이들을 뒤쫓는다. 디데이는 9월 15일이었다.

상륙작전은 언제나 어렵지만, 인천상륙작전은 더 어려웠다. 맥아더 장군은 "성공 확률이 5000분의 1인 세기의 도박, 누구도 이런 시도를 할 만큼 무모하지 않을 것"이라고 말했다. 인천항의 수로는 좁고 물살은 빨랐다. 조수간만의 차도 엄청났다. 기뢰도 곳곳에 있었다. 이런 상황을 뚫고 7만 5,000명의 병력이 261척의 함정에 나눠 타고 기습상륙을 감행해야 했다. 아군은 물론 적군마저도 인천 상륙은 불가능하다고 봤다. 하지만 맥아더 장군은 이 점을 역이용했다. 모두가 불가능하다고 하는 작전을 감행해 최고의 승리를 일궈냈다.

인천상륙작전은 맥아더 장군의 '문샷싱킹(Moonshot Thinking)'이다. 문샷이란 '달탐사선 발사'를 뜻하는 것으로, 혁신적인 프로젝트를 의미한다. 유래는 존 F. 케네디 대통령에게서 비롯됐다. 1962년 9월 12일 케네디 대통령은 달에 탐사선을 보내겠다고 선언해 세계를 깜짝 놀라게 했다. 달을 조금 더 잘 보기 위해 망원경의 성능을 높이는 게 아니라 아예 달에 사람을 보내겠다는 것이었다. 이처럼 10%를 개선하기보다 10배의 혁신을 이뤄내는 도전적인 생각을 문샷싱킹이라 부른다.

구글은 문샷싱킹을 기업정신으로 삼고 있다. 이 결과 자율주행자동차, 구글 글라스 등에 막대한 투자를 했다. 구글은 운전자 없이 자동차가 움직이고, 안경을 통해 증강현실을 즐길 수 있는 혁신적인 서비스를 준비하고 있다. 또한 눈물을 모아 자동으로 혈당을 체크해주는 구글 콘택트렌즈, 인공지능(AI)을 이용해 수억 장의 사진을 자동으로 분류하는 '구글포토'도 문샷싱킹의 사례로 불린다. 헬륨풍선에 인터넷 통신장비를 실어 하늘로 띄운 뒤 상공에서 인터넷 신호를 보내 지상에서 인터넷을 사용할 수 있도록 하는 '룬 프로젝트'도 구글의 문샷싱킹이다.

테슬라 모터스의 최고경영자(CEO)인 일론 머스크(Elon Musk)와 아마존 창업자인 제프 베이조스(Jeff Bezos)가 벌이는 우주전쟁도 문샷싱킹의 대표 사례로 꼽을 만하다. 우주항공기 개발사인 '스페이스X' CEO이기도 한 머스크는 2025년까지 화성에 유인우주선을 보내겠다고 선언했다. 베이조스도 우주항공기 개발사인 '블루오리진'을 설립해 우주관광과 우주물류 배송사업에 본격적으로 뛰어들었다. 사업의 영역을 '지구'에서 '우주'로 확대시킨 문샷싱킹이다.

맥아더 장군이 인천상륙작전을 제안하자 미국 합동참모본부는 "성공이 어렵다"며 반대했다. 하지만 맥아더 장군은 45분간에 걸친 연설로 미 군부를 설득해냈다. 그에게는 인천상륙작전만이 인명피해를 최소하고 전쟁 기간을 단축시키면서 불리한 전세를 뒤집을 유일한 한 수였다.

연합군은 인천에 상륙한 지 13일 만인 9월 28일 서울 수복에 성공한다. 이어 파죽지세로 압록강까지 다다른다. 병참선이 차단돼 보급을 받지 못한 낙동강 전선의 북한군 주력부대도 붕괴된다. 상륙작전 도중 전사한 1,500여 명의 희생이 있었기에 가능한 일이었다.

인천상륙작전은 손자병법 시계편의 '공기무비출기불의(攻其無備 出其不意)'를 가장 잘 활용한 전략이다. 적이 방어하지 않는 곳을 공격하고 적이 예상치 못한 곳으로 나가라는 뜻인데, 상대가 전혀 예상치 못한 곳을 공략한다는 점에서 문샷싱킹이라 부를 만하다.

문샷싱킹은 기업경영뿐 아니라 국가전략을 수립할 때도 필요하다. 시가총액 세계 1위로 성장한 TSMC는 글로벌 반도체 기업들은 크게 눈여겨보지 않던 파운드리에서 기회를 찾았다. 파운드리는 다른 회사의 의뢰를 받아 반도체를 생산해주는 일종의 OEM 하청공장쯤으로 생각했다. 하지만 TSMC는 높은 기술력과 생산성으로 의뢰기업들의 요구를 맞추면서 이런 시각을 뒤엎어버렸다. 대만정부는 TSMC를 전폭적으로 지원하면서 대만의 정치적·외교적·지리적 가치를 높여 '하나의 중국'에 맞서고 있다.

인구감소, 기후변화 등 잘 풀리지 않는 난제들도 문샷싱킹을 필요로 한다. 구글 모기업 알파벳의 순다르 피차이(Sundar Pichai) 최고경영자는 2020년 새로운 '문샷 프로젝트'로 2030년까지 회사의 모든 데이터센터와 사무실을 탄소를 발생시키지 않는 친환경 에너지로만 운영할 것이라고 밝혔다.

때로 문샷싱킹은 무모해 보인다. '또라이'라는 지적을 받을 수도 있다. 하지만 성공만 하면 엄청난 성과물을 안겨준다. '하이 리스크, 하이 리턴'이다.

아프니까 청춘이다

- 리질리언스

스파이더맨: 파 프롬 홈

감독 존 왓츠
OTT 디즈니+, 왓챠, 웨이브, 티빙

▷ 리질리언스란 재난에 대한 회복력을 말한다. 리질리언스는 '뛰어서 되돌아가다'는 뜻을 가진 라틴어 '리실리오'에서 나온 말로 '이전 상태로 되돌아가는 능력'을 의미한다. 경영학도 리질리언스를 주목하고 있다. 어느 기업이나 위기를 맞을 수 있는데, 리질리언스가 강하다면 위기를 빠르게 극복할 수 있다.

마블의 히어로들이 〈어벤저스: 엔드게임〉에서 타노스를 물리치면서 마블시네마틱유니버스(MCU) 페이즈 3가 막을 내렸다. 아이언맨과 캡틴아메리카의 빈자리는 누가 채울까? 한 시대를 마무리하고 다음 세대를 암시하는 마지막 작품이 〈스파이더맨: 파 프롬 홈〉이다.

존 왓츠 감독이 메가폰을 잡은 〈스파이더맨: 파 프롬 홈〉은 마블이 제작한 스파이더맨의 두 번째 솔로영화다. 시기는 엔드게임 이후다. 재가 되어 사라졌던 사람들이 돌아온 새로운 세상에 아이언맨은 없고, 캡틴마블·토르·닥터스트레인지는 지구를 떠났거나 연락이 안 된다. 스파이더맨도 지쳤다. 피터 파커는 슈트를 벗어버리고 친구들과 함께 유럽 여행을 떠난다.

이때 공기·물·불·흙으로 만들어진 빌런인 '엘리멘탈'이 멕시코·모로코·이탈리아·체코에 나타나 세상을 쑥대밭으로 만든다. 어디선가 나타난 '미스테리오'가 엘리멘탈을 상대하지만 혼자서는 버겁다. 실드의 닉 퓨리 국장은 스파이더맨이 힘을 보탤 것을 요구한다. 하지만 스파이더맨 피터 파커는 망설인다.

타노스를 물리쳤지만 피터는 엔드게임의 충격에서 벗어나지 못했다. 아직 고교생인 피터에게 아버지처럼 생각했던 아이언맨 토니 스타크의 부재는 너무 컸다. "어딜 가도 그분이 보여요. 너무나 보고 싶어요."

재난에 대한 회복력을 경제학에서는 '리질리언스(Resilience)'라고 부른다. 리질리언스는 '뛰어서 되돌아가다(to jump back)'라는 뜻을 가진 라틴어 '리실리오'에서 나온 말로 '이전 상태로 되돌아가는 능력'을 의미한다. 우리말로는 회복력·회복탄력성 등으로 해석된다. 생태학자인 홀링(C.S.Holling)은 1973년 논문 「생태계의 리질리언스와 평형」을 통해 리질리언스라는 개념을 소개했다. 그는 리질리언스를 '변화나 교란을 흡수해 동일한 관계를 유지하는 능력'으로 정의했다.

2000년대 미국사회가 허리케인 카트리나와 서브프라임모기지로 재난 수준의 충격을 받자 사회·경제 시스템을 복원시키기 위한 개념으로 리질리언스가 주목받기 시작했다. 사회학자 닐 아저(W. Neil Adger)는 내부 혹은 외부의 경제적 관계에 의해 유도되는, 느리지만 급진적인 변화를 다룰 수 있는 네트워크 혹은 자본력을 '경제적 리질리언스'라고 정의했다. 또한 사회를 재조직화하고 선택적 행동을 통해 사회망을 구축하는 능력을 '사회적 리질리언스'라고 규정했다.

2005년 허리케인 카트리나로 파괴된 미국 뉴올리언스는 폭동과 약탈, 방화, 총기사고, 느린 복구 등이 겹치면서 극심한 혼란에 빠졌다. 도시 인프라를 빠르게 회복시키는 것과 함께 도시공동체를 원래대로 돌려놓는 것이 중요하다는 인식이 커졌다. 오바마 행정부는 록펠러재단과 함께 '국가 재해 리질리언스 대회'를 열고 도시회복력에 대한 본격적인 논의를 시작했다.

리질리언스는 여러 분야에 적용된다. 도시공학에서 리질리언스는 재해에 대응하거나 복구할 수 있는 인프라나 도시계획으로 정의된다. 심리학에서의 리질리언스란 시련이나 고난을 이겨내는 힘을 의미한다. 경영학도 리질리언스를 주목하고 있다. 어느 기업이나 위기를 맞을 수 있는데, 회복력이 약하면 위기를 극복하지 못하고 폐업이나 파산으로 이어질 수도 있기 때문이다.

코로나19 이후 글로벌 사회의 화두는 리질리언스가 됐다. 글로벌 컨설팅업체인 삼정KPMG는 「코로나19 극복을 위한 리질리언스 전략」 보고서에서 "코로나19로 글로벌 경제위기와 사업장 셧다운 등 예측 불가능한 '블랙스완(Black Swan)' 사태가 발생할 수 있는 상황에서 기업들이 위기를 극복하고 회복할 수 있는 리질리언스 역량을 확보해야 한다"고 밝혔다. 그러면서 재무·운영·시장 측면에서 분야별 리질리언스 전략을 제시했다. 특히 재무 측면에서는 긴축 경영에 돌입하고 채권자와 만기조정을 하는 등 방어적인 현금확보 전략이 필요하다고 했고, 시장 측면에서는 변화하는 소비패턴과 고객경험을 분석해서 디지털 트랜스포메이션(전환)을 강화하는 전략을 수립할 것을 권고했다.

국가적으로도 코로나19 이후 리질리언스는 중요해졌다. 누가 빨리 충격에서 벗어나 회복되느냐에 따라 포스트 코로나19 시대 주도권 싸움의 승자가 결정되기 때문이다. 당시 한국과학기술기획평가원은 보고서에서 "중장기적으로는 경제 회복력 확보를 위한 주요 수단으로 공공 연구개발(R&D) 투자를 적극 활용해야 한다"며 국방 부문과 연계, 국내 자급 공급망 구축, 중소기업 적극 지원, 국제협력 중시, 디지털 전환 촉진 등을 꼽았다.

코로나19가 미친 충격은 크다. 미국 연방준비제도가 금리를 급격하게 올리자 즉각 글로벌 달러는 초강세로 변했고, 주요국의 주가는 폭락했다. 코로나19에 대응하느라 약해진 각국의 경제체력은 미국 금리 인상을 버텨낼 수 없었다. 심지어 독일과 일본마저도 말이다.

미국 바이든 행정부는 인도·태평양경제프레임워크(IPEF), 쿼드, 인플레이션감축법(IRA) 등을 이용해 새로운 국제질서를 만들고 있는데, 이는 미국의 리질리언스 전략으로 볼 수 있다. 미국의 강력한 도전자로 떠오른 중국의 기세를 꺾어 포스트 코로나19 시대에도 패권을 유지하겠다는 것이다.

다시 영화로 가보자. 영화 속 스파이더맨 신체의 리질리언스는 상상을 초월한다. 초고속열차에 치여도 며칠이 지나면 회복된다. 총을 맞아도, 고층에서 떨어져도 치명상을 입지 않는다. 하지만 정신적·내면적 리질리언스는 여느 청소년과 다르지 않았다. 토니 스타크를 잃은 충격은 쉽사리 회복되지 않는다. 빌런과 싸울 때마다 겪는 죽음의 공포, 빌런을 죽여야 하는 죄책감도 매번 트라우마로 남는다.

망설이는 피터에게 토니 스타크의 친구인 해피 호건이 말한다. "토니가 그렇게 떠난 건 네가 돌아올 걸 알았기 때문이야." '아프니까 청춘이다'라는 말이 있다. 청년의 높은 회복탄력성을 뜻하는 말이다. 피터는 고개를 끄덕인다. 스파이더맨은 아이언맨의 자리를 대체할 수 있을까.

진흙탕에 빠진 경제
- 머들링스루

남한산성

감독 황동혁

OTT 왓챠, 웨이브, 쿠팡플레이, 티빙

▶ 머들링스루란 헤쳐 나가기 힘든 진흙탕 속을 통과하는 상황을 의미하는 경제용어다. 시간을 끌면서 힘겹게 나아가거나 해결책을 제시하지 못한 채 시간만 끄는 상황으로 보면 된다. 혁신을 하지 못해 침체가 계속되며 서서히 성장동력을 잃어가는 경제상황을 '머들링스루증후군'이라고 부른다.

    서울 송파구에는 100층이 넘는 롯데월드타워가 우뚝 서 있다. 그 옆 놀이기구에서는 아이들의 즐거운 비명이 끊임없이 터져 나온다. 잠실은 고가 아파트가 즐비한 대표적인 한국의 부촌이다. 흔히 '한

강의 기적'으로 표현되는 한국경제성장의 상징이기도 하다.

400여 년 전에는 달랐다. 비명은 터져 나왔지만, 피눈물의 비명이 었다. 롯데월드타워 인근에 세워져 있는 삼전도비(대청황제공덕비)는 조용히 그날의 절규를 증명하고 있다. 삼전도비는 청나라에 패한 조선의 인조가 청태종(홍타이지)에게 무릎을 꿇은 '삼전도의 굴욕'이 기록돼 있다.

병자호란은 한반도에 세워진 국가가 처음으로 외세에 항복한 치욕의 역사다. 삼전도비를 보존하는 것은 똑같은 실수를 반복하지 않기 위해서다.

황동혁 감독의 영화 〈남한산성〉은 바깥세상에 어두웠던 외교력, 자기를 지킬 수 없었던 나약한 국방력, 명분에 사로잡힌 이상론이 불러온 실패의 기록을 담고 있다. 국가란 무엇이며, 국가는 국민을 위해 무엇을 해야 하는지를 깊이 생각해보게 하는 영화다.

원작은 김훈의 동명소설이다. 영화 제작사인 싸이런픽쳐스의 김지연 대표는 소설가 김훈의 딸이다. 〈남한산성〉 이후 싸이런픽쳐스와 황동혁 감독이 의기투합해 만든 다음 영화가 넷플릭스 오리지널 드라마인 〈오징어 게임〉이다.

1636년 인조 14년 청의 대군이 조선에 군신관계를 맺을 것을 요구하며 압록강을 건넌다. 정묘호란(1627년)이 일어난 지 9년 만에 또 터진 전란, 병자호란이다. 강화도로 채 피난가지 못한 인조는 남한산성으로 도피한다. 하지만 남한산성은 항전하기에 좋은 장소가 아니었다. 식량은 부족하고, 군사는 적었다. 이조판서 최명길은 순간의 치욕을 견디고 나라와 백성을 지켜야 한다며 화친(나라와 나라 사이 다

틈이 없이 가까이 지냄)을 주장한다. 반면 예조판서 김상헌은 굴욕을 당할 바에야 죽는 게 낫다며 척화(화친하자는 논의를 배척함)를 주장한다. 때는 눈이 내리는 정월, 청군에 포위된 조선군은 추위와 굶주림과도 싸워야 했다.

청나라 황제를 자칭하는 칸 홍타이지는 중국에서 삼전도까지 와 인조의 항복을 요구한다. 인조는 격서를 써 성밖 의병들에게 구원을 요청한다. 대장장이 날쇠가 격서를 들고 성밖으로 탈출하지만 근왕병들은 끝내 오지 않는다. 항전 47일 만에 인조는 항복을 결심한다.

정유재란 이후 9년, 조선은 청의 침공을 대비하지 못했다. 인조반정으로 피바람이 불었고, 부패한 탐관오리에 백성들의 원성은 드높았다. 군사력을 쌓기는커녕 내부안정도 이루지 못하던 진흙탕 같은 상황에서 겨우겨우 왕조를 이어나갔다. 이른바 '머들링스루(Muddling Through)'였다.

머들링스루란 헤쳐 나가기 힘든 진흙탕 속을 통과하는 상황을 의미하는 경제용어다. 시간을 끌면서 힘겹게 나아가거나 해결책을 제시하지 못한 채 시간만 끄는 상황으로 보면 된다. 머들링스루는 유로존이 그리스, 포르투갈, 이탈리아 등 주요국의 재정문제로 촉발된 금융위기에 늑장대응을 하면서 경기침체가 장기화되는 현상을 빗대면서 사용됐다. 머들링스루는 의미가 확장돼 조직의 명확한 목표가 정해지지 않은 상태에서 일단 현재 체제를 버텨가면서 직면한 문제를 우선 해결해나가는 상황을 이르기도 한다.

'머들링스루증후군'도 있다. 혁신을 하지 못해 침체가 계속되며 서서히 성장동력을 잃어가는 경제상황을 말한다. 2010년대 중반 한국경제가 딱 그랬다. 내부적으로는 저출산 고령화가 본격화되고 있으며, 외부적으로는 중국의 성장이 가팔라지면서 잠재성장률이 급격히 떨어지고 있다는 경고가 쏟아졌다. 반도체산업을 제외하고는 마땅한 먹을거리도 보이지 않았다.

경제가 머들링스루증후군에 빠지면 장기간 저성장이 이어질 수도 있다. 2017년 러시아가 2%대의 성장을 이루자 대외경제정책연구원은 "러시아경제가 지난 6년간의 머들링스루증후군에서 탈출한 것으로 보인다"고 평가했다.

다시 영화로 가보자. 진흙탕에 빠져 허우적대는 조선왕조에 민심도 돌아섰다. 신분제도는 공고했고, 먹고살 길은 막막했다. 실용외교와 대동법을 내세워 사회개혁을 시도했던 광해군은 폐위됐다. '봄에 씨를 뿌려 가을에 거두고 겨울에 배곯지 않는 세상'은 난망했다. 백성들에게는 조선이 청의 나라가 되든, 명의 나라가 되든 달라질 것이 없었다. 영화 속 남한산성에 거주하는 대장장이인 날쇠는 임금과 군사들이 남한산성으로 피난을 오자 "자기들 먹을 겉보리 한섬 챙겨오는 놈이 없구나"라며 마뜩잖은 눈길을 보낸다. 인심을 잃어버린 조정은 애초에 남한산성에서 장기전을 벌일 수가 없었다.

인조가 항복을 한 뒤 김상헌은 최명길에게 한탄한다. "백성을 위한 새로운 삶의 길이란 낡은 것들이 모두 사라진 세상에서 비로소 열리는 것이오. 그대도, 나도, 그리고 우리가 세운 임금까지도." 조선이 머들링스루에서 탈출하기 위해서는 대대적인 혁신이 필요하다는 의미다. 하지만 조선은 끝내 개혁을 이루지 못한다. 조선은 영·정조 시대를 거치며 잠시 기력을 회복하는가 싶더니 곧 구한말 열강의 진흙탕에 빠진다. 개항 대신 쇄국을, 혁신 대신 전통을 고수하면서 조선왕조는 몰락의 길로 접어든다.

'삼전도의 굴욕'을 머들링스루에서 탈출하는 혁신의 기회로 삼았다면 조선의 역사는 또 달라졌을지도 모를 일이다. 하지만 그러기엔 성리학을 추종하는 사대부의 벽이 너무 높았다.

병자호란은 조선의 대표적인 외교실패 사례로 종종 언급된다. 당대 강자인 명을 계속 따르다 신흥강자 청의 미움을 받은 것이 병자호란이다. 조선은 임진왜란 때 도움을 받았던 혈맹 명을 배신할 수 없었다. 문제는 지금의 국제정세가 그때와 매우 흡사하다는 점이다. 미국의 하락과 중국의 부상은 뚜렷한데, 6·25전쟁 때 도움을 받은 미국을 배신하기는 어렵다. 중국은 자신을 따를 것을 강하게 요구하고 있다.

최명길이 있다면, 김상헌이 있다면 미·중갈등 속 후손들에게 어떤 조언을 해줄까? 영화 〈남한산성〉을 그저 오래된 역사이야기로 치부할 수 없는 이유다.

경제주체들의 경제활동은 일정한 규칙성을 갖습니다. 그 규칙성을 수학적으로 정리하면서 경제학이 탄생했습니다. 경제학은 물리학과 심리학, 군사학의 도움을 많이 받았습니다. 보편적 원리가 적용되고, 전략이 필요하다면 어디든 경제학이 달려갑니다. 다만 규칙성이 절대성을 의미하는 것은 아닙니다. 경제주체는 각각의 변수에 따라 각기 다른 반응을 합니다. 그래서 경제는 살아 있는 생물이라고 합니다.

경제는 법칙이다

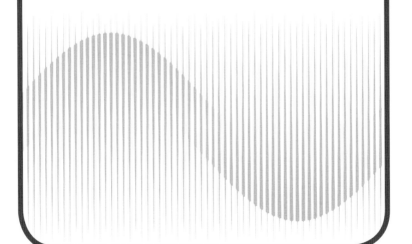

35

노력하는 자에게 행운이 찾아오리니
- 세렌디피티의 법칙

온워드: 단 하루의 기적

감독 댄 스캔론

OTT 디즈니+, 웨이브, 티빙

▶ 세렌디피티 법칙이란 노력 끝에 찾아온 행운 혹은 실패 끝에 찾아온 행운을 의미한다. 세렌디피티는 사전적으로 '우연한 발견'을 뜻하는데 보물을 찾아 먼 여행을 떠난 '세렌딥의 세 왕자'라는 페르시아 우화에서 유래했다. 페니실린, 벤젠 원자구조 발견 등 과학 분야에서는 우연히 성취한 대발견이 많다.

픽사의 애니메이션은 사람을 찡하게 하는 대단한 재주가 있다. 댄 스캔론 감독의 〈온워드: 단 하루의 기적〉도 그렇다. 이 애니메이션은 마법과 용이 나오는 판타지 장르를 덮어썼지만, 골격은 깊은 여운을 남기는 가족 이야기다.

아버지를 일찍 여의고 홀어머니와 함께 사는 두 형제, 발리와 이안이 있다. 형 발리는 아버지를 기억하지만, 동생 이안은 한 번도 아버지를 본 적이 없다. 카세트테이프에 녹음된 음성과 색 바랜 사진 한 장을 통해 이안은 아버지를 상상한다.

16세 생일을 맞아 이안은 아버지가 남긴 마법의 지팡이를 '서프라이즈' 선물로 받는다. 지팡이를 들고 주문을 외면 하루 동안 아버지가 나타난다고 한다. 그런데 어라, 무엇이 잘못됐는지 아버지 하반신 절반만 생겨났다. 아버지의 상반신을 완성하려면 마법의 돌 '피닉스 젬'을 찾아야 한다. 주어진 시간은 단 하루다.

형제는 피닉스 젬을 찾기 위해 모험을 떠난다. 마법을 이용해 절벽을 건너고, 까마귀 봉우리의 힌트를 따라 관문을 통과한다. 보트를 타고 긴 지하동굴까지 지나가지만 결과는 허탕이다. 이미 해는 뉘엿뉘엿 지고 있으며, 더 이상 힌트는 없다. 실망한 동생 이안은 하반신 아버지와 함께 사라진다.

하지만 형 발리는 다르다. 절망적인 상황에서도 포기하지 않는다. 그러다 우연히 발밑에서 피닉스 젬에 대한 결정적 단서를 찾는다. 알고 보니 피닉스 젬은 형제가 사는 곳과 매우 가까운 곳에 있었다. 발리가 운 좋게 피닉스 젬을 발견한 것은 세렌디피티의 법칙이라 부를 수 있다.

이처럼 노력 끝에 혹은 실패 끝에 찾아온 행운을 '세렌디피티의 법칙'이라 부른다. 세렌디피티는 사전적으로 '우연한 발견'을 뜻한다. 세렌디피티는 보물을 찾아 먼 여행을 떠난 '세렌딥의 세 왕자'라는 페르시아 우화에서 비롯됐다.

세렌딥은 페르시아 제국 시절 스리랑카의 지명이다. 세렌딥의 왕은 세 아들을 두고 있었는데, 이들은 경험도 없고 세상 물정에도 어두웠다. 왕위를 계승할 준비가 되어 있지 않음을 우려한 왕은 세 아들에게 긴 여행을 떠날 것을 명령한다. 세 왕자는 전설 속에 있다는 보물을 찾아 떠나지만 보물을 찾지 못한다. 하지만 계속 우연한 일들을 겪으면서 삶의 지혜와 용기를 얻게 된다.

1754년 영국 작가이자 정치가인 호레이스 월폴(Horace Walpole)은 자신의 친구에게 보낸 편지에서 이 이야기를 빗대며 '우연한 발견'을 설명했다. 그러면서 왕자들처럼 의도치 않은 것에서 뜻밖의 발견을 해내는 사람들을 '세렌디피티'라고 언급했다. 이후 세렌디피티라는 개념이 널리 알려지기 시작했는데, 미국 사회학자 로버트 머튼(Robert K. Merton)은 이를 발전시켜 '세렌디피티의 법칙'을 제안했다.

세렌디피티의 법칙의 예로 종종 언급되는 것이 '포스트잇'이다. 1968년 3M사의 스펜서 실버(Spencer Silver) 연구원은 기존 제품보다 더 강력한 접착제를 개발하려다 배합실수를 했다. 그 결과 접착력은 강하지 않지만, 끈적거리지 않고, 제거했을 때 잔여물이 남지 않는 접착제가 만들어졌다. 그는 그간 연구를 했던 것이 아까웠던 나머지 연구를 즉각 폐기하기보다 자신의 실패사례를 주변에 알렸다. 잘 떨어지지 않는 책갈피를 개발하고 있던 같은 연구소의 동료 아트 프라이(Art Fry) 연구원은 우연히 실버의 발견 소식을 듣게 됐다. 그는 실버에게 공동연구를 제안했다. 1974년 마침내 포스트잇을 세상에 선보였고, 1980년대 이후 선풍적인 인기를 끌게 됐다. 만약 실버 연구원이 강력한 접착제 개발에 실패했다고 생각하며 조용히 연구를 그만뒀더라면 나올 수 없는 제품이었다.

네덜란드의 다국적 기업 DSM은 액자유리의 반사를 막는 코팅제를 판매하기 위해 막대한 투자를 하고 있었다. 결과적으로 제품은 개발했지만, 이를 판매할 시장을 좀처럼 찾을 수 없었다. 연구 담당자는 이 제품을 포기하기로 했다. 그러다 우연히 다른 부서 동료와 대화를 나누게 됐는데 빛을 최대한 흡수해야 하는 태양전지판에 굉장히 효과적일 수 있다는 생각이 번쩍 들었다. 그는 회사를 설득시켰고, DSM은 태양전지 부서에 투자를 확대하면서 독보적인 기술력을 갖게 됐다.

과학계의 중대한 발견 중 절반가량이 세렌디피티의 법칙이 적용된다는 말이 있다. 독일 화학자 아우구스트 케쿨레(August Kekulé)는 벤젠의 원자구조를 좀처럼 풀어내지 못하고 있었다. 케쿨레는 어느 날 잠을 자는데 꿈속에서 뱀 한 마리가 머리로 꼬리를 문 채로 동그랗게 몸을 말고 있는 모습을 봤다. 잠에서 깬 케쿨레는 이를 이용해 벤젠 원자구조를 그려봤고, 마침내 비밀을 풀어냈다. 케쿨레의 집념이 가져온 우연한 행운이었다.

세균학자인 알렉산더 플레밍(Alexander Fleming)은 런던의 한 병원에서 상처를 감염시키는 포도상구균이라는 세균을 배양하고 있었다. 그가 어느 날 휴가를 다녀왔더니 배양균이 푸른곰팡이에 오염돼 있었다. 그가 실수로 배양접시를 배양기에 넣지 않고 실험실에 그대로 두고 간 것이다. 큰일났다 싶어 배양접시를 들여다봤더니 곰팡이 주변의 포도상구균이 죽어 있다. 플레밍은 이를 연구해 항생제, 페니실린을 개발해냈다. 사실 푸른곰팡이는 플레밍의 연구실 아래층에서 날아온 것으로 추정됐다. 그곳에서는 곰팡이로 알레르기 백신을 만드는 것을 연구하고 있었다. 수많은 종류의 곰팡이 가운데 하필 푸른곰팡이가, 플레밍이 실수로 방치해 둔 배양접시로 날아온 것은 엄청난 행운이었다.

우리가 즐겨 먹는 초콜릿칩 쿠키도 '우연한 발견'이 가져다준 행운의 산물이다. 1930년 미국의 한 고속도로 톨게이트의 작은 식당을 운영하던 루스 웨이크필드(Ruth Wakefield)는 직접 구운 쿠키를 후식으로 통근자들에게 제공했다. 어느 날 초콜릿 쿠키를 구워야 하는데 초콜릿 반죽이 다 떨어져 없었다. 급한 김에 옆에 있는 초콜릿을 조각내 쿠키 위에 얹어 오븐에 구워봤다. 초콜릿이 녹으면서 반죽에 흡수돼 초콜릿 쿠키처럼 진한 갈색으로 물들 것이라 생각했던 것이다. 하지만 실제 구워보니 초콜릿은 전혀 녹지 않은 채 쿠키에 송송 박혀 있었다. 이 쿠키를 먹어보니 맛이 의외로 좋았고, 소비자들도 너무 좋아했다고 한다. 웨이크필드는 이 쿠키를 '톨 하우스 쿠키'라고 이름 붙인 뒤 본격적으로 판매하기 시작했다. 초콜릿칩 쿠키는 미국인들이 가장 사랑하는 쿠키 중 하나가 됐다.

세계적인 기업의 성장에도 세렌디피티의 덕을 본 경우가 많다. 1982년 시애틀에 있는 작은 커피회사에 다니던 하워드 슐츠(Howard Schultz)는 이탈리아 밀라노의 가정용품 박람회에 출장을 갔다. 그는 밀라노 거리를 걷다가 우연히 이탈리아의 자유로운 커피문화를 보고는 흠뻑 빠졌다. 미국으로 돌아온 그는 이탈리아의 커피문화를 미국에 적용해보자고 생각하고 1987년 작은 커피숍을 사들여 스타벅스라고 이름 붙였다.

유튜브도 처음에는 단순한 데이트 사이트로 시작했다가 재미있는 동영상을 힘들게 찾는 고객들을 보면서 이를 사업으로 연결해 성공했다. 페이스북은 마크 저커버그가 대학교를 다닐때 동문을 쉽게 찾기 위해 웹사이트를 만든 것이 시발점이 됐다. 마크 저커버그는 훗날 "페이스북에는 뜻밖의 행운인 세렌디피티의 개념이 담겨있다"고 언급했다. 구글 창업자인 세르게이 브린(Sergey Brin)도 "구글이 어떻게 성공했느냐"는 질문에 "성공의 제1 요인은 행운"이라고 말했다.

세렌디피티의 법칙은 단순한 행운을 의미하지 않는다. 무언가 해내기 위해 목표를 가지고 끊임없이 준비한 자만이 가질 수 있는 행운이다. 그래서 파스퇴르는 "기회는 준비된 자에게만 온다"고 했다.

최근 주요기업들은 세렌디피티를 폭발한 환경을 의도적으로 조성하기도 한다. 스티브 잡스는 애니메이션 제작사인 픽사를 인수한 뒤 건축가에게 "우연한 만남을 극대화할 수 있는 건물을 디자인해 달라"고 요청했다고 한다. 아티스트, 디자이너, 스토리작가들이 '우연한 만남'을 통해서 '우연한 발견'을 할 수 있도록 유도하기 위해서였다.

런던정치경제대학교 혁신연구소 부소장인 크리스티안 부슈(Christian Busch)는 저서 『세렌디피티 코드』에서 "성공은 우연한 기회와 노력의 상호작용"이라고 단언했다. 그러면서 "우리는 우연을 과소평가하는 경향이 있다"며 "성공은 단순히 계획된 것이라는 착각을 버려라"고 말했다.

영화 속 발리와 이안의 목소리가 어딘가 낯익다. 발리는 크리스 프랫, 이안은 톰 홀랜드가 더빙했다. 크리스 프랫은 영화 〈가디언즈 오브 갤럭시〉의 스타로드, 톰 홀랜드는 3대 스파이더맨이다. 알고 보니 발리와 이안 형제는 마블의 히어로들이었다.

36

물량으로 제압하라
- 란체스터 법칙

스타워즈: 라이즈 오브 스카이워커

감독 J.J. 에이브럼스

OTT 디즈니+, 웨이브, 티빙

▷ 란체스터 법칙이란 엄청난 물량으로 상대를 제압하는 전략을 말한다. 윌리엄 란체스터가 1914년 1차 세계대전의 공중전 결과를 분석하면서 발견한 법칙이다. 강자는 막대한 물량을 아낌없이 동원하는 것이 피해를 최소화하면서 승리할 수 있는 길이다. 반면 약자는 정면대결을 피하고 틈새를 노려야 한다.

스타워즈 시리즈의 기나긴 여정을 마침내 마감하는 영화가 9편 〈스타워즈: 라이즈 오브 스카이워커〉다. 1977년 첫 개봉 이후 42년 간 선보인 9편의 스타워즈 시리즈는 시점상 '4-5-6-1-2-3-7-8-9'

의 순으로 이어진다.

J.J. 에이브럼스가 메가폰을 잡은 〈스타워즈: 라이즈 오브 스카이 워커〉는 다스 시디어스(팰퍼틴 황제)의 부활로부터 시작한다. 다스 베이더에 의해 최후를 맞았던 다스 시디어스가 되살아나 복수를 한다는 불길한 이야기가 은하계에 퍼지기 시작한다. 긴장한 저항군의 레아 공주는 정보를 모으기 위해 스파이를 보낸다. 반면 제국의 잔존 세력인 퍼스트오더의 최고지도자 카일로 렌은 자신의 자리에 위협을 느껴 다스 시디어스를 제거하러 떠난다. 제다이의 마지막 희망인 레이는 어둠의 부활을 막기 위해 카일로 렌과 다스 시디어스의 앞을 막아선다.

데스스타를 잃으며 저항군에 패했던 다스 시디어스가 복수를 위해 마련한 전략은 뭘까? 그는 자신을 제거하러 온 카일로 렌에게 말한다. "퍼스트오더는 시작일 뿐 나는 네게 아주 많이 주겠다." 다스 시디어스가 카일로 렌에게 보여준 것은 셀 수 없는 스타 디스트로이어 함대를 보유한 군단 '파이널오더'였다.

엄청난 물량으로 상대를 제압하는 전략을 군사용어로 '란체스터 법칙'이라고 한다. 란체스터 법칙은 영국의 항공공학 엔지니어인 프레데릭 윌리엄 란체스터(Frederick William Lanchester)가 1914년 1차 세계대전의 공중전 결과를 분석하면서 발견한 법칙이다. 한정된 자본을 어떻게 투자해야 하는지를 고민하던 경영학은 1960년대 란체스터 법칙을 받아들였다.

란체스터 법칙은 2가지가 있다. 먼저 란체스터 제1법칙(선형법칙)은 '전투는 공격량(병력수×무기의 성능)이 많은 쪽이 이긴다'이다. 즉

무기의 성능이 같다면 병력이 많은 쪽이 이긴다. 란체스터 제2법칙은 '군사력은 군사력의 제곱에 비례한다'이다. 즉 병력이 절반이라면 무기의 성능은 4배가 되어야 동등하게 싸울 수 있다는 뜻이다.

만약 아군 전투기 5대와 적군 전투기 3대가 맞붙는다면 아군 2대 (아군 5대-적군 3대)가 살아남게 될까? 란체스터의 법칙에 따르면 '4대' 다. 아군과 적군의 전력을 제곱한 뒤 빼면 16(아군 25-적군 9)이 나오고 제곱을 벗기면 4가 된다. 즉 시장점유율이 절반인 기업은 4배의 마케팅비용을 투입해야 시장에서 경쟁할 수 있다는 뜻이다.

란체스터 법칙에 따르면 강자는 막대한 물량을 아낌없이 동원하는 것이 피해를 최소화하면서 승리할 수 있는 길이다. 규모의 경제로 승부하고, 큰 시장에서 승부하며, 대규모 비용을 투입해 대형광고를 집행하는 것이 전략이 된다. 쿠팡은 매년 막대한 적자를 보면서도 전자상거래시장에 엄청난 자금을 계속 투입하고 있다. 물량을 퍼부어 경쟁자를 물리치면 이후 전자상거래시장을 장악할 수 있다는 전략적 판단을 갖고 있기 때문이다.

반면 약자의 입장에서는 힘이 부칠 때 절대로 정면대결을 해서는 안 된다. 미국 경제학자인 마이클 포터(Michael E. Porter)는 약자가 강자를 이기기 위해서는 싸움을 차별화하든가, 영업방식을 바꾸든가, 낮은 가격으로 승부하든가, 아니면 틈새시장을 개발하라고 밝혔다. 즉 약자는 경쟁자가 적은 블루오션에서 판을 벌리고, 니치마켓의 영역에 진출하며, 고객들과 적극적인 관계를 형성해 소통해나가는 전략을 취해야 한다. 특정지역에서 1등을 하거나, 특정상품에서 1등을 하거나 1등 거래처를 만드는 전략이 필요하다. 마켓컬리는 신선식품 새벽배송이라는 콘셉트로 거대 유통업체인 롯데쇼핑과 신세계가 장악한 시장을 파고들었다.

일본 후나이 컨설팅의 후나이 유키오(船井幸雄) 회장은 란체스터 법칙을 이용해 '시장점유율 8단계' 이론을 내놨다. 시장점유율 42% 면 향후 압도적으로 유리하고, 75%면 독점상태가 돼 안전하다. 2~3 위 업체라면 점유율이 26% 이상은 되어야 1위 업체와 싸울 수 있고, 1위 업체라도 19% 점유율이라면 안정이 됐다고 볼 수 없다. 시장에 영향을 주려면 11% 이상 점유해야 하며, 7% 이하라면 존재가치가 없다고 유키오 회장은 주장했다.

란체스터 법칙으로 볼 때 러시아의 우크라이나 침공은 실패가 예상된 전략이었다고 볼 수 있다. 러시아는 15만 명으로 우크라이나를 침공했는데, 우크라이나군(20만 명)보다 5만 명이나 적었다. 러시아는 세계 2위의 공군력을 갖고 있었지만 서방이 우크라이나를 지원하면서 공군력에서도 질적·수적 우세를 점하지 못했다. 오히려 서방의 경제제재로 전략물자 조달이 어려워지면서 전력은 더 약화됐다.

란체스터 법칙은 미군이 즐겨 쓰는 전술이다. 미국은 2차 세계대전 이래 모든 전쟁에서 압도적인 물량을 퍼부어 전세를 유리하게 이끌었다.

하지만 란체스터 법칙에도 한계는 있다. 우선 비대칭무기 앞에서는 적용하기 곤란해진다. 비대칭무기란 국가 간 군사적 비대칭을 유발할 수 있는 무기로, 소량으로도 효과적인 결과를 가져오는 무기를 말한다. 대표적인 비대칭무기가 핵과 화학무기다. 비대칭무기는 워낙 파괴력이 커서 수량만으로는 각국 간 전력비교가 무의미해진다. 북한이 기를 쓰고 핵을 보유하려는 이유가 재래식 무기만으로는 한국군과 미국군을 감당할 수가 없기 때문이다. 북한의 핵포기는 체제에 대한 완벽한 보장이 됐을 때나 가능한 일로 볼 수 있다.

란체스터 법칙을 극복하는 또 다른 방법은 게릴라전이다. 전체 대 전체가 아닌 개인 대 개인의 싸움으로 판을 바꾸면 전세를 흔들 수 있다. 베트남전쟁에서 베트남이 물량공세를 퍼붓는 미군에 취했던 전략이었다. 베트남은 낮에 미군이 폭격을 퍼부으면 피했다가, 밤이 되면 미군 부대를 기습했다.

영화에서 파이널오더에 맞선 저항군의 전략도 그랬다. 저항군은 기습을 통해 내비게이션 타워를 폭파해 적의 함대가 발진하지 못하도록 발을 묶었다. 그사이 전 은하계에서 응원군을 불러 수적 균형을 맞추는 전략을 썼다. 이제 어둠의 세력과 선한 세력의 마지막 전투가 엑사골 행성에서 벌어진다.

다양성이 힘이다

- 메디치효과

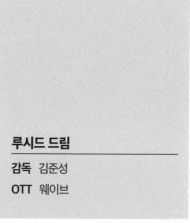

루시드 드림

감독 김준성

OTT 웨이브

▶ 메디치효과란 문학과 예술, 과학, 경영 등 서로 다른 영역의 지식이 결합해 창조와 혁신이 일어나는 것을 말한다. 15세기 대표적인 금융가문인 이탈리아 피렌체의 메디치 가문이 문화·철학·과학 등 전문가를 적극적으로 후원해 르네상스 시대를 활짝 연 데서 착안됐다.

자식을 잃은 부모가 겪는 아픔을 '단장(斷腸)의 고통'이라고 한다. 창자가 녹아 끊어질 정도로 아프다는 뜻이다. 생때같은 아이가 백주 대낮에 이유도 모르게 납치됐다면 어떨까.

김준성 감독은 루시드 드림을 떠올렸다. '루시드 드림'이란 자신이 꿈을 꾼다는 것을 알면서 꾸는 자각몽을 말한다. 루시드 드림은 렘수면 상태에서 잘 꾸는데, 이때는 뇌활동이 평소보다 활발해져 기억하지 못했던 것도 기억해낼 수 있다고 한다.

대호의 외아들 민우가 3년 전 놀이공원에서 납치되면서 영화 〈루시드 드림〉은 시작된다. 경찰수사도 지지부진한 상태지만 대호는 포기할 수 없다. 매일 1분 1초가 단장의 고통이다. 대호는 루시드 드림을 이용해 자신의 꿈속으로 들어가 단서를 찾기로 한다. 과학적으로 아직 증명되지도 않았고, 뇌혈관에 무리를 줄 수도 있지만 앞뒤를 잴 부모는 없다. 아들이 사라졌던 그날로 돌아간 대호는 꿈속에서 오른팔에 문신을 한 수상한 남자를 기억해낸다. 단서를 넘겨받은 형사 방섭은 그렇게 얻은 몽타주를 근거로 수사망을 좁혀간다.

루시드 드림은 1913년 네덜란드 정신과 의사 에덴(Frederik van Eeden)이 처음 사용한 용어로 알려져 있다. 이 꿈은 본인이 상상하는 대로 조작할 수 있어 만나고 싶은 사람을 만나고, 하고 싶은 일을 할 수 있다. 때문에 큰 충격을 받은 사람들이 종종 겪는 외상후스트레스장애(PTSD) 등을 치료하기 위한 심리요법으로 많이 연구되고 있다.

대호는 친구인 정신과 의사 소현의 도움으로 루시드 드림으로 들어가 용의자를 찾아낸다. 하지만 용의자는 2년 전 교통사고를 당해 식물인간 상태에 빠져 있다. 이번에는 용의자의 의식 속에 들어가 꿈을 공유하는 '공유몽'으로 추가단서 확보에 나선다. 뇌파를 맞추면 다른 사람의 꿈속에 들어갈 수 있다.

이처럼 뇌수면 과학을 이용해 미궁에 빠진 범죄를 해결하는 과정은 '메디치효과(Medici Effect)'와 닮았다. 메디치효과란 서로 다른 영역의 지식이 결합해 창조와 혁신이 일어나는 것을 말한다. 서로 다른 생각들이 한곳에서 만나면 그 교차점에서 혁신적인 아이디어가 폭발적으로 증가할 수 있다.

메디치효과는 프란스 요한슨(Frans Johansson)이 2004년 저서 『메디치 효과』에서 소개한 개념으로 15세기 대표적인 금융업자인 메디치 가문에서 착안했다. 이탈리아 피렌체의 메디치 가문은 문화·철학·과학 등 여러 분야 전문가를 적극 후원했다. 그 결과 철학자와 과학자, 수학자들이 협업할 수 있었고, 이들의 성과물은 르네상스시대를 열었다. 다빈치·미켈란젤로·단테·마키아벨리 등이 피렌체 가문의 후원을 받았다.

건축가 피어스(Mick Pearce)가 설계한 이스트게이트 쇼핑센터도 메디치효과의 사례로 종종 거론된다. 피어스는 아프리카 짐바브웨의 수도 하라레에 쇼핑센터를 설계하게 됐는데, 건물주는 에너지 비용을 아끼기 위해 에어컨을 사용하지 않는 건물을 지어달라고 부탁했다. 고민을 하던 그는 흰개미집을 떠올렸다. 지역출신이던 피어스는 흰개미들을 관찰할 기회가 많았고, 40도가 넘는 무더위를 흰개미들은 어떻게 견디는지 궁금했다.

그는 마침내 흰개미집은 바닥에 있는 구멍으로 신선한 공기가 들어오고, 탁해진 더운 공기는 위로 빠져나가는 구조라는 것을 발견하게 됐다. 또 곳곳에 통로가 있어 공기순환이 잘된다는 것도 발견했다. 이를 통해 흰개미집은 한여름에도 실내온도를 30도 내외로 유지하고 있었다.

피어스는 여기서 영감을 얻어 에어컨 없이도 서늘한 이스트게이트 쇼핑센터를 짓게 됐다. 태양열로 인해 건물이 뜨거워지면 뜨거워진 공기는 건물 위로 올라가고 위에 있던 찬공기는 아래로 내려오도록 했다. 뜨거운 공기가 배출될 수 있도록 건물 옥상에 많은 통풍 구멍을 뚫었고, 공기유입이 쉽도록 1층도 여러 개의 출입구를 냈다. 이런 독특한 구조로 인해 건물은 항상 24도 내외를 유지하도록 했다. 이 건물은 전력사용이 주변 건물의 10%에 불과했다. 이스트게이트 쇼핑센터는 이질적인 생물학과 건축학 지식을 융합해 혁신적인 설계를 만들어냈다.

2008년 LG생활건강은 기업의 경영 전반에 메디치 전략을 내세우면서 화장품에 식품 기술을 융합한 '숨37'을 출시해 대박을 터트렸다. 프랑스 보르도 와인의 이미지와 결합한 삼성전자의 '보르도 TV'도 메디치효과를 적용한 사례다. 인터넷과 카메라, MP3플레이어 등 전혀 다른 하드웨어를 통합하면서도 감성을 강조한 아이폰은 이동통신 분야에 신기원을 열었다.

메디치효과는 한 분야보다는 여러 분야의 사람들로 팀을 만들어야 성과를 기대할 수 있다. 때문에 요즘은 기업들이 전혀 다른 전공의 전문가들을 채용한 뒤 협업하도록 하는 경우도 흔하다. 빅데이터가 기반이 되는 4차 산업혁명 시대에는 메디치효과의 중요성이 더욱 커지고 있다. 데이터 리터러시(데이터를 목적에 맞게 활용할 수 있는 능력)는 어느 하나의 학문을 고집해서는 불가능하다.

메디치 가문이 예술가를 지원한 것처럼 요즘은 기업들이 예술가를 지원한다. 이런 프로그램을 '메세나(Mecenat)'라고 한다. 메세나는 프랑스어로 로마제국의 아우구스투스 황제의 대신이자 정치가·외교관·시인이었던 가이우스 마이케나스(Gaius Cilnius Maecenas)가 당대 예술가들을 적극적으로 후원해 문화예술을 꽃피운 데서 유래했다.

메디치효과는 국가경쟁력에도 영향을 미친다. 미국이 한 세기가 다 가도록 글로벌 패권을 유지하는 이면에는 '멜팅포트'로 불리는 인종적 다양성을 유지한 결과일 수도 있다. 민주주의와 자본주의에서 다양성은 그 자체로 힘이다. 다양한 인종과 문화, 언어, 생각은 혁신적인 아이디어를 만들어낼 수 있다. 인구감소를 현실의 문제로 마주하게 된 한국사회도 이민자 정책을 어떻게 가져갈 것인지에 대해 진지한 논의를 시작해야 한다. 단순히 부족한 인구를 메꾸기 위한 인구대책으로서가 아니라 국가경쟁력을 한 단계 높이기 위한 전략으로 말이다.

자각몽을 소재로 한 대표적인 영화로 2010년 개봉된 크리스토퍼 놀런 감독의 〈인셉션〉이 있다. 영화 〈인셉션〉은 개봉 10주년을 맞은 2020년 재개봉되기도 했다. 주연을 맡았던 리어나도 디캐프리오는 "나는 아직도 (이 영화를) 잘 모르겠다"고 말했다. 꿈의 세계는 생각보다 난해하다.

38

저건 나의 일이 아니다

- 사일로효과

걸캅스

감독 정다원

OTT 왓챠, 웨이브, 쿠팡플레이, 티빙

▷ 사일로효과란 부서 간 칸막이로 협업이 이뤄지지 않는 것을 말한다. 사일로란 곡식이나 시멘트, 자갈, 광석, 화학제품, 가스 등을 저장하는 원통형의 창고다. 격벽이 가로막고 있어서 내용물이 서로 섞이지 않는다. 혁신기업 소니가 몰락한 이유로 사일로효과가 꼽힌다.

영화는 때로 현실을 반영한다. 현실은 관객의 공감을 끌어내기 쉽다. 정다원 감독의 〈걸캅스〉는 디지털 성범죄, 클럽 내 약물 강간, 여성경찰 등 요즘 신문에서 자주 접하는 익숙한 소재를 담고 있다. 그래서 낯설지는 않지만, 맘놓고 웃기에도 마음이 편치만은 않다. 소재가 주는 무게 때문이다.

〈걸캅스〉는 제작사가 배우 라미란을 주인공으로 한 영화를 만들고 싶어 공을 들인 작품으로 알려져 있다. 라미란으로서는 〈친절한 금자씨〉로 데뷔한 이래 40여 편 만에 주연한 첫 작품이 됐다.

전설의 기동대 형사 미영(라미란 분)은 민원실로 밀려나 있다. 결혼과 출산에 따른 경력단절은 그도 피할 수 없었다. 이곳에 과잉진압으로 징계를 받은 강력반 사고뭉치 형사 지혜가 합류한다. 어느 날 민원실에 한 여대생이 찾아온다. 그녀는 겁에 질려 있다. 알고 보니 48시간이 지나면 그녀의 동영상이 인터넷 사이트에 뿌려진다.

걸크러시(여성이 다른 여성을 동경하는 현상) 콤비인 미영과 지혜는 강력반에 협조를 요청하지만 퇴짜를 맞는다. 살인과 같은 강력사건이 많은데 그런 데까지 신경을 쓸 이유가 없다는 것이다. 사이버범죄수사대와 여성청소년계도 찾는다. 한 여성의 생명이 달린 중대한 문제라고 호소하지만 "이런 사이트, 만 개가 넘는다"는 핀잔만 듣는다.

미영은 말한다. "이 사건 우리가 치자. 우리밖에 없어!" 물론 비공식 수사다. 민원실 동료인 장미 주무관에게 도움을 청한다. 그녀는 국정원 댓글부대 출신의 해커다. 그러나 민원실장이 이들을 탐탁히 볼 리 없다. "그거 저희 부서 일 아닌데요?"

조직이 자주 빠지는 함정으로 '부서 이기주의'가 있다. 경영학에서는 부서 간 칸막이로 협업이 이뤄지지 않는 것을 '사일로효과'라고 한다. 사일로란 곡식이나 시멘트, 자갈, 광석, 화학제품, 가스 등을 저장하는 원통형의 창고다. 격벽이 가로막고 있어서 사일로 안에 든 내용물은 서로 섞이지 않는다. 사일로효과는 조직 내 독립성이 강하거나 협업 시스템이 부족할 때, 혹은 조직 내 경쟁이 과도할 때 발생할 수 있다.

저서 『사일로 이펙트』를 쓴 질리언 테트(Gillian Tett)는 혁신기업 소니가 몰락한 이유로 사일로효과를 꼽는다. 직원 수 16만 명에 사업영역을 워크맨, TV, 컴퓨터, 주택보험, 영화 등으로 확대하면서 소니는 19개 사업부를 별도의 독립회사처럼 운영하는 '컴퍼니 제도'를 도입했다. 하지만 부서 간 소통이 막히면서 소니의 역량을 한데 모으는 데 실패한다. 예컨대 디지털 음악이 생겨나던 시기에 소니뮤직 사업부는 음반과 CD판매량이 줄어들까봐 소비자가전부와의 협업을 거부했다. '35개의 전자기기에 35개의 충전기'는 소니의 사일로효과를 상징적으로 표현해준다.

2007년 글로벌 금융위기도 사일로효과가 주요 원인을 제공했다고 저자는 주장한다. 대형은행의 금융트레이딩 팀들은 같은 회사 내에서도 다른 팀이 무슨 일을 하는지 몰랐고, 중요한 정보가 사내에 제때 전달되지 못했다. 위기가 시작됐을 때 글로벌 금융기관이던 UBS조차도 그동안 신나게 팔았던 부채담보부증권(CDO)을 제대로 아는 사람이 없었고, 결국 막대한 손실을 봐야 했다.

사일로효과는 생각보다 만연해 있다. 과거 취업포털 사람인에서 직장인 622명을 대상으로 한 설문조사를 보면 '부서 간 장벽을 느꼈다'고 답한 사람이 10명 중 9명이나 됐다. 비교적 젊은 조직인 스타트업에서도 사일로효과는 심각했다. 한경잡앤조이가 스타트업 CEO 90명을 대상으로 설문조사를 벌인 결과 '사내 사일로현상이 있나'

라는 질문에 '있다'라는 답변이 70%나 됐다. '파괴적 혁신(Disruptive Innovation)' 이론을 만든 클레이튼 크리스텐슨(Clayton M. Christensen) 하버드 경영대학원 석좌교수는 "부서 이기주의야말로 내부 역량 결집을 통해 나올 수 있는 혁신을 가로막는 가장 큰 장애 요인"이라고 말했다.

그렇다면 사일로효과는 왜 일어나는 것일까? 먼저 '조직의 생리'에서 원인을 찾을 수 있다. 원래 조직은 목표를 달성하기 위해 만든 것이지만 일단 생기고 나면 생존을 위해 움직인다. 내가 일하는 조직이 사라지는 것은 누구나 피하고 싶어한다. 설사 새로운 조직으로 출발이 보장돼 있다고 하더라도 기존 조직에서의 기득권을 잃을 수 있고, 새 조직에 적응해야 하는 불편함이 생기기 때문이다. 조직은 다른 부서를 견제하고 영향력을 강화하려는 쪽으로 움직이는데, 이때 타 부서와의 협업이 가로막히게 된다.

또 하나는 '사내경쟁'이다. 많은 기업들이 높은 성과를 얻기 위해 부서 간 경쟁을 시키는데, 서로 간 경쟁이 과열되다 보면 부서 간 협업은 꺼려진다. 단기성과주의에 금전적 보상이 주어지면 더욱 그렇다. 극단적인 경우 사내경쟁에서 이기기 위해 사내 다른 조직이 외부조직에 패하는 것을 모른 체할 수도 있다.

'기업의 성장이 둔화'된 것도 사일로효과를 키우고 있다. 과거와 달리 투입되는 자금과 인력이 한정적이다. 각 조직이 이를 놓고 경쟁을 벌이게 되는데, 이때 부서 간 협력보다는 부서 이기주의가 강화될 유인이 크다.

제너럴 일렉트릭(GE)의 잭 웰치(Jack Welch) 회장은 조직의 사일로효과를 혐오했다. 그는 "사일로는 악취를 풍긴다"며 "자신의 회사가 번창하고 성장하기를 원하는 조직원이라면 당연히 사일로를 증오해야 한다"고 말했다. 그러면서 "사일로는 속도를 죽이고, 아이디어를 죽인다"고 말했다. 잭 웰치와 그의 아내 수지(Suzy Welch)가 쓴 저서 『잭 웰치의 마지막 강의』에 나오는 이야기다.

GE는 사일로효과를 극복하기 위해 '워크아웃 타운미팅' 제도를 도입했다. 마을회의를 하듯 다양한 부서 직원들이 참가해 자유로운 토론을 거쳐 문제점을 해결하는 방식이다.

LG경영연구원은 「부서 이기주의, 갈 길 바쁜 기업 발목 잡는다」라는 제목의 보고서를 통해 사일로효과를 극복하기 위해서는 부서 간의 이기주의가 심하면 그 원인이 무엇인지에 대해 정확하게 파악하고, 과도한 부서 성과주의를 점검하며, 인력순환 배치 등 인사제도를 보완해야 한다고 제안한다. 결국 사일로효과는 구성원들에게 협력의 문화를 강조하는 것만으로 치유가 어렵고, 조직차원의 관리와 대안이 필요하다.

다시 영화로 가보자. 사건의 심각성을 뒤늦게 인지한 경찰은 협동체제로 바꾼다. 민원실과 교통계가 합심해 CCTV로 용의자의 동선을 파악하고, 강력계는 이들을 검거하러 나선다. 사일로효과를 무너뜨린 결과는? 일망타진이다!

동시다발적인 악재, 수성이냐 공멸이냐?

- 칵테일위기

안시성

감독 김광식

OTT 넷플릭스, 웨이브

▷ 칵테일위기란 동시다발적으로 여러 악재들이 뒤섞여서 일어나는 현상을 말한다. 다양한 술을 혼합해 마시는 칵테일처럼 다양한 위기가 뒤섞여서 밀려올 때 쓰는 용어다. 칵테일위기의 다른 이름이 '복합위기'다. 영어권에서 많이 쓰는 '퍼펙트 스톰'도 유사한 표현이다.

고구려에 대한 역사적 기록은 많지 않다. 한반도의 승자 신라와 중국 대륙의 승자 당은 패자의 역사를 남겨놓는 데 인색했다. 하지만 고구려가 위대했다는 데 토를 달기는 어렵다. 고구려는 수와 당에 맞서 수차례 승리를 거둔 동북아시아 강국이었다. 안시성전투는 그중 하나다. 얼마나 극적이고 통쾌한 전투였던지 공식적인 기록 없이 입에서 입을 거쳐 천 년 동안 구전돼왔다. 조선후기 문신인 송준길은 『경연일기』(1699)에서 '현종이 안시성주의 이름이 누구냐고 묻자 송준길이 답하기를 양만춘이며 이세민의 군대를 맞이해 능히 막아냈다. 옛날 부원군 윤근수가 중국에서 (이런) 기록이 있다는 것을 들었다고 했다'고 적었다.

김광식 감독의 〈안시성〉은 서기 645년의 안시성과 양만춘을 되살려냈다. 남아 있는 단 3줄의 기록을 바탕으로 한다는 점에서 영화 〈안시성〉은 '역사'의 복원이라기보다 '스토리'의 복원에 가깝다. 5,000명으로 20만 명의 공격을 88일간 막아냈다는 설정도 영화적 상상력이 많이 가미됐다.

당 태종 이세민과의 일전을 앞둔 안시성의 상황은 최악이었다. 고구려에서는 연개소문이 왕을 죽이고 대막리지가 돼 전권을 잡았다. 연개소문은 자신의 소집에 응하지 않은 안시성을 반역의 땅으로 규정했다.

이세민은 왕을 내몬 연개소문을 친다는 명분으로 안시성을 공격한다. 20만 대군은 투석기, 공성탑, 운제 등 성을 단번에 박살낼 만한 엄청난 무기들로 무장돼 있다. 기가 질린 안시성 주민들에게 양만춘이 외친다. "어떤 놈이 내 소중한 것을 짓밟고 빼앗으려 할 때는 목숨을 걸고 싸워야 한다. 지금이 그때다."

고립무원인 안시성의 상황은 '칵테일위기'다. 칵테일위기란 동시다발적으로 여러 악재들이 뒤섞여서 일어나는 현상을 말한다. 다양한 술을 혼합해 마시는 칵테일처럼 다양한 위기가 뒤섞여서 밀려올 때 쓰는 용어다.

조지 오스본(George Osborne) 전 영국 재무장관은 2016년 신년 기자회견에서 "위험한 칵테일위기(Dangerous Cocktail Threat)가 다가오고 있다"며 글로벌 경제상황을 우려했다. 당시 중국 증시 폭락, 미국 금리 인상, 사우디아라비아와 이란의 국교단절, 북한의 수소폭탄 실험 등이 동시에 터지며 신년 글로벌 경제가 위축됐다.

안시성은 중앙정부인 고구려의 도움은커녕 밀정을 걱정해야 할 판이다. 도움을 청할 주변 성들은 이미 무너졌다. 성은 좁고 전투병은 많지 않다. 고구려 신녀는 고구려의 멸망을 점친다. 어느 것 하나 좋은 게 없는 상황이다. 하지만 안시성은 기적적으로 승리를 거둔다. 그 배경엔 철저한 사전대비와 내부단결이 있었다. 양만춘은 성을 튼튼히 쌓고, 다양한 전술을 마련해뒀다. 여기에 양만춘의 뛰어난 리더십과 성을 지키겠다는 주민들의 일치된 힘이 더해지면서 전쟁의 신 당 태종의 공격을 막아냈다.

칵테일위기의 다른 이름이 '복합위기'다. 코로나19 이후 고물가, 고금리, 고환율 등 3고가 밀려오고 미·중 무역분쟁에 러시아의 우크라이나 침공까지 이어지면서 세계가 복합위기에 빠졌다는 분석이 많이 나온다. 경기침체를 막기 위해 금리를 내리자니 물가가 천정부지고, 물가를 잡기 위해 금리를 올리자니 경기침체가 우려된다. 특히 금리 인상은 가계부채 부담을 키워 내수를 더 빠르게 위축시킨다. 고환율을 막기 위해서는 달러를 써야 하는데, 무역수지 적자라 외환보유고를 함부로 손댈 수도 없다. 2022년 6월 추경호 부총리

겸 기획재정부 장관은 "복합위기가 시작됐고, 더 심각한 것은 이런 상황이 당분간 진정되지 않고 계속될 것이라는 전망이 우세하다"고 말하며 어려움을 토로했다.

영어권에서 많이 쓰는 '퍼펙트스톰'도 칵테일위기, 복합위기와 유사한 표현이다. 퍼펙트스톰은 둘 이상의 태풍이 충돌해 그 영향력이 폭발적으로 커지는 현상을 의미하는 기상용어다. 최근에는 개별적인 나쁜 상황들이 겹쳐서 최악의 상황으로 치닫는 것을 퍼펙트스톰이라고 부른다.

2022년 9월 현대경제연구원은 「세계경제, 퍼펙트스톰 오는가? 글로벌 5대 리스크 요인의 방향과 시사점」이라는 보고서에서 STORM의 알파벳 머리글자를 딴 키워드 5개를 소개하기도 했다. 우선 S는 'Stagnation(침체)'으로, 세계경제가 침체 가능성이 있다고 봤다. T는 'Trade War(교역 전쟁)'로, 미국과 중국의 외교·경제 갈등으로 촉발된 글로벌 공급망과 교역이 단절된 상황을 의미한다. O는 'Oil Shock(오일쇼크)'로, 배럴당 100달러가 훌쩍 넘었던 고유가 상황이다. R은 '러시아(Russia)의 우크라이나 침공'을 의미하는데, 이 전쟁으로 인해 유로존의 에너지가격이 치솟으면서 고물가와 경기침체가 심화되는 상황을 뜻한다. M은 'Monetary Policy(통화정책)'의 약자로, 미국 연방준비제도의 공격적인 통화정책, 즉 가파른 금리 인상을 의미한다.

2021년 온라인 주식 중개 업체 테이스티웍스의 톰 소스노프 공동 창업자는 《파이낸셜타임스》와의 인터뷰에서 "인플레이션이 약 40년 만에 최고치로 뛰었고, 자산가격은 한계 수위까지 올랐으며, 시장금리도 오르는 추세"라며 "말 그대로 퍼펙트스톰"이라고 말했다. 그의 우려대로 이듬해인 2022년 미국 증시는 30% 가까이 폭락했고, 부동산가격도 큰 폭으로 떨어졌다.

한국경제에 '칵테일위기'가 닥쳐오고 있지만 1997년, 2008년과는 다른 것도 있다. 4,000억달러에 달하는 외환보유액, 7,000억달러에 달하는 대외순자산, 높은 국가신용등급, 두 번에 걸친 위기에서 축적된 경험 등이다. 이제 중요한 것은 정부의 리더십이다. 가계와 기업들에게 위기를 극복할 수 있다는 믿음을 주면서 위기에 함께 대처할 수 있도록 해야 한다.

하지만 김용범 전 기획재정부 차관은 "1997년 외환위기 때 금을 모아서 나라를 구하자고 나섰던 국민들이 이번에는 한국물을 팔고 떠나는 외국인보다 더 맹렬한 기세로 달러를 사들이기에 바쁘다"며 "당국이 외환 수급을 점검해보고 유출 요인을 최소화할 방법을 백방으로 찾는 비장한 인식과 움직임이 있어야 내국인도 당국의 방어능력을 믿고 달러 사재기를 자제할 것"이라고 말했다. 두 번의 위기에서 위기에 빠진 국민을 돕지 않았던 정부의 안이함이 각자도생의 분위기로 만들었다는 우려가 많다.

그러나 나만 살겠다고 뛰어내려서는 국가도, 개인도 살아남기 힘들다. 칵테일위기 혹은 복합위기 혹은 퍼펙트스톰을 맞아 민·관이 어떻게 대처하느냐에 따라 이번 공성전은 승리로도, 패배로도 끝날 수 있다. 천 년 전 안시성이 우리에게 주는 교훈은 그것이다.

쿵쾅쿵쾅 코뿔소가 보이지 않을 때

- 회색 코뿔소

돈 룩업

감독 아담 맥케이

OTT 넷플릭스

▷ 회색 코뿔소란 모두가 알고 있으며, 충분히 경고가 미리 되었음에도 간과하고 있는 잠재적 리스크를 말한다. 덩치가 큰 코뿔소가 달려오는 것을 알고는 있었지만 이런저런 이유로 적절한 대처를 하지 않고 방치했다가 결국 큰 사고를 당하는 것을 빗댔다.

'정확히 6개월 14일 후 공룡을 멸종시킨 것보다 더 큰 혜성이 지구와 충돌한다. 혜성은 거대한 쓰나미를 일으키고 지구의 모든 좋은 멸망한다. 혜성의 궤도를 틀지 못한다면 모두 끝장이다. 절체절명의 순간, 그러나 방법이 없는 것은 아니다. 인류가 발전시킨 과학이 있다. 대비할 시간도 충분하다. 대통령은 긴급히 전문가들을 불러모아 중지를 모은다. 영웅 몇 명이 고귀한 희생을 하고 인류는 지구를 구한다…'

이 시나리오가 우리가 상상하는 혜성충돌 위기에 대처하는 인류의 모범답안이다. 영화 〈아마겟돈〉에서는 브루스 윌리스가 희생해 지구를 지켜낸다. 마이클 베이 감독이 메가폰을 잡았던 1998년에는 그랬다. 하지만 아담 맥케이 감독은 2022년은 다를 수 있다고 생각한다. 뻔히 알고 있고, 대응할 수 있는 여력이 있는데도 재앙을 막지 못할 수 있다고 말이다. 극단적인 진영주의와 이기주의, 그리고 천박한 자본주의는 지구를 구하는 데 관심이 없다. 영화 〈돈룩업〉이 보여주는 세계관은 슬프지만, 현실적인 블랙코미디다.

넷플릭스의 오리지널 드라마로 공개된 〈돈룩업〉은 이른바 '개념' 있는 배우들이 대거 출동했다. 환경·인권·여성·난민 문제에 관심을 기울여온 할리우드 스타들을 한데 모았다고 해도 과언이 아니다. 리어나도 디캐프리오가 천문학자 민디 박사 역을, 제니퍼 로런스가 혜성을 발견한 대학원생 케이트 역을 맡았다. 메릴 스트립은 미국 올린 대통령 역을, 케이트 블란쳇은 TV쇼 진행자인 브리 역을 열연했다.

이 영화에는 정치적 메시지가 있다. 아담 맥케이 감독은 "지구로 날아오는 혜성은 기후변화를 의미한다"고 말했다. 기후변화라는 명백한 지구적 위기가 다가오지만 정치인, 언론, 기업인들이 각기 다른 생각을 가지며 악용하려는 파멸적인 모습을 블랙코미디로 엮어냈다는 것이다.

혜성이 지구에 충돌할 확률은 100%다. 게다가 6개월 14일이라는 날짜까지 정확히 계산해냈다. 하지만 인류는 끝내 혜성충돌을 막아내지 못한다. 올린 대통령은 중간선거에 도움이 안 된다며 경고를 무시했다. 지지율이 폭락하자 부랴부랴 민디 박사 일행을 찾지만 진정성은 없다. 미디어는 자신들의 시청률을 올리기 위해, 거대기업 CEO는 혜성에 있다는 희귀광물에 욕심을 내면서 혜성의 진로를 바꾸지도 못하고, 파괴하지도 못한 채 시간만 흘러간다.

혜성은 결국 태평양에 떨어지고, 거대한 쓰나미가 지구를 휩쓴다. 모두가 알고, 충분히 경고가 되었음에도 간과하고 있는 잠재적 리스크를 경제학에서는 '회색 코뿔소(Gray Rhino)'라고 부른다.

회색 코뿔소는 미국의 싱크탱크인 세계정책연구소 미셸 부커(Michele Wucker) 소장이 2013년 다보스포럼에서 처음 제기한 개념이다. 2t 무게의 코뿔소가 멀리서 빠른 속도로 육중한 몸을 흔들고 다가오면 모를 수가 없다. 엄청난 몸집은 눈에 쉽게 띌뿐더러, 보고 있지 않았더라도 육중한 무게 때문에 발밑으로 진동이 느껴진다. 덩치가 크면 클수록 그 신호는 더 세진다. 하지만 이를 무시하다가 코뿔소가 결국 나에게 들이닥치고, 결국 피하지 못해 큰 사고를 당하는 것에 빗댄다.

미셸은 저서 『회색 코뿔소가 온다』에서 "사람들이 뻔히 보이는 위기를 알아채지 못하는 것은 심리적 요인과 외부적 요인이 함께 존재하기 때문"이라고 설명했다. 심리적 문제로는 인간의 본성과 조직·사회제도에서 찾는다. 인간의 본성과 조직·사회제도는 현상을 유지하고 밝은 미래를 선호하도록 설계돼 있어 어려운 문제가 닥치면 미적거리며 문제를 회피하려 든다는 것이다. "무슨 큰일 있겠어"라며 근거 없는 낙관론도 편다.

영화 속 올린 대통령은 에베레스트산만 한 혜성이 태평양에 떨어질 수 있다는 민디 박사의 경고를 듣자 조롱하듯 되묻는다. "파도가 칠까요?" 이를 보다 못한 민디 박사와 케이트가 '룩업' 캠페인을 편다. 그러자 올린 대통령은 '돈룩업' 캠페인으로 맞선다. 대통령의 강력한 메시지에 "혜성이 없다"는 여론이 갈수록 높아진다. 그사이 회색 코뿔소는 이만큼 다가왔다.

회색 코뿔소는 왜 생겨나는 것일까? 외부적 요인으로는 단기적 성과 선호현상을 꼽는다. 단기성과를 강조하면 미래를 내다본 장기적인 리스크 관리가 쉽지 않다. 그저 내 임기에만 터지지 않으면 된다. 중간선거까지는 3주가 남았다. 하지만 혜성은 6개월하고도 14일 후 다가온다는 '나쁜 소식'은 중간선거의 악재가 될 수 있다. 올린 대통령은 결론을 내린다. "그 전에 말이 퍼지면 하원에서 질 거고 그럼 우리도 손 못 써요. 일단 지금은 기다리면서 상황을 지켜봅시다."

미셸은 회색 코뿔소가 돌진해 올 때 들이받히지 않는 방법으로, 무엇보다 코뿔소가 존재한다는 것을 인정해야 한다고 말했다. 이어 코뿔소의 성격을 규정하고, 실행 가능한 작은 변화를 단계적으로 시도해야 한다고 밝혔다. 무엇보다 문제를 책임지는 사람이 돼야 한다고 강조했다.

회색 코뿔소는 2018년 미국언론과 중국언론이 중국의 부채문제를 경고하면서 널리 알려졌다. 《뉴욕타임스》《월스트리트저널》 등은 향후 중국은 성장률이 아니라 신용위기라는 회색 코뿔소에 주의

해야 한다고 밝혔다. 누구나 중국의 부채문제가 심각하다는 것을 잘 알고 있으면서도 워낙 그 규모가 크고 연루된 곳이 많아 대처하기 쉽지 않다는 이유에서다. 국제통화기금(IMF)에 따르면 2008년 6조 달러였던 중국의 비금융 부문 총부채는 2016년 말 28조달러로 5배 가까이 증가했다. 중국의 국내총생산(GDP) 대비 총부채 비율도 같은 기간 140%에서 260%로 2배가량으로 상승했다.

한국경제에도 회색 코뿔소가 존재한다. 고승범 금융위원장은 2021년 신년 경제금융전문가 간담회에서 "멀리 있던 회색 코뿔소가 바짝 다가오고 있다"며 "미국 연방준비제도(Fed)의 자산매입 축소(테이퍼링) 가속화와 코로나19 팬데믹 상황, 중국 경기둔화, 미·중 갈등 등의 이슈가 올해 한국경제와 금융시장에 막강한 영향을 미칠 것"이라고 말했다.

급증하는 국가부채와 가계부채는 한국경제의 회색 코뿔소다. 특히 GDP 대비 100%를 넘긴 가계부채는 주요국 중에서도 매우 높다.

영화에서 민디 박사는 가족들과 함께 마지막 만찬을 담담히 든다. 같이 우주로 탈출하자는 대통령의 제안도 거부한다. TV도 껐다. 더 이상 어떠한 말도 믿기 어렵다. 민디 박사는 술잔을 들며 덤덤하게 말한다. "내가 감사하는 건 우리가 노력했다는 겁니다."

비난과 구설도 홍보를 위해서라면?

- 의존효과

위대한 쇼맨
_____

감독 마이클 그레이시

OTT 디즈니+, 웨이브, 티빙

▶ 의존효과란 소비자들이 자신의 필요에 의해서가 아니라 생산자의 광고에 자극받아 적극적으로 재화를 소비하는 현상을 말한다. 의존효과로 인해 민간 부분의 재화와 서비스는 과잉공급되고 과잉소비된다. 반면 공공재는 과소공급되고 과소소비된다.

 무려 180여 년 전에 자신의 직업을 '쇼맨'이라고 밝힌 남자가 있다. 고단했던 산업혁명의 시대, 일에 찌든 사람들에게 웃음을 찾아주고 돈을 번다는 발상에 은행은 "너무 무모해서 대출해줄 수 없다"

는 답을 주던 시절이었다. "땅콩을 판다(싸구려 볼거리를 제공한다)"며 무시하는 상류층의 비웃음 앞에서도 그는 자신이 쇼맨임을 자랑스러워했다.

"당신이 팔아먹는 건 다 가짜잖아요?"

"이 미소도 가짜 같습니까? 관객이 느끼는 즐거움은 진짭니다."

자신을 끊임없이 혹평하는 비평가 앞에서도 늘 당당하던 그의 이름은 피니어스 테일러 바넘(Phineas Taylor Barnum, 이하 바넘)이다. 미국 쇼 비즈니스의 개척자로 일컬어지는 인물이다.

마이클 그레이시 감독이 메가폰을 잡은 뮤지컬 영화 〈위대한 쇼맨〉은 엔터테인먼트 산업 시대를 열어젖힌 바넘의 인생을 모티브로 했다. 가난한 재단사의 아들로 태어난 바넘은 열정적인 구애 끝에 신분을 넘어선 사랑을 쟁취했으나 현실은 여전히 고단하다. 다행히 그에게는 특기가 있다. 풍부한 상상력과 이를 스토리텔링으로 엮는 능력이다.

바넘은 1841년 뉴욕 브로드웨이의 한 모퉁이에 있는 허물어져가는 박물관을 인수한다. 그러고는 '바넘의 아메리칸 뮤지엄'이라는 간판을 단다. 바넘은 이곳에서 기괴한 것을 대중에 보여주는 '프릭쇼(Freak Show)'를 시작한다. 왜소인, 턱수염이 난 여인, 키가 엄청 큰 남자, 온몸에 문신을 한 사나이, 공중곡예는 대중의 호기심을 자극하기에 충분했다. 그리고 프릭쇼는 그에게 흥행과 비난을 동시에 안겨준다.

수많은 윤리적·도덕적 논쟁과 함께 저질, 사기꾼이라는 비난에도 개의치 않던 바넘이지만 B급 연출가에서 벗어나고 싶은 욕구만은 분명했다. 그는 촉망받는 주류 연출가인 칼라일을 영입하고, 스웨덴의 유명 오페라 가수 제니 린드의 미국 전국 투어를 성사시키며 한때 주류세계로 진입한다.

하지만 인생사 호사다마다. 부와 명예를 얻자마자 달라진 그의 모습에 가족들이 떠난다. 화재로 극장이 전소되는 사고까지 더해진다. 모든 것을 잃은 순간, 그는 이동식 천막공연을 생각해낸다.

바넘은 쇼맨이면서 저자, 출판업자, 정치가 그리고 자선사업가였다. 그중에서 그를 세계적으로 유명하게 만든 것은 서커스였다. 1871년 시작한 '바넘 앤 베일리 서커스'는 '지상 최고의 쇼'라 불리며 세계 최고의 서커스로 성장한다. 링링 브라더스에 인수·합병되면서 1919년부터는 '링링 브라더스 앤 바넘 앤 베일리 서커스(Ringling Bros. and Barnum & Bailey)'라는 명패로 전 세계를 찾아갔다. 2017년 5월 마지막 공연을 할 때까지 무려 146년간 전 세계를 돌아다녔다. 우리 역사로는 조선 고종 9년부터 문재인 대통령 취임까지의 시기다.

바넘은 "이 시간에도 대중은 속기 위해 태어난다(There's a sucker born every minute)"라는 유명한 말을 남겼다. 그는 대중을 속이기 위해 홍보와 광고를 이용했다. '지상 최대의 쇼' '평생 단 한 번뿐인 기회' '믿을 수 없는 특별한 할인가' '폐업 대방출' 등의 홍보를 한 원조가 바넘이라고 광고학자 제임스 트위첼(James B. Twitchell)은 말한다.

광고는 소비욕구를 자극한다. 존 갤브레이스(John K. Galbraith)는 저서 『풍요한 사회』에서 소비가 광고에 영향을 받는 현상을 '의존효과'라고 이름 붙였다. 의존효과는 소비자는 자신의 필요나 욕구에 의해서가 아니라 생산자의 광고와 선전에 자극을 받아 의존적으로 재화를 소비한다고 본다. '광고가 욕망을 만들고 수요를 창출한다' 는 개념은 소비자가 주체적으로 소비활동을 한다는 고전경제학의 전제와 대치된다.

갤브레이스는 의존효과로 인해 민간 부분의 재화와 서비스가 과잉공급된다고 봤다. 개인은 굳이 필요 없는 물건까지 소비하면서 과잉소비하게 된다. 반면 꼭 필요한 공공재는 과소공급되고 과소소비된다. 갤브레이스는 저서 『경제의 진실』에서 '소비자주권' '소비자가 왕' 등의 표현은 우리 사회에 만연한 사기 중 하나라고 주장한다. 현실적으로는 기업들이 독과점과 광고, 프로모션 등을 통해 가격과 수요를 결정하고, 이 비용을 소비자에게 전가시킬 뿐 소비자가 결정할 권한은 실제적으로 존재하지 않는다는 것이다.

바넘은 자신에 대한 비난과 구설마저도 홍보에 이용했다. 자신을 비난하는 기사를 오려 오면 50%를 할인해줬다. '노이즈마케팅'의 시작이었던 셈이다.

바넘의 삶이 파격적이고 드라마틱했던 만큼 그에 대한 평가도 엇갈린다. 돈을 벌기 위해 장애인과 흑인, 동물을 이용했다는 비난을 받는데, 이들에게 적절한 금전적 보상을 해줬으며 인종적 학대를 하지 않았다는 반박도 있다. 바넘은 링컨의 노예 해방을 지지하며 민주당에서 공화당으로 당적을 바꾸기도 했다. 때문에 영화 또한 '바넘을 너무 미화했다'는 불편한 시각과 '쇼 비즈니스를 만든 공로를 인정해야 한다'는 긍정적 시각이 공존한다.

휴 잭맨이 주연한 영화 〈위대한 쇼맨〉은 음악과 화려한 볼거리만으로도 가치가 있는 작품이다. 이런저런 논란은 사가들에게 맡기고 영화 OST인 'This is me' 'Never enough' 'The greatest show' 등을 즐겨보자. 속이 뻥 뚫리면서 눈과 귀가 충분히 행복해졌다면 됐다. 그것이 바로 바넘의 쇼 철학이었으니까.

바넘은 "다른 사람들을 행복하게 하는 것이 진정한 예술이다"라는 말을 남겼다. 경영학의 대가 피터 드러커(Peter Drucker)는 "비즈니스의 시작과 끝은 고객과 함께다"라고 말했다. 고객 감동을 가장 중요한 가치로 내세웠던 바넘은 100년을 앞서간 기업인이었다.

가족이 인질이 되는 이유
- 미니멈의 법칙

미션 임파서블: 폴아웃

감독 크리스토퍼 맥쿼리
OTT 넷플릭스, 웨이브, 티빙

▷ 미니멈의 법칙이란 모든 조건이 다 충족되더라도 가장 부족한 조건에 맞춰 능력이 결정된다는 이론이다. 쇠사슬의 강도는 가장 강한 고리가 결정하는 것이 아니라 약한 고리가 결정한다. 때문에 미니멈의 법칙은 '약한 고리 이론'으로도 불린다. 약한 고리 개념을 대중화한 사람은 블라디미르 레닌이다.

'친절한 톰아저씨', 톰 크루즈는 한국에서 이렇게 불린다. 2022년 〈탑건: 매버릭〉 홍보를 위한 방한까지 한국에 10번이나 왔다. 어느 할리우드 스타보다 잦은 방한에 '프로내한러'라는 별칭도 생겼다.

톰 크루즈가 한국에 공을 들이는 데는 이유가 있다. 한국은 그가 주연한 〈미션 임파서블〉의 가장 뜨거운 시장 중 하나다. 미션 임파서블 시리즈 6편인 〈미션 임파서블: 폴아웃〉은 전 세계 최초로 한국에서 개봉했다.

1962년생 톰 크루즈는 한국나이로 예순이 넘었다. 그의 질주는 언제 멈출까? 톰 크루즈가 주연으로 출연하는 〈미션 임파서블〉 시리즈는 2024년 개봉되는 8편을 끝으로 대단원의 막을 내리는 것으로 알려져 있다.

전편인 〈미션 임파서블: 로그네이션〉 이후 2년이 지난 시점, 수장 솔로몬 레인이 검거되며 와해되는 듯했던 신디게이트 잔당은 급진적 테러리스트 조직인 아포스틀을 만든다. 스파이 기관 IMF의 요원 에단 헌트는 이들이 핵무기를 보유하는 것을 막기 위해 작전에 들어간다. 에단을 믿지 못하는 CIA는 자체요원 어거스트 워커를 파견한다. 둘은 도난당한 플루토늄을 회수하기 위해 파리로, 런던으로, 카슈미르로 뛰어든다.

에단은 못하는 것이 없는 요원이다. 7,600m 상공에서 뛰어내리고, 헬기를 조종하고, 파리 도심에서 추격전을 벌인다. 고층빌딩 뛰어내리기는 기본이다. 그런 에단에게도 약점은 있다. 쫓기던 테러리스트 존라크가 "내 일을 방해하면 이 사람이 위험하다"며 던져준 한 장의 사진에 에단은 얼어버린다. 사진 속에는 전처인 줄리아가 있다. 에단의 아내였던 줄리아는 테러리스트의 표적이 됐다. 아내를 지킬 수 없었던 에단은 이혼을 결정한다. 그리고 줄리아는 어디론가 숨어버렸지만 그녀의 소재를 테러리스트는 알고 있었다.

에단은 이혼 후 줄곧 혼자 지낸다. 일반인 아내는 에단의 '약한 고리'다. 아내의 안전을 생각하다 보면 제 능력껏 임무를 수행할 수 없다. 가족이 있으면 에단의 능력은 반감된다. 모든 조건이 다 충족되더라도 통상 가장 부족한 조건에 맞춰 능력이 결정된다. 이를 '미니멈의 법칙'이라고 한다.

쇠사슬을 예로 들어보자. 쇠사슬의 강도는 가장 강한 고리가 결정하는 것이 아니라 약한 고리가 결정한다. 세게 당기다 보면 끊어지는 것은 약한 고리다. 미니멈의 법칙은 '약한 고리 이론'으로도 불린다. 약한 고리 개념을 대중화한 사람이 블라디미르 레닌이다. 마르크스는 자본주의가 충분히 성숙하면 불평등이 확대돼 필연적으로 사회주의 혁명이 일어난다고 봤다. 대량생산체제에 기반한 자본주의는 소비시장을 찾아 해외 식민지를 만들면서 제국주의로 변하는데, 식민지마저 고갈되면 제국주의 간 경쟁이 벌어진다는 것이다. 제국주의 세력 간 세계 분할 과정에서 필연적으로 약한 고리가 나타나게 되는데 그 약한 고리에서 혁명이 날 수 있다고 봤다. 레닌은 약한 고리가 차르 체제의 러시아 제국이라고 생각했다. 실제 러시아에서 사회주의 혁명이 일어나고 세계는 자본주의와 사회주의로 나뉘게 됐다.

미니멈의 법칙은 식물학에도 통한다. 독일의 화학자 유스투스 폰 리비히(Justus von Liebig)는 작물실험을 하다가 궁금증이 생겼다. 똑같은 조건에서 자란 농작물인데도 때때로 수확이 크게 달라졌다. 이유가 뭘까 파헤쳐보니, 식물은 성장에 필요한 요소 중 한 가지만 부족해도 성장에 장애가 생긴다는 것을 알게 됐다. 즉 질소와 인산을 아무리 많이 주더라도 칼륨이 모자라다면 식물의 성장은 제한된다. 그의 이론은 여러 개의 나무판을 잇대어 만든 나무물통이 있을 때, 나무물통에 채워지는 물의 양은 가장 낮은 나무에 의해 결정된다는 '리비히의 물통'으로도 설명된다.

사람도 마찬가지다. 아무리 단백질과 지방을 많이 섭취해도 비타민이 부족하면 몸에 문제가 생긴다. 과거 대항해시대에 선원들을 가장 괴롭혔던 병 중 하나가 괴혈병이다. 장거리 항해에 나섰던 선원들이 이유도 없이 픽픽 쓰러졌다. 바다를 무대로 살아가는 사람들에게는 천형과 같았던 괴혈병이 야채를 먹지 못해 생긴 비타민C 결핍 때문이라는 사실이 밝혀진 것은 18세기 들어서다.

조직생활에서도 미니멈의 법칙은 적용된다. 아무리 전문성이 뛰어나고 지식이 많아도 도덕성이 부족하면 그 이상의 자리에 가기 힘들다. 능력이 걸출한 인물들이 인사청문회에서 위장전입, 논문표절, 세금체납, 음주운전 등을 이유로 낙마하는 것은 이 때문이다.

대단한 조직도 때때로 직원의 작은 실수에 의해 무너진다. 화려한 공격진을 갖춘 축구팀도 수비력이 약하면 월드컵에서 우승하기 힘들다. 스피드스케이팅 팀추월 경기는 아예 마지막 선수가 결승선에 들어온 기록으로 승부를 결정짓기도 한다. 전 과목 A+를 받아도 한 과목이 F면 졸업이 안 되는 것도 미니멈의 법칙과 닮았다. 교육은 피교육자에게 최소한으로 균형 잡힌 능력을 요구한다.

기업도 마찬가지다. 기업에는 다양한 이해관계자가 있고, 그 관계 속에서도 강한 고리와 약한 고리가 있다. 가장 소홀하게 대했던 약한 고리를 잘 보완해야만 기업은 중심을 잡을 수 있다. 과거 외국계 헤지펀드들은 한국 재벌의 약한 고리인 지배구조를 공격해 큰 이익을 봤다. 한국의 재벌들은 소수의 지분을 가지고 계열사를 이용해 핵심기업을 지배하는 경향이 짙다 보니 주식을 집중적으로 사들이는 헤지펀드의 공격에 취약하다. 2003년에는 소버린이 SK지분을 대거 사들여 최대주주가 된 다음 9,000억원을 챙기고 떠났다. 2015년에는 제일모직과 합병을 앞둔 삼성물산이 엘리엇의 공격을 받아 휘청거렸다. 삼성그룹은 '삼성물산 → 삼성생명 → 삼성전자'로 지배구조가 이어진다.

한국경제도 약한 고리가 있는데 바로 가계부채다. 한국의 국가부채는 국내총생산(GDP) 대비 50%로 경제협력개발기구(OECD) 국가 중 아주 낮은 편에 속한다. 하지만 가계부채는 GDP 대비 100%가 넘어 가장 높은 국가군에 포함된다. 금리 인상에 한국이 특히 취약한 것도 이 때문이다. 대출금리가 오르면 가계의 부담이 커져 내수소비가 곧바로 위축된다.

다시 영화로 돌아가보자. 에단과 이혼한 줄리아는 재혼을 한 뒤 의료 NGO에서 일하고 있다. 줄리아는 다시 만난 에단에게 "당신 덕에 나를 찾게 됐다"며 고마워한다. 자유로워진 그녀는 자신의 삶을 마음껏 살고 있었던 것이다. 일반인 줄리아에게도 특수요원 남편은 평범한 일상을 방해하는 '약한 고리'였다.

공포는 공포를 낳는다

- 재귀성 이론

미녀와 야수

감독 빌 콘돈

OTT 디즈니+, 웨이브, 티빙

▷ 재귀성 이론이란 어떤 대상과 상황에 대한 객관적 지식인 '인지기능'과 어떤 대상과 상황을 자신의 생각대로 바꾸는 '조작기능'이 서로 영향을 미치며 증폭되는 것을 말한다. 즉 '이성 → 감성 → 이성 → 감성'으로 증폭되는 것으로, 극한 단계에 이르러서야 다시 정상화된다.

디즈니의 〈미녀와 야수〉가 세상에 선을 보인 것은 1991년이었다. 아카데미 주제가상과 음악상을 받았고, 장편 애니메이션 영화로는 처음으로 작품상 후보에 올랐다. 〈미녀와 야수〉는 흥행에도 성공해 미국 박스오피스에서 수익 1억달러를 넘긴 첫 애니메이션이 됐다.

그 〈미녀와 야수〉가 26년 만에 실사영화로 다시 개봉됐다. 빌 콘돈 감독의 〈미녀와 야수〉는 1991년도 판을 영상으로 그대로 옮겼다고 해도 무방하다. 장면 하나하나를 뜯어보며 애니메이션과 실사를 비교해보는 맛이 쏠쏠할 정도다.

배경은 프랑스의 어느 성이다. 왕은 무도회에 찾아온 노파를 무시했다가 야수로 변하는 마법에 걸린다. 마법에서 풀려나려면 자신을 사랑하는 여인에게 키스를 받아야 한다. 단, 병 속에 있는 한 송이 장미의 꽃잎이 모두 떨어지기 전이어야 한다.

프로방스 어느 작은 마을에는 벨이라는 여성이 산다. 행방불명된 아버지를 찾으러 나섰던 벨은 아버지 대신 야수가 지키는 성에 갇힌다. 야수의 진심을 알게 되면서 벨은 서서히 마음의 문을 연다. 하지만 벨을 사모하던 개스톤은 마을사람들과 함께 야수를 죽이러 떠난다.

마을사람들은 처음에 야수의 존재를 믿지 않는다. 벨은 자신의 말을 증명하려 마법의 거울로 야수를 보여준다. 보기 흉하고 무섭게 생긴 야수를 본 마을사람들은 두려움에 빠진다. 벨이 "야수는 나쁜 사람이 아니다"라고 해도 먹히지 않는다.

야수를 보면서 마을사람들이 느끼는 공포심은 '재귀성 이론'을 떠올리게 한다. 재귀성 이론이란 어떤 대상과 상황에 대한 객관적 지식인 '인지기능'과 어떤 대상과 상황을 자신의 생각대로 바꾸는 '조작기능'이 동시에 영향을 미치며 계속 반복되는 것을 말한다. 이런 현상은 극한 단계에 이르러서야 다시 정상화된다. 재귀성 이론은

'인간이 결코 합리적이지 않으며 감성의 영향을 많이 받는다'로 귀결될 수 있다.

'야수의 존재'를 확인하는 것은 이성이다. 무서운 야수의 모습을 본 순간 감성은 '야수는 위험할 것'이라고 판단한다. 그런데 야수는 마을에서 멀지 않은 숲에 있다고 이성이 말한다. 이성의 인지를 받은 감성은 '그러면 나를 공격할 수 있다'로 확대된다. '이성 → 감성 → 이성 → 감성'이 돌아가며 영향을 미치면서 야수는 당장 제거하지 않으면 안 되는 매우 위험한 존재로 변해간다. "야수가 우리 아이들을 잡아먹을지 모른다"는 개스톤의 말 한마디에 마을사람들이 마녀사냥에 동참한 것은 이 때문이다.

재귀성 이론이 잘 먹히는 곳이 증권시장이다. 주가는 객관적 가치뿐 아니라 편견에 따라서도 변한다. 주식시장은 기업의 수익이나 경기 전망뿐 아니라 투자자들의 지배적 편견에 의해서도 영향을 받는다. 투자자들의 편향된 생각은 주식시장에 반영되고, 투자자는 실제 가치보다 더 많이 혹은 더 적게 투자한다. 현실과 편견의 간극은 계속 커지다가 더 이상 지속될 수 없을 때 그제야 멈춘다. 그 지점이 버블 혹은 공황이다. 그러니까 재귀성 이론에 따르면 증시에서는 주가가 상승할 때 적절히 팔자가 나오고, 주가가 하락할 때 적절히 사자가 들어와서 균형을 맞추는 시장이 아니라 상승할 때는 계속 상승하고, 하락할 때는 계속 하락하다가 버블 혹은 공황에 이른 다음에야 안정기조로 돌아선다는 이야기다. 상승장에는 모든 소식이 호재로 들리고, 하락장에는 모든 소식이 악재로 들린다고 하는 것은 이때문이다.

이런 과정을 잘 이해해 미연에 버블이나 공황을 예측할 수 있다면 투자자는 큰돈을 벌 수 있다. 재귀성 이론은 조지 소로스(George Soros)의 투자철학이다. 조지 소로스는 버블장세에서 혹은 폭락장세에서 상황을 냉정하게 직시해야 한다고 조언한다.

금융위기가 딱 그랬다. 서브프라임 모기지가 무너지기 시작하자 사람들은 공포에 빠졌다. 공포는 전 세계 금융시장으로 확대됐다. 특히 신흥국은 '안전하지 않은 시장'이라는 편견으로 환율이 폭등하고, 주가가 폭락했다. 사고는 선진국이 치고, 피해는 애먼 신흥국이 입은 셈이 됐다. 신흥국 금융시장이 불안해지자 신흥국에 대한 신뢰가 급격히 상실되면서 추가적인 주가폭락과 환율폭등이 이어졌다.

2021년 부동산 폭등도 재귀성 이론이 적용됐다. 2019년 부동산 가격이 가파르게 오르자 다급해진 대기수요들도 '영끌'을 통해 집을 사기 시작했다. GTX 건설, 1기 신도시 재건축 규제완화 등 부동산 관련 뉴스는 나오는 족족 호재가 되면서 집값이 더 뛰었다. 코로나19로 인해 촉발된 글로벌 유동성이 자산가격을 올렸고(이성), 이에 조급해진 대기수요자들이 뛰어들면서(감성) 공급부족으로 집값이 다시 뛰는(이성) 현상이 반복됐다.

경제에 있어 심리의 영향은 갈수록 중시되고 있다. 때문에 심리를 측정하는 지표도 많이 개발됐다. 소비자심리지수(CCSI)는 가계에 현재생활형편, 가계수입전망, 소비지출전망 등 6개의 개별지수를 물어 구한 뒤 이를 합성한 것으로, 개별지수가 100보다 높으면 긍정적으로 응답한 가구 수가 부정적으로 응답한 가구 수보다 많다는 뜻이 된다. 기업경기를 묻는 기업경기실사지수(BSI)도 있다.

기업에 현재 경기에 대한 판단·전망 등을 물은 뒤 수치화한다. 소비자심리지수와 기업경기실사지수를 합해 경제심리지수(ESI)라 부르기도 한다.

물가도 경제주체들의 심리가 중요하다. 그래서 관리하는 것이 인플레이션 기대심리다. 인플레이션 기대심리는 소비자들이 향후 1년간 물가가 어느 정도 오르겠다고 생각하는 추정치를 말한다. 2022년 10월 미국 연방준비제도의 파월 의장은 "대중이 인플레이션을 규칙으로 인지하고 지속되기를 바라게 된다면 물가잡기는 한층 어려워진다" "인플레이션에 대한 기대를 묶어두는 것이 중요하다"고 말하며 금리 인상을 밀어부쳤다. 고물가가 계속될 것이라는 대중들의 기대심리를 꺾지 않는 한 통화·재정 정책만으로는 인플레이션을 잡을 수 없다는 말이다. 코로나19로 인한 유동성 공급과 공급망 훼손이 2022년 글로벌 인플레이션의 원인지만, 일단 물가가 불붙고 난 뒤에는 인플레이션 기대심리가 폭증하면서 전방위로 확산됐다.

재귀성 이론의 반대가 '효율적 시장 가설'이다. 효율적 시장 가설이란 시장은 모든 내부 정보를 가장 잘 반영해 합리적으로 가격을 결정하고 있다는 이론이다. 기업, 개인, 정부 등 경제주체는 감성 따위에 흔들리지 않고 지극히 이성적이라는 전제가 깔려 있다. 시장은 재귀성 이론의 지배를 받을까, 아니면 효율적 시장 가설의 지배를 더 받을까? 판단은 개인의 몫이고, 이에 따라 투자 의사 결정도 달라진다.

안전할수록 위험하다
- 펠츠만효과

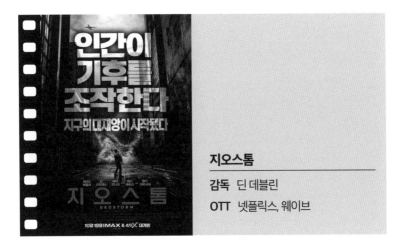

지오스톰

감독 딘 데블린
OTT 넷플릭스, 웨이브

▷ 펠츠만효과란 안전한 제도나 기술을 도입할수록 위험이 더 커지는 역설이 발생한다는 이론이다. 안전벨트와 에어백 같은 안전기술이 도입될수록 자동차 사고가 증가하는 데서 착안됐다. 그 이유는 운전자들이 안전기술을 믿고 과속을 하기 때문이라고 한다.

　　전 세계에 기상이변은 낯선 현상이 아니다. 북미에는 영하 40도에 육박하는 한파가 몰아치고, 아프리카 사하라 사막에는 눈이 내린다. 1년 강우량이 몇십 밀리미터에 불과한 미국 캘리포니아의 데스밸리에도 폭우가 쏟아졌다. 반면 호주는 기온이 47도까지 올라가며 아스팔트가 녹아내린다. 몇백 년에 한 번꼴로 온다는 기상이변이 너무 잦아졌다. 너무 춥거나 너무 더울 때마다 인류가 입어야 할 인적·경제적 손실은 크다.

만약 기상을 제어할 수 있다면 어떨까? 딘 데블린 감독이 연출한 〈지오스톰〉은 이런 상상에서 출발한다. 가까운 미래, 인류가 공동으로 날씨를 통제할 수 있는 위성시스템 '더치보이'를 개발한다. 운영권은 미국이 갖지만 조만간 세계정부연합으로 이관된다. 어느 날 아프가니스탄 사막에 있는 마을에 혹한이 밀려들고, 집과 사람이 얼어버린다. 홍콩에는 때 아닌 용암이 분출하고, 두바이에는 쓰나미가 밀어닥친다. 모스크바에는 폭염이, 리우의 해변에는 살인한파가 급습한다. 미국은 더치보이의 개발자 로손을 더치보이 통제센터가 있는 우주정거장으로 보낸다. 알고 보니 누군가가 더치보이에 바이러스를 심었고, 이 때문에 의도적인 오작동이 일어났다.

〈지오스톰〉은 미군이 알래스카에 설치했다는 고주파 실험시설인 하프(HAARP) 음모론을 떠올리게 한다. 하프는 강력한 고주파를 발생시킬 수 있는 안테나 시설이다. 여기서 고주파를 쏴 대기 상층부의 전리층을 달구면 대기 순환이 인위적으로 조절되고, 이로 인해 지진이나 쓰나미, 회오리 등이 일어날 수 있다는 것이다.

인류는 리스크를 싫어한다. 화재·부상·교통사고 등의 위험을 낮추기 위해 보험을 만들었고, 금융상품의 리스크를 피하기 위해 파생상품을 만들었다. 이중삼중의 방어막을 치면 과연 안전해질까? 반드시 그런 것은 아니다. 안전을 도모할수록 되레 위험도가 더 커질 수도 있다. 이른바 '펠츠만효과(Feltsman Effect)'다.

1976년 시카고대학교 경제학자인 샘 펠츠만(Sam Peltzman)은 자신의 논문을 통해 "안전벨트, 에어백 같은 새로운 안전기술을 새로운 차들에 장착하도록 법적으로 의무화했지만 그 후에도 도로는 전혀 안전해지지 않았다"고 주장했다. 안전장치가 도입된 이후 사고당 사망률은 낮아졌지만 사고가 급증하면서 전체 자동차사고와 사망자 수가 늘어났다는 것이다.

그 원인은 차량 속도였다. 차량에 안전장치를 달자 운전자들은 속도를 내기 시작했다. 사고가 나도 과거만큼 위험하지 않다고 생각했기 때문이다. 펠츠만은 "비용(사고위험)이 감소하면서 운전자는 편익(고속주행)을 늘리려는 판단을 하게 됐다"며 "이는 운전자의 합리적인 경제행위"라고 설명했다. 이른바 '안전의 역설'이다.

미국 NFL에서도 플라스틱 헬멧이 등장한 이후 치아, 턱, 코뼈 부상은 줄었지만 목 골절과 탈골 등에 의한 사지마비 부상의 위험이 3~4배 더 높아졌다는 보고도 있다. 더 과격한 몸싸움을 요구하게 됐기 때문이다.

미국의 역사학자 루쓰 코완(Ruth Cowan)은 저서 『과학기술과 가사노동』에서 가전제품과 여성들의 가사노동 사이에서도 펠츠만효과에서 말하는 인간의 합리성이 가져오는 의외의 결과가 관찰된다고 밝혔다. 가사노동을 줄이기 위해 세탁기, 냉장고의 성능이 개선됐지만 가사노동의 양은 오히려 늘어난 것으로 나타났다. 세탁기가 등장하면서 부피가 크고 무거운 빨랫감을 더 이상 남자들이 맡을 필요가 없어져 여성들이 하게 됐고, 청결기준이 높아지면서 거의 매일 세탁기를 돌리면서 여성의 가사노동량은 오히려 많아져버렸다는 것이다. 업무를 편하게 하기 위해 PC를 도입했지만 오히려 업무량은 더 많아진 오늘날의 사무직과 상황이 비슷하다.

경제에서도 펠츠만효과는 여지없이 적용된다. 1907년 극심한 금융공황을 맞았던 미국은 1913년 중앙은행인 연방준비제도(Fed)를 설립했다. 연방준비제도가 최종 대부자 역할을 해주기 때문에 금융위기 따위는 다시 오지 않을 것으로 미국인들은 굳게 믿었다. 미국 은행들은 방만경영을 계속했고, 이는 1929년 자본주의 역사에 유례없는 대공황으로 이어진다.

2008년 금융위기도 믿었던 파생상품의 배신이었다. 금융인들은 슈퍼컴퓨터와 수학자들을 동원해 만든 파생상품은 위험을 완전히 헤지했다고 믿었다. 위험을 헤지하기 위해 만든 상품의 위험을 다시 헤지하는 방식으로 위험을 최소화했다고 금융인들은 생각했다. 이들은 묻지도 따지지도 않고 파생상품을 팔았고, 그러다 전 세계가 함께 망할 뻔했다.

자동차의 최고 속도는 브레이크의 성능에 비례한다는 말이 있다. 브레이크 성능이 좋을수록 운전자는 더 빨리 주행하고 싶어하고, 자동차 제조회사도 더 높은 속도를 낼 수 있는 엔진을 개발한다는 것이다. 그러나 이 말이 브레이크 성능을 개선시키지 말라는 뜻은 아니다. 안전을 위해 당연히 브레이크의 성능은 계속 개선하되 이를 절대로 과신하지 말라는 뜻이다.

세상에 완벽하게 리스크를 제거할 수 있는 장치는 없다. 전방 초소에 감시카메라를 설치했다고는 해도 주기적으로 순찰을 해야 하는 이유는 이 때문이다. 아무리 많은 감시카메라를 설치해도 사각지대가 생길 수 있고, 때론 오작동이 생길 수 있다.

영화에서처럼 기상을 통제할 수 있는 더치보이와 같은 시스템이 있다면 인류는 더 이상 기상 걱정을 하지 않아도 될 것이다. 하지만 걱정이 줄어든 만큼 잠재적인 위험은 어딘가에서 커지고 있을지도 모른다. 잠재적 위험은 인간의 탐욕일 수도 있고, 오작동일 수도 있다. 믿음이 크면 클수록 재앙도 커진다. 인공지능(AI), 자율주행자동차, 드론, 로봇 등이 열 4차 산업혁명 시대는 인류에게 똑같은 질문을 던진다. 인공지능, 자율주행자동차, 드론, 로봇은 인간에게 과연 멋진 신세계를 열어줄 것인가.

성공의 적은 성공이다
- 이카로스의 역설

콩: 스컬 아일랜드

감독 조던 복트-로버츠
OTT 넷플릭스, 웨이브

▷ 이카로스의 역설이란 자신감에 도취돼 실패하는 것을 말한다. 이른바 '역량의 함정'에 빠지는 것으로, 과거 성공요인과 성공경험이 지금은 실패를 불러오는 요인이 될 수 있음을 경고한다. 성공한 기업의 실패를 분석하다가 그리스신화 속 이카로스에 빗대며 생긴 용어다.

거대 괴수영화의 시초는 〈킹콩〉이다. 메리언 쿠퍼 감독이 1933년 처음 선보였다. 당시 대공황이 한창이었지만 극장표가 매진되는 대성공을 거둔다. 엠파이어스테이트 빌딩 위의 킹콩 모습은 그 뒤

괴수영화의 아이콘이 됐다. 스티븐 스필버그도 영화 〈레디 플레이어 원〉에서 1980년대 대표 아이콘으로 이 장면을 삽입했다. 킹콩은 1976년과 2005년에 잇달아 리메이크됐고, 역시 성공을 거뒀다. '콩(Kong)'은 고릴라를 의미하는 영어단어다. '킹콩'은 콩 중에서 가장 크고 힘이 센 '콩의 왕'이다.

조던 복트-로버츠 감독은 〈콩: 스컬 아일랜드〉를 통해 또 다른 킹콩을 창조했다. 배경은 베트남전에서 미국의 패색이 짙어가던 1972년이다. 미국의 관측위성이 남태평양에서 미지의 섬 '스컬 아일랜드'를 발견한다. 괴생명체를 뒤쫓는 '모나크'팀은 미국정부를 설득해 이 섬에 대한 탐사에 들어간다. 베트남 철수를 준비 중이던 미군이 급파돼 탐사팀을 호위한다. 탐사팀을 기다리는 것은 킹콩이다. 탐사팀은 킹콩과 싸우다가 괴멸된다. 알고 보니 킹콩뿐 아니다. 섬에는 거대 도마뱀과 대형문어, 대형거미도 산다. 한때 지구를 점령했던 고생명체들이다.

영화는 '지구공동설(地球空洞說)'이라는 가설에서 출발한다. 지구공동설이란 지구 속이 텅 비어 있고, 비어 있는 그곳에는 또 다른 인류가 산다는 이론이다. 혹은 외계인이나 고대생물이 산다는 주장도 있다. 남극과 북극이 세상으로 나오는 통로라고 한다. 19세기부터 유행했고, SF의 모티브로 많이 사용됐다. 지구공동설은 2013년 전 미국 CIA 요원인 에드워드 스노든이 언급해 화제가 됐다. 스노든은 자신의 트위터에 "미국 정부는 호모 사피엔스(인간)보다 더 지능이 높은 종족이 있다는 것을 인지한 지 오래됐다"며 "과학자들은 지구의 맨틀 안쪽에 이들이 있다고 확신한다"고 밝혔다.

베트남전 패배의 트라우마를 가진 패커드 중령은 킹콩에 의해 부대원을 잃자 복수심에 불탄다. 그리고 외친다. "이 전쟁까지 질 수는 없어! 우리는 군인이니까." 패커드 중령의 복수심은 '이카로스의 역설'을 떠올리게 한다. 이카로스의 역설이란 자신감에 도취돼 실패하는 것을 말한다. 이른바 '역량의 함정'에 빠지는 일이다.

그리스신화 속 이카로스는 아버지가 밀랍과 깃털로 만들어준 날개를 달고 미궁을 탈출한다. 아버지는 태양에 가까이 가지 말라고 경고했지만 자신감이 생긴 이카로스는 태양을 향하다 날개가 녹아 떨어져 죽는다. 캐나다 경제학자인 대니 밀러(Danny Miller) 교수는 성공한 기업의 실패를 그리스신화 속 이카로스에 빗대며 이카로스의 역설이라 불렀다. 성공의 적은 성공이라는 말이다.

샤프, 소니, 도시바 등 실패한 일본기업에 이런 사례가 많다. 일본 거대기업들은 그간 대성공을 안겨줬던 기술력을 자신한 나머지 밀어붙이다가 적자를 이기지 못하고 잇달아 사라지고 있다. 이카로스의 역설은 과거 성공요인이 도리어 지금에 와선 실패를 불러오는 치명적 요인이 될 수 있다는 점을 지적한다.

국가 정책도 이카로스의 역설에 빠질 수 있다. 과거 성공한 정책이거나 다른 나라에서 성공했다며 무작정 도입했다가는 큰 실패를 맛볼 수 있다. 이명박정부는 '747 공약(7% 경제성장, 국민소득 4만 달러, 세계 7위 경제대국)'을 내세우며 당선됐다. 김대중·노무현 정부의 진보정권과 차별화하기 위해 보수정권은 과거 박정희정권의 성장 중심 모델을 채택했다. 정부 출범과 함께 고환율 정책을 내세워 강력한 수출정책을 폈지만 성과는 좋지 못했다. 대외적으로는 글로벌 금융위기가 밀어닥쳤고, 대내적으로는 한국경제 체질이 더 이상 관치성장과는 맞지 않았다. 1970년대 한국경제를 성공으로 이끌었던 모델이 2007년에는 맞지 않았다.

영화 속 패커드 중령은 전설의 군인이다. 폭풍우가 몰아치는 스컬 아일랜드로 헬리콥터 부대를 이끌고 들어가면서 그는 '이카로스의 날개' 신화를 언급한다. 탐욕을 절제하지 못하면 인생을 망칠 수 있다는 것이다. 하지만 그는 "우리는 군인이니까 성공할 수 있다"며 부대원을 독려한다. 그리고 끝내 스컬 아일랜드로 진입한다. 사실 그의 명성은 베트남전부터 삐끗하기 시작했지만 그는 베트남전은 '패배'가 아닌 '포기'라며 자위한다. 화려했던 과거의 영광에 집착하다가 실패하는 것, 그것이 바로 이카로스의 역설이다.

애플의 창업자 스티브 잡스는 이카로스의 역설을 극복한 사례로 종종 언급된다. 그는 1976년 소형 개인용 컴퓨터인 '애플 I'과 '애플 II'를 만들어 큰 성공을 거둔다. 정상에 오른 그는 자만심이 커졌다. 그는 1984년 가정용 컴퓨터인 매킨토시를 출시한다. 모니터와 본체가 하나로 통합된 파격적 디자인에다가 최고급 사양으로 구성해 가격은 당시에는 상상하기 힘든 1,995달러로 판매했다. 하지만 고가에 과도한 사양은 시장이 매킨토시를 외면하는 결과를 낳았고, 잡스는 자신이 만든 애플에서 퇴출된다. 잡스는 훗날 "중요한 것은 내 고집이 아니라 소비자들이 필요로 하는 게 무엇인지를 아는 것이었다"며 "오만했던 나는 당시 그걸 몰랐다"고 말했다.

1997년 위기에 빠진 애플은 다시 잡스를 불렀고, 애플은 MP3플레이어 아이팟으로 재기에 성공한다. 이어 아이폰과 아이패드를 출시하면서 스마트폰 세상을 열었다. 아이폰이 사양보다는 소비자 친화적인 디자인과 감성에 전념하는 것은 소비자 눈높이에 맞추고자 하는 잡스의 철학이 담겨 있다.

영화 〈콩: 스컬 아일랜드〉를 제작한 조던 복트-로버츠 감독은 이 영화를 만들며 한국영화를 많이 참조했다고 실토해 주목을 받았다. 그가 특별히 언급한 영화는 봉준호의 〈괴물〉, 박찬욱 감독의 〈올드보이〉, 김지운 감독의 〈좋은 놈, 나쁜 놈, 이상한 놈〉이다. 그는 "봉준호 감독의 〈괴물〉에서 괴물이 빨리 등장하는데 나는 다른 영화에서 괴물을 늦게 보여주는 게 싫었다"며 "그래서 〈콩〉도 영화가 시작하자마자 괴물을 보여준다"고 말했다. 〈좋은 놈, 나쁜 놈, 이상한 놈〉에 대해서는 "서구적인 것을 뒤틀린 시각으로 바라봐서 새로운 시각을 제시한 점에서 영감을 받았다"고 말했다. 조던 복트-로버츠 감독은 기동전사 건담의 넷플릭스 실사영화를 제작하고 있다. 한국영화 덕후가 만들어내는 일본 애니메이션의 실사판 결과물은 어떤 것일지 궁금해진다.

46

나랏말쌔미 듕귁에 달아

-기초자산

말모이

감독 엄유나

OTT 넷플릭스, 왓챠, 웨이브,
쿠팡플레이, 티빙

▶ 기초자산이란 농축산물, 원유, 금, 주식, 금리, 현금 등 파생상품의 근거가 되는
자산을 말한다. 금융시장에서는 평가 가능한 것이면 무엇이든 기초자산이 될 수 있
는데 이자율, 지수, 환율, 신용도 등도 포함된다. 또한 강수량, 날씨도 기초자산이
될 수 있다.

    첫 작업에 나선 지 46년 만에, 1권이 출간된 지 10년 만에 6권 전
권이 완간된 책이 있다. 그냥 오래만 걸린 게 아니다. 책을 만든다는
이유로 끌려가 고문을 당하고 일부는 죽음까지 당했다. 어렵사리 원

고를 모았지만 도중에 사라졌다. 이유는 하나다. 내 나라가 없던 탓이다.

천신만고 끝에 주권을 되찾았고, 기적적으로 원고도 발견됐다. 하지만 이번에는 같은 민족끼리 전쟁이 일어났다. 급한 대로 땅에 파묻고 훗날을 기약했다. 마침내 종전이 됐으며, 평화가 찾아왔다. 드디어 이제 책을 낼 수 있을까?

그런데 돈이 없다. 전후 경제는 열악했다. 사회는 책 만드는 데 관심을 기울일 틈이 없었다. 돈 많은 나라에 도움을 요청해야 했다. 선의를 가진 한 민간재단의 원조를 받아 마침내 책이 완성됐다. 이 책은 바로 『조선말 큰사전』이다. 세계 문학사상에 이렇게 드라마틱하게 나온 책이 또 있을까.

엄유나 감독의 영화 〈말모이〉는 일제 식민지시대 한글사전을 만들기 위해 분투한 사람들의 이야기를 담고 있다. 말모이는 주시경 선생이 추진했던 최초의 한글사전의 이름으로 사전을 의미하는 순우리말이다. '한국은 2차 세계대전 후 독립한 식민지 국가 중 거의 유일하게 자국의 언어를 온전히 회복한 나라다. 한국어는 현존하는 3,000개의 언어 중 고유의 사전을 가지고 있는 단 20여 개의 언어 중 하나다'라는 영화의 엔딩크레딧은 묵직하게 다가온다.

영화는 실화와 허구를 넘나든다. 배경은 일제가 한글 말살정책을 펴던 1940년대 경성이다. 극장에서 해고돼 일자리를 잃은 판수는 아들 학비를 마련하기 위해 행인의 가방을 훔친다. 그러나 실패하고, 소개를 받아 면접을 보러간 곳이 조선어학회다. 알고 보니 어학회의 대표는 자신이 가방을 훔쳤던 행인, 정환이다. 정환의 눈에 소매치기에다 까막눈인 판수가 탐탁할 리 없다. 하지만 특유의 붙임성으로 판수는 회원들의 호감을 얻는다. 정환은 판수를 고용하되 조건을 단다. 한 달 안에 한글을 배워야 한다는 것이다. 난생 처음 글을 읽게 된 판수는 우리말의 소중함에 눈을 뜬다.

조선어학회는 왜 한글사전 편찬에 그리도 매달렸을까? 한글사전은 한국어의 '기초자산'이기 때문이다.

금융시장에서 기초자산이란 '파생상품의 근거'가 되는 자산이라고 정의한다. 더 쉽게 말하면 팔 수 있는 모든 자산이다. 예를 들어 채권, 주식, 현금을 비롯해 원유, 원자재, 농축수산물 등이다. 금융시장에서는 평가 가능한 것이면 무엇이든 기초자산이 될 수 있는데, 이자율, 지수, 환율, 신용도 등도 포함된다. 또한 강수량, 날씨도 기초자산이 될 수 있다. 자본시장과 금융투자업에 관한 법률에는 기초자산의 종류가 구체적으로 정의돼 있다.

영화에서도 사전이 우리말과 글의 기초자산이 되기 위해서는 표준어를 확정할 필요가 있었다. 고추장, 꼬치장, 꼬추장, 고치장, 꼬장, 땡추장 등 8도가 제각기 다른 단어를 쓰게 해서는 기초자산의 역할을 하기 어렵다. 이에 전국의 국어교사가 공청회를 열고 사전에 기재할 표준어를 확정했다. 일제의 감시에, 교통과 통신마저 원활하지 않았던 때 조선 팔도의 국어교사가 한데 모인다는 것 자체가 기적 같은 일이었다.

기초자산이 가치변동에 따라 가격이 결정되는 금융상품을 파생상품이라고 한다. 대표적으로 선물, 옵션, 스와프 등이 있다. 즉 삼성전자의 주식이 기초자산이라면 삼성전자 주식선물 또는 주식옵션은 파생상품이 된다. 사전이 한글의 기초자산이라면 단어와 문장을 이어 스토리를 만든 책, 소설, 영화 등은 파생상품이 되는 셈이다.

파생상품이 생긴 이유는 기초자산에 대한 위험을 헤지하기 위해서였다. 시장에서 기초자산의 가격이 널뛰다 보니 기초자산은 언제나 가격변동의 위험에 노출돼 있다. 미래 가격이 얼마가 되든 지금 시점에서 가격을 확정 짓는 상품이 선물이다. 파생상품은 기초자산의 보험역할을 하게 되는데, 그래서 파생상품을 포트폴리오 보험이라고 부르기도 한다.

하지만 현대 금융시장으로 넘어와서는 파생상품은 큰 수익을 얻기 위한 투기상품으로 성질이 변질됐다. 기초자산은 가격이 폭락하면 투자한 만큼만 잃는다. 하지만 파생상품은 원금뿐 아니라 그 이상의 손실을 볼 수도 있다. 투자금액에 비해 이익과 손실이 크게 나는 것을 '레버리지 효과'라고 부른다.

레버리지란 지렛대를 의미하는 레버(lever)에서 파생된 말이다. 적은 힘을 가지고도 지렛대를 이용하면 큰 힘의 효과를 내듯 파생상품은 원금의 몇십 배 되는 수익과 손실을 볼 수 있다. 파생상품은 기초자산의 위험을 헤지하기 위해 만들었지만, 레버리지 효과로 인해 오히려 위험한 상품이 돼버렸다.

2007년 글로벌 금융위기는 기초자산의 위험을 헤지하기 위해 만들었던 파생상품의 반란이었다. 부동산이 활황이 되자 미국 은행들은 많은 대출을 해줬다. 사람들은 더 많은 대출을 원했고, 은행들은 자금 조달을 위해 주택담보대출 채권으로 주택저당증권(MBS)을 만든 뒤 이를 투자은행들에게 팔았다. 투자은행들은 MBS를 기초자산으로 파생상품인 부채담보부증권(CDO)를 만들었다. 이어 투자은행들은 CDO가 부실이 될 경우를 대비해 보험상품을 만들었는데 바로 그게 CDS였다. CDS 상품에 가입하면 CDO가 부실이 날 경우 보험사로 부터 원금을 받을 수 있었다. CDS는 CDO의 파생상품이었다. 하지만 믿었던 미국 집값이 2006년 후반부터 하락하기 시작했고, 부실대출 채권이 발생하면서 MBS의 건전성이 급속도로 나빠졌다. 기초자산인 MBS가 부실화되자 이를 갖고 만든 파생상품 CDO가 부실해졌다. 보험사들은 CDO 원금을 물어줘야 했는데, 그동안 판 CDS가 너무 많아 자금이 부족해졌다. 메릴린치는 결국 파산했고, AIG는 구제금융을 지원받아 간신히 살아남았다. 이후 AIG는 AIA로 이름을 바꿨다.

"말은 민족의 정신이요, 글은 민족의 생명"이라는 영화 속 정환의 대사는 조선어학회 대표였던 이극로의 말이다. 말과 글이 문장이 되고, 문장을 엮어 책이 되면 레버리지 효과를 일으켜 민족의 정신과 생명을 일깨울 수 있다는 것을 선각자들은 알고 있었다. 반대로 말과 글이 잘못된 문장과 책이 되면 민족을 말살시킬 수 있다는 것도 잘 알았다. 친일행각을 벌인 문인들이 지금까지도 비판을 받는 것은 이 때문이다. 무장투쟁만큼이나 말과 글을 지키려 했던 한글학자들의 문화투쟁은 중요했다.

선각자들이 지킨 기초자산 '한글'은 이제 파생상품 'K콘텐츠'가 되어 세계인의 사랑을 받고 있다. 한글이 없었다면 〈기생충〉도, 〈오징어 게임〉도, 방탄소년단도 없었다.

결혼생활엔 미세조정이 필요해!
- 파인튜닝

결혼 이야기

감독 노아 바움백
OTT 넷플릭스

▷ 파인튜닝은 정부가 경제활동의 급격한 변동을 막기 위해 재정·금융·환율 등의 정책수단을 '살짝' 사용해 경제상황을 관리하는 것을 말한다. 시장의 큰 불균형을 바로잡기 위해 정부가 시장원리에 크게 벗어나지 않는 수준에서 시장 개입하는 것은 경제학에서 용인된다.

처음 대면한 지 2초 만에 사랑하게 된 사람, 같이 있으면 살아 있다는 느낌마저 줬던 그 인연과 남남이 될 것이라 그때는 상상이나 했을까. 그것도 철천지원수가 되어서 말이다. 노아 바움백 감독의 영화 〈결혼 이야기〉는 제목과 달리 역설적이게도 이혼에 대한 이야기다.

로스앤젤레스(LA) 출신의 여배우 니콜과 뉴욕 출신의 연극감독 찰리는 이혼하기로 마음을 먹었다. 둘은 원만한 이혼을 원한다. 아들 헨리를 위해서라도 친구처럼 헤어지는 게 필요하다. 하지만 재산분할·양육권·위자료가 기다리는 현실은 생각보다 복잡하다. 망설이는 니콜에게 이혼전문 변호사 노라가 말한다. "(이혼은) 더 나은 자신의 삶을 찾기 위한 희망에 찬 행동이에요."

영화 속 니콜의 주변 인물 중에서도 이혼경력자가 많다. 미국의 조이혼율(인구 1,000명당 이혼 건수)은 2.9건(2017년 기준)으로 한국(2.1건·2017년)보다 높다. 4건대였던 10년 전보다 많이 낮아졌다고는 하지만 여전히 세계에서 여섯 번째로 조이혼율이 높다. 세계에서 가장 조이혼율이 높은 나라는 러시아(4.8건)다. 영화 〈결혼 이야기〉는 골든글러브상과 오스카상에 노미네이트됐다. 미국 평단과 관객들에게 그만큼 큰 공감을 끌어냈다는 이야기다.

니콜은 결혼 이후 가정생활에 대한 불만이 쌓였다. 남편을 위해 희생하는 사이 자신의 존재는 사라져버렸고, 남편은 자신을 무시하고 있다. 애지중지했던 아이도 자기가 소유할 수 있는 대상이 아니다. 찰리가 니콜의 출연료를 극단의 비용으로 쓰자고 했을 때 니콜은 이혼하기로 마음먹는다.

이혼은 벼락같이 오지 않는다. 불만과 불신이 오랫동안 누적된 결과일 가능성이 크다. 바꿔 말하면 사전에 불만과 불신을 조금씩 해소해줬더라면 파국으로 이어지지 않을 수 있었다는 이야기다. 한마디로 부부관계의 미세조정, 즉 '파인튜닝(Fine Tuning)'이 필요했다.

경제학에서 파인튜닝은 정부가 경제활동의 급격한 변동을 막기 위해 재정·금융·환율 등의 정책수단을 '살짝' 사용해 경제상황을 관리하는 것을 말한다. 예컨대 과도하게 치솟는 부동산가격을 잡기 위해 고가 주택에 대한 대출을 일시적으로 제한하는 정책은 파인튜닝으로 볼 수 있다. 공시가격과 공정시장가액비율을 높인 상황에서 하필이면 부동산가격이 폭등해 종합부동산세가 너무 많이 부과됐다면 세부담 상한선을 도입하거나 1주택자에 대한 공제비율을 확대해 종부세 증가분을 일시적으로 완화해주는 것도 파인튜닝이라 할 만하다. 종부세가 너무 많이 나왔다며 과세대상자들이 집단반발하면 오히려 종부세를 정착시키는 데 불리할 수 있다.

글로벌 금융위기를 극복하기 위해 양적완화를 했지만 너무 많은 돈이 풀려 자산버블의 우려가 커지자 소폭의 금리 인상과 테이퍼링(양적완화로 풀린 돈을 거둬들이는 조치)을 선택한 미국 연방준비제도(Fed)의 결정도 파인튜닝으로 볼 수 있다. 유동성 공급이라는 큰 틀의 원칙은 유지하면서도 유동성 파티가 일어나지 않도록 살짝 '김'을 뺀 것이기 때문이다. 시장의 큰 불균형을 바로잡기 위해 정부가 시장원리에 크게 벗어나지 않는 수준에서 시장 개입하는 것은 경제학에서 용인된다.

외환시장에서 '스무딩오퍼레이션(Smoothing Operation)'도 파인튜닝과 뜻이 일맥상통하는 용어다. 스무딩오퍼레이션은 환율의 급격한 변동을 막기 위해 정부가 개입해 안정화시키는 조치를 뜻한다. 자율변동환율제에서는 특정 정부가 환율에 개입하는 것을 좋아하지 않는다. 환율은 상대성이 강해서 A나라에게 도움이 되면 B나라는 손해 볼 수 있기 때문이다. 특히 환율은 직접적으로 무역에 영향을 미친다. 통화강세가 된 나라는 상대와의 무역에서 불리하다. 그러다 보니 각 나라들은 서로 자국의 통화를 약화시키기 위해 경쟁하는데 이를 '환율전쟁'이라고 부른다.

미국 재무부는 매년 두 차례 환율보고서를 내며 환율시장에 개입해 자국 통화를 약화시킨 나라를 환율조작국으로 지정한다. 각 나라는 외환시장에 얼마나 개입했는지를 공개하지 않는다. 때문에 미국 재무부는 자체적으로 3가지 기준을 만들었는데 ①미국에 대해 연간 흑자규모가 크거나 ②국내총생산(GDP) 대비 경상흑자가 크거나 ③ 지속해서 환율시장에 개입했을 경우 환율조작국으로 지정한다. 이 중 2개가 해당하면 환율관찰대상국으로 분류한다.

이들 기준을 보면 미국이 환율조작국을 지정하는 취지를 알 수 있다. 무역에서 과도한 흑자를 남기는 것을 막겠다는 것이다. 특정 국가가 무역에서 많은 흑자를 남겼다면 그 나라의 통화가치가 상대적으로 평가절하돼 있어 무역하기 유리했던 것이라고 미국은 보고 있다. 때문에 환율조작국으로 지정되면 미국기업 투자 시 금융지원을 받을 수 없고, 미국 연방정부 조달시장에서 상품을 팔 수 없다.

다만 미국도 스무딩오퍼레이션에 대해서는 환율조작으로 보지 않는다. 투기세력이 끼어들거나 공포심리가 작용해 환율이 과도하게 상승하거나 하락하는 '시장실패'의 경우도 현실에서 존재하기 때문이다. 2021년 10월 원·달러환율이 가파르게 오르자 홍남기 부총리 겸 기획재정부 장관은 "투기적 요인에 의해 환율이 급등락하는 것은 매우 바람직하지 않다"며 "정부는 파인튜닝 등 안정화 조치를 언제든지 준비하고 있고, 필요하다면 실행할 계획"이라고 말했다.

결혼 이후 줄곧 낯선 뉴욕에서 산 아내 니콜에게는 결혼생활의 미세조정이 필요했다. 만약 1년 정도 처가이자 아내의 고향인 LA에 살았더라면 어땠을까. 니콜은 "이혼까지는 생각하지 않았을 것"이라고 말한다. 하지만 극단의 성공을 위해 줄곧 달려온 찰리의 눈에는 아내의 절망감이 보이지 않았다. 두 사람의 관계가 연착륙할 기회가 있었지만 찰리는 파인튜닝의 기회를 끝내 놓쳤다. 둘은 아름다운 이혼을 할 수 있을까?

양키스가 왜 항상 이기는 줄 알아?
- 후광효과

캐치 미 이프 유 캔
감독 스티븐 스필버그
OTT 넷플릭스, 왓챠, 웨이브,
쿠팡플레이, 티빙

▷ 후광효과란 일반적인 견해(편견)가 사람, 물건, 대상, 상황에 긍정적인 영향을 주는 경우를 말한다. 사람들은 어떤 평가를 할 때 일관성을 유지하려는 특성이 있다. 마케팅 분야에서는 특정 상품에 대한 소비자의 태도 혹은 브랜드 이미지 평가 때 후광효과를 많이 연구한다.

    사업가과 사기꾼은 종이 한 장 차이라고 했다. 배짱과 대범함, 눈썰미, 그리고 재치는 사업의 수완이 되기도 하고, 사기의 기술이 되기도 한다. 프랭크 윌리엄 애버그네일 주니어(Frank William Abagnale

Jr.)는 희대의 사기꾼이자 수표위조범이었다가 기업의 보안 컨설턴트가 됐다. 스티븐 스필버그 감독의 영화 〈캐치 미 이프 유 캔〉은 그에 대한 이야기다. 그의 동명 회고록이 원작이다.

프랭크는 부모가 이혼하자 무작정 가출한다. 돈이 궁하게 된 그는 수표를 조악하게 위조한다. 문제는 신용이 없는 그의 수표를 받아주는 곳이 없더라는 것이다. 궁리를 하던 프랭크는 우연히 자기 곁을 지나가던 팬암 항공사 기장에게 쏟아지는 시선에 눈이 꽂힌다. 학생기자를 사칭해 파일럿에 대한 정보를 빼낸 뒤 그는 부기장으로 변신한다. 140만달러치의 위조수표를 유통시킬 즈음 21년 경력의 FBI요원 칼 핸러티가 뒤를 쫓는다. 하지만 쉽게 잡히면 그게 어디 프랭크인가. 그는 핸러티 앞에서 천연덕스럽게 미국 첩보요원을 사칭하며 유유히 현장을 빠져나온다.

더 이상 파일럿 사칭을 할 수 없게 된 프랭크는 병원을 찾아가 외과의사가 된다. 여자친구 가족들 앞에서는 "실은 변호사"라고 말하며 법조인으로 변신한다. 일반인뿐 아니라 베테랑 FBI요원, 병원장, 법률사무소의 대표변호사까지 그의 사기에 줄줄이 속아 넘어간다. 도대체 그의 사기행각이 들키지 않았던 비결은 뭘까?

프랭크는 아버지가 과거에 한 말을 기억하고 있었다.

"양키스가 왜 항상 이기는 줄 알아? 다른 팀이 유니폼에 기가 죽어서야."

실제 양키스는 유니폼에 선수의 이름을 새기지 않는다. 핀스트라이프(가느다란 세로줄) 무늬 그대로다. 제아무리 슈퍼스타라도 양키스라는 팀을 능가할 수 없다는 뜻이라고 한다. 바꿔 말하면 양키스 옷을 입는 것만으로도 자신감이 생겨 누구든 자신의 능력보다 플레이를 더 잘하게 된다는 뜻도 된다.

잘생긴 외모에 비싼 옷을 걸치면 대중은 그 사람에 대해 쉽게 신뢰를 하는 경향이 있다. 좋은 대학까지 나왔다면 신뢰도는 급상승한다. 이처럼 일반적인 견해(편견)가 사람, 물건, 대상, 상황에 긍정적인 영향을 주는 경우가 있는 데 이를 '후광효과(Halo Effect)'라고 부른다.

심리학에서는 개인의 인상을 형성하거나 혹은 일에 대한 평가 때 후광효과를 주목한다. 마케팅 분야에서는 특정 상품에 대한 소비자의 태도 혹은 브랜드 이미지 평가 때 후광효과를 많이 연구한다.

사람들은 어떤 평가를 할 때 일관성을 유지하려는 특성이 있다. 후광효과는 그 특성의 결과로 볼 수 있지만, 결과적으로는 논리적인 오류를 범할 개연성이 크다.

미국의 심리학자 에드워드 손다이크(Edward Thorndike)의 실험이 있다. 그는 1차 세계대전 당시 군에서 장교들에게 부하들의 성격, 지능, 체력, 리더십 등 다양한 면모를 평가해보라고 주문했다. 그 결과 이른바 '모범 병사'로 꼽히던 병사들은 거의 모든 항목에서 높이 평가됐다. 장교들은 인상 좋고 품행이 바른 병사가 사격실력도 좋고, 군화도 잘 닦고, 하모니카도 잘 분다고 여겼다. 손다이크는 이를 보고 후광효과라고 불렀다. 반면 인상이나 품행이 좋지 못하던 병사는 거의 모든 분야에서 낙제점을 받았다. 그들은 총도 잘 못 쏘고 관물정리도 못하고, 심지어 운동마저 못한다고 봤다. 이를 '악마효과(Devil Effect)'라고 불렀다.

영화 속 프랭크는 후광효과를 십분 이용한다. 허름한 자신이 내민 수표는 받지 않던 은행직원들이 팬암 항공사 부기장 제복을 입은 자신이 내민 수표는 반갑게 받는 모습을 보며 사회적으로 권위가 있는 직업을 사칭하는 데 과감해진다. 병원에서는 하버드의대 출신으로 위조한다. 의사들은 그가 내민 하버드 졸업장의 권위에 눌려 사실 여부를 확인조차 확인하지 않는다. 여자친구인 브렌다 가족을 만났을 때는 버클리법대를 나왔고, 캘리포니아 변호사 자격증을 땄다는 거짓말을 한다. 브렌다의 아버지는 잠시 그를 의심하지만 정작 "나는 의사도, 변호사도, 아무것도 아니다. 그냥 딸을 사랑하는 한 남자"라는 실토를 듣고는 "당신은 로맨티스트"라며 그를 더욱 신뢰하게 된다.

외모만큼이나 학력의 후광효과도 크다. 좋은 대학을 나왔다고 하면 괜히 더 성실할 것 같고 일도 잘할 것 같은 인상을 갖는 게 인지상정이다. 최근 기업들이 블라인드 면접을 많이 보려는 이유는 이 때문이다. 아무래도 학력을 먼저 보면 그 후광효과를 완전히 떨쳐내버리기 힘들기 때문이다.

마케팅에서는 브랜드의 힘이 후광효과로 작용한다. "나는 ○○○ 아파트에 산다"는 광고가 있다. 나는 이 정도 아파트에 사는 괜찮은 사람이라는 뜻이다. 1,000만원이 넘는 가방을 선뜻 사는 것도 가방의 후광효과를 기대하기 때문이다. 구매자는 고가의 가방이 자신의 품격을 높여줄 것이라고 생각한다.

명품광고에 셀럽이 자주 등장하는 것도 후광효과 때문이다. 명품은 셀럽의 후광효과를 더해 상품의 가치를 극대화할 수 있다. 셀럽역시 명품의 후광효과로 자신의 이미지를 더욱 고급스럽게 만들 수 있다는 것을 안다.

후광효과의 반대용어로 '뿔효과(Horn Effect)'도 있다. 도깨비 뿔처럼 못난 것 한 가지만 보고 그 사람의 전부를 나쁘게 평가하는 현상을 말하는데, 이는 악마효과와도 유사하다.

프랭크의 실제 재능은 수표위조다. 국내에서도 수표위조는 중요 금융범죄로 취급된다. 수표를 위조하면 1년 이상의 징역, 수표 금액의 10배 이하 벌금으로 처벌된다. 실제 유통을 시키지 않아도 위조 수표는 만들었다는 것만으로도 처벌이 될 수 있다. 프랭크의 재능을 아까워한 칼 핸러티는 수감된 프랭크에게 FBI에서 위조수표를 감식하는 일을 도와줄 것을 부탁한다. 프랭크는 출소 뒤 은행과 기업들에 안전한 수표를 디자인해주고 연간 수백만달러를 받았다. 하늘이 준 재능은 악마가 될 수도 있고, 천사가 될 수도 있다.

49

달러를 위조하라
- 슈퍼노트

공조

감독 김성훈
OTT 넷플릭스, 왓챠, 웨이브,
쿠팡플레이, 티빙

▷ 슈퍼노트란 진짜 돈과 구분하기 힘들 정도로 정교하게 만들어진 미화 100달러권 위조지폐를 말한다. 슈퍼달러 혹은 슈퍼빌이라고도 부른다. 워낙 정교하게 만들어져 개인이 아닌 국가차원의 범죄로 의심된다. 슈퍼노트는 전문가들은 물론 위조지폐 감별기도 잘 식별해낼 수 없다고 한다.

발상만으로 흥미를 끄는 영화들이 있다. 남과 북의 형사가 공조수사를 벌인다? 김성훈 감독의 영화 〈공조〉의 상상력은 꽤 발칙하다. 그리고 엉뚱하다. '말도 안 되고 이상한데 묘하게 웃긴다'는 리뷰평,

딱 그대로다.

줄거리는 이렇다. 북한은 비밀리에 만든 100달러짜리 위조지폐 동판을 탈취당한다. 걸프전에도 파견됐던 특수부대 요원 차기성이 훔쳤다. 동판의 존재가 세상에 알려지면 북한은 궁지에 몰린다. 차기성은 서울로 잠입해 동판 거래에 나선다. 북측은 남측에 장관급 회담을 제안한다. 그러면서 극비리에 첫 남북 공조수사를 제의한다. 북한이 파견한 형사는 림철령이다. 차기성의 총탄에 아내와 동료를 잃은 림철령은 차기성에 대한 복수심에 불타 있다. 림철령의 남측 파트너는 연봉 3,400만원짜리 생계형 형사인 강진태다.

림철령에게 주어진 실제 비밀임무는 슈퍼노트(Super Note) 동판 회수다. 슈퍼노트란 진짜 돈과 구분하기 힘들 정도로 정교하게 만들어진 미화 100달러권 위조지폐를 말한다. 슈퍼달러(Super Dollar) 혹은 슈퍼빌(Super Bill)이라고도 부른다.

슈퍼노트는 전문가들은 물론 위조지폐 감별기도 잘 식별해낼 수 없다고 한다. 100달러짜리 용지는 특수기술을 써서 만드는데, 슈퍼노트는 똑같은 용지를 쓴다. 적외선을 비춰야만 드러나는 숨은 그림까지 완벽하게 구현했다. 달러 제조에 사용된 특수잉크는 허락된 제작사만 사용 가능하다.

이런 난관을 다 극복하고 슈퍼노트를 만들었다는 점에서 개인적 범죄가 아닌 국가차원의 범죄라는 주장이 설득력을 얻고 있다. 미국은 그 출처로 북한을 의심하고 있다. 2006년 북한 외교관들이 여행용 가방에 슈퍼노트를 다발로 넣고 다니다가 적발됐다. 또한 탈북자들이 북한 내 달러 위폐제작소가 존재한다고 폭로했다. 미국은 김정

일 전 국방위원장이 즐겨 마신 프랑스산 코냑부터 핵실험 및 로켓 관련 설비까지 이 돈으로 구입했을 것으로 보고 있다.

2005년 크리스토퍼 힐(Christopher Hill) 당시 6자회담 미국 수석 대표는 "북한이 위조한 100달러 슈퍼노트를 봤다"고 말했고, 북한은 '날조'라며 강력히 반발하면서 북핵문제 해결을 위한 6자회담이 헛돌기도 했다. 당시 한국정부는 "위폐문제와 북핵문제는 분리해보자"며 중재에 나섰다.

미국은 더는 밀어붙이지 못했다. 심증은 있는데 물증이 없었기 때문이다. 그러다 보니 다른 설도 있다. 중국의 전직 군부, 이란의 종교 지도자들, 시리아·레바논의 헤즈볼라, 구동독 등이 의심선상에 올라 있다. 미국 CIA가 의회승인을 받지 않고 자금을 쓰기 위해 제조했다는 음모론도 있다.

위조지폐가 대량유통되면 화폐에 대한 신뢰가 떨어져 국가경제가 혼란에 빠진다. 존 메이너드 케인스는 "화폐의 가치를 떨어뜨리는 것은 사회의 기존 질서를 파괴하는 가장 사악하고 확실한 수단"이라고 말했다.

2차 세계대전 당시 독일은 이를 실행했다. 1942년 나치의 베른하르트 크루거(Bernhard Krüger) 소령은 영국 상공에서 파운드 위조지폐를 뿌린다는 계획을 세웠다. 이른바 '베른하르트 작전(Operation Bernhard)'이다. 독일은 1942년부터 1945년까지 800만 장, 약 1억 3,000만파운드의 위폐를 만들었다. 영국 국고의 4배에 달하는 액수였다. 폭격기로 하늘에서 뿌린다는 작전은 실패했지만 작전용 자금 등으로 막대한 위폐가 통용됐다. 이 때문에 50%에 달하는 인플레이션이 생겼고, 영국은 1944년 파운드화 신권교체를 단행했다. 당시 위조지폐 제작에 투입됐던 유태인 아돌프 브루거(Adolf Burger)는 2006년 『악마의 공장: 작센하우젠 위조지폐 공작소』라는 책을 출간해 이 같은 사실을 폭로했다.

비슷한 시기 남한에서는 조선공산당의 '조선정판사 위폐사건'이 있었다. 1945년 광복 직후 조선공산당은 당 자금 마련을 위해 일제가 조선은행권을 발행하던 빌딩을 접수했다. 이곳에는 지폐원판이 있었다. 조선공산당은 이곳의 이름을 '조선정판사'로 바꾸고 위폐를 발행하다가 이듬해 경찰에 적발됐다.

해방공간에서는 위조지폐를 만들려는 시도가 많았다. 일제는 패망한 뒤 조선에 거주하고 있던 일본인 거주민들에게 기존 금고에 있는 잔액들을 모두 지폐로 지급했다. 통장에 있던 잔액 전부를 현금화하기 위해서는 많은 화폐를 찍어내야 했다. 미국 군정도 귀국 일본인들이 갖고 있는 잔고를 화폐로 지급하는 데다 전후 재건을 위해 충분한 화폐가 필요해 이를 묵인했다. 하지만 많은 화폐를 동시에 찍다 보니 품질이 떨어졌고, 위조지폐를 만들기 쉬운 환경이 됐다. 엄청난 화폐가 동시에 시중에 풀려나오고, 위조지폐까지 판을 치면서 남한 지역은 물가가 폭등하는 등 극심한 경제적 혼란을 겪게 됐다.

슈퍼노트는 일반 위폐와 달리 엄청난 기술력이 필요하다. 때문에 제작에도 많은 비용이 들어가 주로 50달러 이상 고액권에서 발견된다.

2021년 국가정보원은 홍콩 등 아시아에 퍼져 있는 미화 50달러 초정밀 위폐를 입수했다고 밝혔다. 이 위폐는 진짜 화폐처럼 촉감이 느껴지고, 자외선 램프에 비추었을 때 나타나는 숨은 띠도 똑같이 갖췄다. 위조방지 기술로 이용되는 '자성 잉크'로 일련번호를 인쇄해 위폐 감지센서도 속였다. 진짜 화폐와의 유일한 차이점은 인물 그림 주변의 문자가 다소 희미하다는 정도인데, 그것도 정밀 확대경으로 봐야 겨우 구분이 됐다. 국정원은 2022년 베이징 동계올림픽을 계기로 국내에서 유통될 수 있다며 우려하기도 했다.

달러 위조지폐를 국가 주도로 만들었다는 것이 밝혀지면 국제사회의 엄청난 비난에 직면한다. 기축통화인 달러의 신뢰를 떨어뜨릴 경우 국제거래에 큰 혼란이 생길 수 있기 때문이다. 과연 의심하는 대로 북한이 만들었을까, 아니면 제3의 국가가 있을까? 진실은 그들만이 알고 있다.

돈에 꼬리표를 달다
- 금융실명제

여배우는 오늘도

감독 문소리

OTT 왓챠, 웨이브, 티빙

▷ '금융실명제'란 금융거래는 반드시 실명으로 하도록 한 제도로, 1993년 대통령 긴급명령을 통해 전격 시행됐다. 뇌물, 청탁, 부정부패, 정경유착, 지하경제 등 한국 사회의 고질적인 병폐를 끊고 금융소득 과세를 위한 기반을 마련했다는 긍정적인 평가를 받는다.

　　정상에 올랐다고 화려한 삶이 보장되는 것은 아니다. 베니스영화제에서 수상한 세계적인 여배우도 한 사람의 엄마이면서 딸이고, 직업인이다. 제 아무리 트로피가 많아도 차기작에서 돈이 되는 배역을 맡지 못한다면 어렵기는 매한가지다.

　영화 〈여배우는 오늘도〉는 연기자 문소리의 감독 데뷔작이다. 문소리는 "내 이야기가 아니다"라고 하지만 '배우 문소리'가 안 떠오른다면 거짓말이다. 〈여배우는 오늘도〉는 팩트와 픽션이 아슬아슬하게 담장 위를 걷는다.

　어느 날부터 영화 속 '문소리'에게 들어오는 작품이 끊겼다. 어쩌다 들어오는 것은 조연이다. 그녀의 자존심으로서는 받을 수 없는 작품이다. 여배우는 정말 연기력이 아니라 매력이 중요한 걸까? 현실은 녹록지 않다. 돈은 떨어져가고, 아이는 고집을 피우고, 엄마는 무리한 부탁을 한다. 시어머니도 요양병원에 있다. 진상 팬들도 상대해야 한다. 화를 풀 수 있는 대상은 매니저뿐이다. 문소리는 속에 천불이 날 정도로 답답한 날에는 고함을 내지르며 도로를 달린다.

　영화 속 문소리는 은행에서 마이너스 대출을 받는다. 3,000만원 마이너스 대출에 금리는 4.2%다. 은행 직원은 "그래도 문소리 씨니까 4.2%까지 된 겁니다"라고 말한다. 집담보로는 이미 대출을 받았다. 보름 앞으로 돌아온 만기도 다시 연장했다.

　문소리가 통장 하나를 품에서 꺼낸다. 5,000만원이 들어 있는 시어머니 통장이다. 은행 직원은 시어머니의 신분증과 비밀번호를 요구한다. 하지만 비밀번호를 모른다. 은행 직원은 말한다. "시어머니가 직접 은행을 와서 비밀번호를 변경해야 해요."

　직원이 깐깐하게 통장의 본인 확인을 하려는 것은 금융실명제 때문이다. 금융실명거래 및 비밀보장에 관한 법률은 '금융회사 등은 거래자의 실지명의(실명)로 금융거래를 해야 한다'고 규정한다.

"드디어 우리는 금융실명제를 실시합니다. 이 시간 이후 모든 금융거래는 실명으로만 이뤄집니다."

1993년 8월 12일 오후 7시 45분, 김영삼 대통령의 금융실명제 시행 특별담화는 한국경제사에서 가장 드라마틱한 장면 중 하나로 기억된다. 김영삼정권은 금융실명제를 즉시 도입하기 위해 긴급재정경제명령을 발동했다. 당시 발표는 엄청난 보안 속에 진행됐는데, 20명의 특별팀은 보안유지를 위해 과천주공아파트 한 채를 빌려 두 달간 비밀리에 작업을 진행했다. 보안이 새어 나갈 경우 이경식 경제부총리와 홍재형 재무부장관의 목부터 날리겠다고 김영삼 대통령은 엄포를 놨다.

하지만 전격 도입된 금융실명제는 허점이 많았다. 실명만 확인되면 실소유자가 따로 있는 차명계좌라도 처벌을 할 수 없었다. 2014년 12월 차명계좌에 대한 벌칙조항이 신설됐다.

이건희 삼성그룹 회장의 차명계좌 논란도 아리송한 금융실명제법 때문이었다. 이 계좌는 1993년 금융실명제법 시행 당시 소유자가 실명전환을 했지만 14년이 지난 2007년 이 회장이 실제 소유자라는 사실이 밝혀졌다. 금융위원회는 "차명계좌라 하더라도 실명전환이 됐기 때문에 문제가 없다"고 봤다. 하지만 법제처는 "금융실명제의 법 취지를 볼 때 차명계좌라면 과징금을 부과해야 한다"고 밝혔다. 2008년 처음 실체가 드러났던 이건희 회장의 차명계좌는 10년 뒤인 2018년 금융감독원과 경찰이 차명계좌를 추가로 찾아내면서 논란이 재확산됐다.

금융실명제는 1993년 갑자기 시행된 제도가 아니다. 1982년부터 도입이 논의됐던 제도다. 하지만 정부는 매번 '경제가 나쁘다'는 이유를 들며 시행을 미뤘다. 국내에서는 오랫동안 차명, 가명, 무기명 등 비실명으로 금융거래가 가능했다. 경제성장을 위해 투자재원이 필요했던 정부는 저축을 유도하기 위해 이를 용인했다. 그런데 갑자기 돈에 꼬리표를 단다면 조금이라도 켕기는 자금은 해외로 도피하고, 사채시장은 마비될 수 있다는 우려가 있었다. 또한 돈이 부동산 등 실물로 몰려가 투기가 일어나는 반면 증권시장은 침체될 수 있다는 걱정도 있었다.

1982년 이철희·장영자 어음사기 사건이 발생하자 정부는 7·3조치를 통해 실명자산 소득에 대한 종합과세제도를 실시하겠다고 발표했다. 같은 해 12월 금융실명거래에 관한 법률이 제정됐다. 하지만 오일쇼크 충격이 여전한 상태에서 시행을 밀어붙일 경우 경제에 충격이 갈 수 있다는 우려가 커지면서 결국 시행을 유보했다.

그러다가 1988년 민주화라는 시대적 분위기를 맞아 정부는 '경제안정성장과 선진 화합 경제 추진대책'을 발표하면서 1991년 1월부터 금융실명제를 전면 실시하겠다고 공표했다. 1989년에는 금융실명거래 실시 준비단도 발족됐다. 하지만 1989년 하반기부터 글로벌 경기침체로 성장률이 둔화하고 증시가 폭락하자 1990년 4월 다시 시행을 유보했다.

마침내 1993년 금융실명제는 대통령의 긴급명령으로 시행됐지만, 외환위기 때인 1997년에는 폐지 기로에 서기도 했다. 전국경제인연합회는 금융실명제로 인해 시중자금 흐름이 원활하지 않게 됐다며 외환위기의 원인으로 금융실명제를 지목했다. 실제 1993년만 해도 전체 중소기업의 23%가 사채시장에서 자금을 조달했다. 하지만 국제통화기금(IMF)이 투명한 거래를 위해서는 금융실명제가 반드시 유지돼야 한다고 반박하면서 폐지론은 사라졌다.

금융실명제가 한국사회에 끼친 영향은 컸다. 금융실명제로 자금 거래가 투명하게 되면서 기업들의 비자금이 사라졌다. 이로 인해 정치권에 암묵적으로 들어오던 검은 자금이 끊기고 정경유착의 꼬리가 끊어지는 계기가 됐다. 뇌물청탁, 탈세, 부정부패 등도 대폭 줄었다. 경제에 미친 영향은 더 컸다. 한국경제의 고질병으로 인식되던 지하경제가 대폭 축소됐다. 금융사용자의 실명이 확인되면서 이자 배당 소득에 대한 종합과세, 주식양도 차익에 대한 종합과세 등 금융관련 과세를 할 수 있는 기반이 됐다.

영화 속 문소리는 시어머님을 모시고 와달라는 직원의 요구에 "몇 년째 병원에 있으시고 거동이 불편해서 은행까지 오시기 어려워요"라고 양해를 구한다. 은행 직원은 곤란해하면서 말한다. "그럼 저희도 방법이 없어요. 돌아가실 때까지 기다리는 방법밖에 없네요."

직원은 왜 '대스타'인 문소리의 요구를 들어주지 않았을까? 금융실명제법을 위반하면 금융회사와 직원은 금융당국으로부터 징계를 받는다. 특히 직원은 금융권 재취업이 거의 불가능하다. 제아무리 선의라도 불법을 저지르기에는 리스크가 너무 컸다.

나도 무료로 일해
- 프로보노

아이 엠 샘

감독 제시 넬슨
OTT 왓챠, 웨이브

▷ 프로보노란 공공의 이익을 위한 무료봉사라는 뜻으로, 라틴 문구인 '공익을 위하여'의 약어다. 변호사가 소외계층에 무료로 법률서비스를 제공하는 행위를 말한다. 프로보노의 의미는 각 분야의 전문가가 공익을 위해 자신의 전문적인 지식, 기술, 경험 등을 기부하는 활동이나 사람으로 확대됐다.

커피전문점 스타벅스가 낯설던 때였다. 자폐인이 커피 서빙을 하는 것은 더더욱 낯설던 때였다. 2002년 개봉된 영화 〈아이 엠 샘〉이 준 문화적 충격은 적지 않았다. 캐러멜마키아토가 우리에게 널리 알려진 것도 이 영화에서였다.

제시 넬슨 감독의 영화 〈아이 엠 샘〉은 7세 지능을 가진 자폐인 아빠 샘 도슨과 정상적인 지능을 가진 딸 루시의 성장기다. 남들이 보기에는 정상적이지 못하지만, 둘은 가장 즐거운 시간을 함께하며 행복하게 살아간다. 루시는 그런 행복이 깨지는 것이 두렵다. 7세가 된 루시는 학교수업을 게을리한다. 아빠의 지능을 추월해버리는 것이 두려운 거다. 사회복지기관은 샘이 아빠로서 부적절하다고 판단한다. 루시는 시설로 옮겨지고, 샘에게는 주 2회 면회만 허용된다.

샘은 왜 자신이 딸과 헤어져야 하는지 이해가 되지 않는다. 그는 법정싸움을 벌이기로 한다. 그래서 찾아간 변호사가 엘리트 변호사 리타 해리슨이다. 도도한 그녀가 돈도 안 되고, 승산도 별로 없어 보이는 이 소송을 과연 맡을까?

자신을 찾아온 샘을 본 리타는 피한다. 하지만 동료들 앞에서 얼떨결에 무료변론을 받아들인다. 사회적 약자를 차갑게 내치는 것은 사회적 체면에 맞지 않다. 평소 리타를 잘 아는 동료들은 그녀를 미심쩍게 바라본다. 설마 네가? 리타가 정색한다. "내가 프로보노를 안 한다는 거냐? 나도 프로보노해."

'프로보노'란 공공의 이익을 위한 무료봉사라는 뜻으로, 라틴 문구인 '공익을 위하여(Pro Bono Publico)'의 약어다. 변호사가 소외계층을 위해 무료로 법률서비스를 제공하는 행위를 말한다. 특히 미국의 경우 공익활동이 매우 활발하게 이뤄지고 있는데, 연간 최소 50시간을 이 활동에 사용하도록 의무화하고 있다. 한국도 2001년 7월 개정된 변호사법에 따라 변호사들은 연간 20시간의 공익활동을 하는 것이 의무화됐다.

프로보노의 의미는 각 분야의 전문가가 공익을 위해 자신의 전문적인 지식, 기술, 경험 등을 기부하는 활동이나 사람으로 확대되고 있다. 그러니까 전문지식인의 공익기부 정도로 해석하면 무리가 없다. 활동 영역도 경영전략, 정보기술(IT), 재무회계, 마케팅, 디자인 지원 등으로 다양해지고 있다. 기업이 보유한 인력과 자본, 제품 등을 활용해 비영리 영역과 지역사회의 발전을 돕는 활동도 프로보노라 부른다. 예컨대 ICT기업이 장애인, 노약자 등을 위해 특화된 ICT 제품이나 서비스를 개발해 기부한다면 프로보노활동이 될 수 있다.

최근 들어 많은 기업들이 사회공헌차원에서 자신들이 가진 재능을 기부하고 있다. 글로벌 프로보노 서밋 행사에는 어도비, 아메리칸익스프레스, 골드만삭스, 구글 등이 참여하고 있다.《포춘》500대 기업 인사관리(HR) 담당자들의 91%는 프로보노 활동이 비즈니스 역량과 리더십을 높이는 데 효과적이라고 생각하고 있다는 조사결과도 있다.

글로벌 제약회사인 글락소스미스클라인(GSK)의 경우 프로보노 활동에 참가한 직원들의 89% 이상이 '사고의 유연성, 변화를 만들어내는 힘, 고객중심 사고, 역량 개발' 등이 향상됐다고 답했다. IBM의 프로보노 참가자 중 92%는 지역문화에 대한 이해도가 높아졌다. 78%는 태도와 동기가 향상됐다고, 73%는 리더십이 강화됐다고 답했다. 어도비는 4개의 비영리기관을 지원하는 프로보노활동을 운영해보니 구성원들의 회사에 대한 자긍심이 상승했다고 밝혔다. 프로보노활동은 단순히 타인을 돕는 데서 끝나는 게 아니라 기업 자체적으로도 굉장한 보상을 받게 된다는 의미다.

유럽의 프로보노활동은 정부 주도 아래 시스템적으로 이뤄지고, 미국은 민간 주도로 진행된다는 특징이 있다. 최근에는 국내 기업들도 프로보노활동을 적극적으로 하고 있다. 'SK프로보노' '코오롱 사회봉사단'은 대표적인 사례다.

기업의 사회공헌 활동으로 '메세나(Mecenat)'라는 단어를 알아놔도 좋다. 메세나는 기업들이 문화·예술·과학·스포츠 등을 적극 후원하는 것을 말한다. 메세나는 프랑스어로 고대 로마제국의 아우구스투스 황제의 신하이자 정치가·외교관·시인이었던 가이우스 마이케나스(Gaius Maecenas)가 당대 예술가들과 친교를 두텁게 하면서 그들의 예술·창작 활동을 적극적으로 후원해 예술부국으로 만든 데서 유래했다. 역사적으로 메세나의 대표적 예로는 미켈란젤로, 레오나르도 다빈치 등의 예술가들을 지원해 르네상스시대를 연 피렌체의 메디치가(家)가 꼽힌다.

영화 〈아이 엠 샘〉은 간접광고를 가장 잘 쓴 영화로도 알려져 있다. 이 영화를 통해 글로벌시장에서 스타벅스의 인지도가 크게 상승한다. 샘이 일하는 영화 속 스타벅스는 장애인에게 친화적이면서 매우 인간적인 작업장이고, 매우 깨끗하고 청결한 매장이다. 샘이 병원으로 뛰어갈 때 지나는 건물의 옥외광고들, 루시의 기저귀를 갈때 비치는 배지, 루시의 새 신발을 선물하기 위해 신발가게에 들어가는 장면에서도 광고가 숨어 있다. 또한 매춘부가 샘에게 접근하기 직전 보고 있던 잡지, 루시를 만나기 위해 버스를 타는 장면 속 버스 외관에도 유명 신발회사 광고가 보잉이라는 글귀와 함께 지나간다.

숨어 있는 간접광고를 찾아보는 맛도 쏠쏠하다.

영화 〈아이 엠 샘〉은 '좋은 부모란 무엇인가'라는 질문을 던진다. "좋은 부모란 한결같아야 하며, 기다릴 줄 알아야 하고, 귀 기울일 줄 알아야 해요. 또 듣기 싫어도 귀 기울이는 척할 줄 알아야 해요." 육아 사이트에서 종종 회자되는 영화 속 명대사다. 아이 엠 샘!

살아 돌아왔다고? 잘했어!

- 손절매

덩케르크

감독 크리스토퍼 놀란

OTT 넷플릭스, 웨이브

▶ 손절매란 손해를 끊어버리는 매매를 말한다. 줄여서 '손절'이라고도 한다. 금융전문가들은 영어단어 그대로 로스컷이라 부르기도 한다. 주식시장에서는 주가가 떨어질 때 손해를 보더라도 팔아서 추가 하락에 따른 손실을 피하는 기법을 의미한다.

"우리는 해변에서 싸울 것입니다. 우리는 상륙지에서 싸울 것입니다. 우리는 들판에서 싸우고, 거리에서 싸울 것입니다. 우리는 끝까지 싸울 것입니다."

윈스턴 처칠은 덩케르크 철수작전이 성공적으로 끝난 직후 이 같은 명연설을 남긴다. 영국 의회에서 연설을 마친 그는 승리의 V자를 내보였다. 이는 2차 세계대전 승리를 의미하는 상징이 됐다.

크리스토퍼 놀란 감독의 〈덩케르크〉는 역대 최고의 철수작전으로 불리는 2차 세계대전의 덩케르크 철수작전(작전명 다이나모)을 아이맥스 화면에 담고 있다. 2차 세계대전 초기이던 1940년 5월 40만 명의 영국군과 연합군이 프랑스 북서쪽 작은 해변 덩케르크에 고립된다. 이때 기적이 일어난다. 영국 민간인들이 자신의 요트를 몰고 구조작전에 참여한다. 처칠이 생각했던 철수인원은 3만 명. 하지만 33만 5,000명이 탈출에 성공한다. 5월 26일부터 6월 4일까지 일어난 9일간의 기적이었다.

놀란 감독은 〈플래툰〉이나 〈람보〉 스타일의 영웅을 불러오지 않았다. 어디서 날아올지 모르는 총탄에 떨며 살아남기 위해 비굴함을 서슴지 않는 패잔병들의 생존을 냉정하게 다룬다. 영상은 3인이 처한 다른 공간을 주시한다. 해변(방파제), 바다, 하늘이다. 소년병사 토미의 일주일과 요트 문스톤호 선주 도슨 부자의 하루, 영국 공군 스피트파이어의 조종사 콜린스의 한 시간은 '탈출'이라는 한곳에서 만난다.

덩케르크 철수작전이 성공적으로 끝난 뒤 처칠은 말한다. "전쟁에서 철수는 승리가 아닙니다. 하지만 이번 덩케르크에서의 철수는 승리입니다." 처칠의 말은 빈말이 아니었다. 귀환한 전사들은 재무장해 독일에 맞섰고, 끝내 전세를 역전시킨다. 그래서 덩케르크 철수작전은 2차 세계대전 최고의 전환점 중 하나였다는 평가를 받는다.

제아무리 명장이라도 전투에서는 매번 이길 수 없다. 수많은 전투에서 진다. 다만 패했을 때는 전력 손실을 최소화하면서 후퇴를 잘해야 한다. 그래야 다음이 있다. '작전상 후퇴'를 투자용어로 말하자면 '손절매'다.

손절매란 손해(損)를 끊어(絶)버리는 매매(賣)를 말한다. 줄여서 '손절'이라고도 한다. 예컨대 주식시장에서 매입한 주식이 예상과 달리 가격이 하락했다고 하자. 하락장이라 수익을 기대하기 힘들다면 어느 정도 손해를 감수하고라도 주식을 매도해 손해를 확정해야 한다. 그렇지 않고 계속 쥐고 있다면 손해액이 더 커져 다음 투자할 기회마저 송두리째 잃을 수 있다.

손절매의 기준은 사람마다, 종목마다 다르다. 다만 시중에 나와 있던 주식투자서 중에는 손실이 자신이 갖고 있는 자금의 3%에 이르면 손절매하라는 권고를 많이 한다. 이른바 '3%룰'이다.

손절매가 어려운 이유는 사람이라면 누구나 갖고 있는 손실회피 성향이 발동하기 때문이다. 손실회피성향이란 손실을 꺼리는 심리로, 특히 사람들은 원금보장에 민감하다. 차마 손절매를 못 해 물타기(매입 주식이 하락하면 그 주식을 저가로 추가 매입해 매입 평균단가를 낮추는 투자법)를 하는 경우도 많다. 물타기로 시간을 벌 수는 있지만 주가가 추가로 하락한다면 더 큰 손실을 볼 수 있다. 손절매를 처칠의 말로 빗대자면 '손절매는 승리가 아니다. 하지만 잘한 손절매는 승리다'라고도 말할 수 있다.

손절매는 손실을 자신의 손으로 확정하는 일이라 결정하기가 정말 쉽지 않다. 때문에 혹자는 손절매는 결정의 문제가 아니라 결단의 문제라고도 한다. 자본시장연구원 김준석 연구위원이 쓴 「주식시장 개인투자자의 형태적 편의」 보고서를 보면 하루 보유한 뒤 손실이 나면 22%가 팔고 10일 보유 뒤 손실이 나면 5%만 매도한다고 한다. 계속 손실이 나도 보유한 기간이 오래되면 오래될수록 손절매하기는 더 어려워진다.

그렇다면 손절매를 잘할 수 있는 방법은 무엇일까? 포커 챔피언 출신인 인지심리학자 애니 듀크(Anne Duke)는 "손실과 친해지려면 사전에 계획을 세워야 한다"고 말한다. 얼마까지 손실을 감내할 수 있는지 미리 계획을 세우고, 그 단계가 온다면 가차 없이 팔아버리라는 이야기다. 기관투자자들이 사용하는 방법이 프로그램매매다.

프로그램매매란 일정 조건이 충족되면 자동적으로 매도 혹은 매수 주문을 내도록 한 프로그램에 따라 거래가 이뤄지는 것을 말한다. 예컨대 −10%를 최대손실로 입력했다면 주가가 −10%가 되면 해당 종목을 바로 매도한다. 하나금융연구소의 「2022 한국 부자 보고서」를 보면 한국의 부자들은 보유한 주식이 15% 하락하면 손절매를 하는 것으로 나타났다.

물론 손절매가 항상 성공적인 판단이라고 볼 수는 없다. 심리가 손절매에 미치는 영향이 크기 때문이다. 특히 하락장에는 버티다 버티다 공포가 극에 달할 때 손절매에 나서는데 이때가 바닥일 가능성이 크다. 만약 자신이 쥔 주식이 확실한 가치주라는 믿음이 있다면 성급한 손절매보다는 버티는 것이 더 나은 수익을 줄 수도 있다. 위대한 투자자 워런 버핏이 "보유한 주식이 50% 급락하는 것을 견뎌낼 자신이 없는 사람은 주식 투자를 하지 말아야 한다"고 말한 것은 이 때문이다.

2차 세계대전 동안 영국인들은 "덩케르크 정신(Dunkirk Spirit)"이라고 외치며 건배사를 했다고 한다. 독일의 위협에 굴하지 않고 반격을 하겠다는 의지가 담겨 있다.

영화 속에서 한 노인이 가까스로 살아 돌아온 병사에게 말한다. "잘했어." "그저 살아 돌아온 것뿐인데요." "그걸로 충분해."

살아남아서 훗날을 도모하는 것은 중요하다. 행여 주식이나 가상화폐 혹은 부동산 투자를 했다가 깊은 수렁에 빠진 투자자라면 지금이 시점이 '덩케르크 정신'을 외칠 때인지도 모른다.

경제는 오늘의 이야기입니다. 투자를 어디에 할 것인지, 지출은 얼마나 할 것인지를 매일매일 결정합니다. 계속 변하는 경제환경에 맞춰 마케팅 전략과 재테크 전략을 새로 수립해야 합니다. 매일 달라지는 환율과 주가, 금리는 모든 경제주체들을 긴장케 합니다. 메타버스, 챗GPT, 플랫폼 등은 경제환경을 또 바꿔놓습니다. 살아 숨 쉬는 모든 것이 경제입니다.

경제는 현실이다

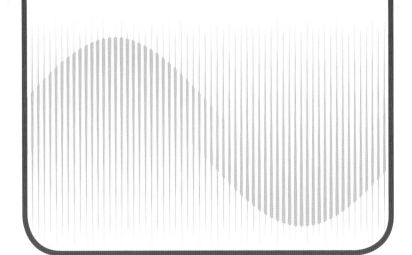

해달라는 것 다 해드립니다!

- 포크배럴

정직한 후보

감독 장유정

OTT 넷플릭스, 웨이브

▷ 포크배럴이란 특정 지역구 혹은 정치자금 후원자를 위한 선심성·낭비성 사업을 일컫는 말이다. 사전적 의미는 '돼지여물통'이다. 여물통에 먹이를 던져주면 돼지들이 몰려드는 것처럼 정부보조금을 타내기 위해 경쟁하는 의원들의 형태를 비꼬았다.

"찍어주면 뭐 해줄 거예요?"

"아휴, 해달라는 것 다 해주죠."

한 표가 아쉬운데 무슨 약속이든 못하랴. 유권자의 요구에 주상숙 의원은 이렇게 화답하며 두 손을 꽉 잡는다. 유치원도 확대해주고, 전봇대도 뽑아주겠단다. 엑스포를 유치해 지역경제도 살리겠단다. 넘쳐나는 지역구 공약, 모두 지킬 수 있을까? 장유정 감독의 영화 〈정직한 후보〉는 '정치인들이 거짓말을 하지 않는다면'이란 발칙한 상상에서 시작한다. 거짓말하지 못하는 변호사가 벌이는 소동인 영화 〈라이어 라이어〉를 닮았다. 원작은 동명의 브라질 영화다.

주상숙은 보험금 지급을 회피하는 대기업 보험사와 싸우다 국회에 입성한다. 그러나 3선을 지내면서 초심을 잃고 '거짓말의 달인'이 된다. 20평 좁은 집에 산다는 것은 거짓이었고, 장학재단을 세운 할머니가 돌아가셨다는 것도 거짓이다. 엑스포 유치가 지역경제를 활성화하기 위한 것이라는 말도 거짓이고, 서민을 위해 일한다는 것도 거짓이다. 이를 지켜보는 할머니는 안타깝다. 착하던 손녀가 왜 저렇게 변했을까? 손녀가 거짓말을 하지 않게 해달라고 천지신명께 빈다. 거짓말을 하지 못하게 되면 정치인은 어떻게 될까?

유세차 주부교실을 찾은 주상숙 의원은 주부 유권자들에게 강조한다. "망미동 은하수 육교 누가 지었습니까! 수미동 블랙홀 공원 누가 지었습니까!"

유권자를 대신해 지역의 요구를 중앙정부에 전달해 관철시키는 것은 지역구 의원의 주요역할 중 하나다. 중앙정부가 편성한 예산을 국회에서 심사해 통과시키면 예산이 확보된다.

문제는 그것이 과도한 선심성 사업일 때다. 사업적 효과나 절차적 정당성이 부족한 상황에서 무리하게 지역 사업을 밀어붙일 경우 '포크배럴(Pork Barrel)'이 될 수 있다. 포크배럴이란 특정 지역구 혹은 정치자금 후원자를 위한 선심성·낭비성 사업을 일컫는 미국식 용어다. 포크배럴의 사전적 의미는 '돼지여물통'이다. 여물통에 먹이를 던져주면 돼지들이 몰려드는 것처럼 정부보조금을 타내기 위해 경쟁하는 의원들의 형태를 비꼬았다.

위키피디아에 따르면, 포크배럴은 처음에는 선거 때 득표를 위해 노력하는 모든 행위를 은유적으로 표현한 말이었지만 미국 남북전쟁 이후 부정적 의미로 바뀌었다. 옥스퍼드영어사전은 1873년부터 포크배럴이 현대적인 의미로 쓰였다고 밝히고 있다.

미국의 대정부감시 시민단체인 CAGW는 포크배럴로 분류할 수 있는 재정지출을 규정하고 있다. 단 한 곳의 의원실에서 요청했거나, 경쟁적으로 수여되지 않고, 대통령이 요청하지 않았고, 대통령의 예산 요구나 전년도 지원액을 크게 초과한 경우다. 또한 의회의 청문회 대상이 아닌 경우, 단지 지역적이거나 특별한 이익만을 제공할 경우도 포크배럴의 전형이라고 봤다.

포크배럴은 예산의 효율적인 분배를 방해한다는 점에서 국가경제에 미치는 해악이 크다. 최근 미국에서 포크배럴 논쟁을 일으킨 대표적인 사업으로는 알래스카의 그라비나섬 다리 건설 계획이 있다. 2005년 알레스카의 테드 스티븐슨(Ted Stevens) 상원의원 등이 알래스카 케치칸 공항과 그라비나섬을 잇는 다리 건설을 위한 2억 달러의 예산을 연방정부에 요구했다. 당시 케치칸의 인구는 9,000명, 그라비나섬의 인구는 50명이었다. 탑승료 6달러짜리 페리호가 15분 간격으로 다녔는데 이곳에 다리를 놓겠다고 했다. 2008년 주지사 선거에서는 "예산 낭비"라며 이 계획에 반대했던 세라 페일린

(Sarah Palin) 후보마저 "지역번영을 위해 꼭 필요하다"며 입장을 바꿨다. 2008년 미국 대선에서 이 다리가 논란이 됐고, "갈 곳 없는 다리(Bridge to Nowhere)"라는 비아냥을 받은 끝에 2015년 결국 건설계획이 취소됐다. 미국 코넬대학교 로버트 프랭크(Robert H. Frank) 교수는 그라비나섬 다리 건설 계획과 관련해 "지역 유권자들의 환심을 사려는 정치인들의 음흉한 야합"이라며 "건설비용을 지역주민이 아닌 국가 전체 납세자들이 떠안게 되지만 다른 주 의원들은 자신이 제한할 유사한 프로젝트에 대한 지지를 끌어내기 위해 반대하지 못했다"고 밝혔다.

포크배럴은 결국 지자체에 큰 부담으로 돌아올 수 있다. 건설 때야 정부 지원을 받는다지만 이후 운영은 지자체가 해야 하기 때문이다. 국내에서는 케이블카 건설이 대표적인 포크배럴로 꼽을 만하다. 2008년 개통한 통영 케이블카가 연간 100만 명의 관광객을 모으며 연간 수십억원의 순이익을 남기자 지자체들이 너도나도 뛰어들면서 케이블카 전쟁이 벌어졌다. 특히 2018년 지방선거에서는 상당수의 지자체에서 케이블카 설치 공약을 하는 진풍경도 벌어졌다. 2022년 현재 40여 곳이 넘는 케이블카가 운영되고 있지만 대부분이 적자에 빠지며 애물단지로 전락했다. 성공신화의 시작이 됐던 통영 케이블카도 2021년 적자 전환했다. 지하철, 모노레일 중에도 적자의 수렁에 빠진 사례가 많다. 인천은 월미은하레일(대형 모노레일)에 이어 월미모노레일(소형 모노레일) 사업이 실패하면서 10년간 1,000억원을 날렸다.

한국개발연구원(KDI)은 「공공인프라 투자의 지역안배와 포크배럴」보고서에서 "포크배럴은 정치인들이 전국 단위로 징수된 세금을 이용해 특정 지역에 투자배분을 집중함으로써 선거에서 유리한 위치를 차지하려는 '자원배분의 정치'의 전형"이라고 밝혔다. 그러면서 "한국은 가장 많은 표를 받은 후보만 당선되는 소선거구제인데다 영호남 지역구도로 인해 자신을 지지하는 지역에는 세 과시를 하고, 캐스팅보트를 쥐는 지역에는 표를 얻기 위해 포크배럴을 이용할 유인이 크다"고 분석했다.

영화에서도 망미동 은하수 육교, 수미동 블랙홀 공원 그리고 엑스포 유치까지 주상숙 의원이 추진한 많은 사업이 태원생명과 연결돼 있다. "(경제활성화에 도움이 안 되는) 엑스포 유치를 왜 밀어붙인 것이냐"고 캐묻는 상대 후보에게 주상숙 의원은 "태원에서 와이로(뇌물)를 너무 많이…"라고 실토해버린다. 포크배럴로 추진되는 사업 중에는 특정 집단의 이권 혹은 개인의 이권이 걸려 있을 가능성이 크다. 제대로 예산심사를 받지 않는 경우가 많기 때문에 불합리성이 사전에 걸러지기도 어렵다. 국회 예산결산위원회 막판에 집어넣는 쪽지 예산에 대한 우려가 큰 것은 이 때문이다.

54

드론 노동자가 전쟁을 지배한다

- 뉴칼라

엔젤 해즈 폴른

감독 릭 로먼 워

OTT 웨이브, 쿠팡플레이, 티빙

▶ 뉴칼라란 4차 산업혁명 시대에 적응해 새로운 것을 연구하고 개발하는 노동자를 말한다. 육체노동인 '블루칼라'와 전문사무직인 '화이트칼라'가 아닌 새로운 직업 계층이다. 뉴칼라들은 학력보다 실력을 더 중요시한다. 4년제 대학졸업장보다는 STEM(과학, 기술, 엔지니어링, 수학)을 기반으로 하는 기술을 가졌는지 여부가 중요하다는 말이다.

　　2018년 평창 동계올림픽 개막식 하이라이트는 1,218대의 드론이 군집비행으로 수놓은 오륜기였다. 부산 광안리 해변에서는 2022년 이후 매 주말마다 300대의 드론을 이용한 드론쇼를 한다. 드론의 군집비행을 이용한 라이트쇼는 이제 주요 행사를 빛내고 있다. 그런데 이런 드론에 폭탄을 탑재한다면 어떨까?

릭 로먼 워 감독의 영화 〈엔젤 해즈 폴른〉은 드론이 얼마나 무서운 공격용 무기가 될 수 있는지를 보여준다. 박쥐 떼처럼 덤벼드는 수백 대의 드론 공격은 지상 병력으로도, 공군력으로도 막기 어렵다.

시놉시스는 이렇다. 대통령이 낚시 휴가를 즐길 때 수백 대의 드론이 암살을 시도한다. 안면을 인식할 수 있는 드론은 대통령과 경호실 주요 인사들을 무차별 폭격한다. 경호실장인 배닝은 천신만고 끝에 트럼불 대통령을 구해내지만 도리어 대통령 암살 테러범으로 몰린다. 드론이 유독 배닝만 공격하지 않은 점, 그리고 그의 해외계좌에 엄청난 돈이 입금된 것을 미 연방수사국(FBI)이 주목했다. 몰락한 천사는 반전을 이뤄낼 수 있을까?

촬영용·레저용으로 널리 알려진 드론은 사실 처음부터 공격용 무기로 개발됐다. 1916년 미 육군은 '에어리얼 타깃 프로젝트'를 진행하면서 군사용 무인기 개발을 시작했다. 무기를 실은 비행체가 원격 조종으로 날아가 적을 타격하도록 하자는 아이디어에서 출발했다. 그래서 만들어진 것이 1917년 개발된 '스페리 에어리얼 토페도'다. 100kg이 넘는 폭탄을 싣고 날아가 목표물에 떨어지는 1회용 비행체로, 최초의 공격용 드론 무기로 불린다. '윙윙거리는 소리'라는 뜻의 '드론'이라는 명칭은 1930년 처음 사용됐다. 현대전에 첫 투입된 것은 1982년 이스라엘의 레바논 침공 당시로 기록된다.

영화에서 백악관 경호원들은 드론을 자유자재로 활용하는 적인 '뉴칼라' 앞에서 맥을 못 춘다. 뉴칼라란 4차 산업혁명 시대에 적응해 새로운 것을 연구하고 개발하는 노동자를 말한다. 육체노동자를 뜻하는 '블루칼라'와 전문사무직을 뜻하는 '화이트칼라'가 아닌 새로운 직업 계층이다.

2016년 IBM 최고경영자인 지니 로메티(Ginni Rometty)는 도널드 트럼프 대통령 당선인에게 보낸 공개서한에서 "더 이상 4년제 졸업장은 필요 없다. 인공지능(AI)과 정보기술(IT) 능력을 갖춘 뉴칼라를 길러야 한다"며 "이를 위해 IBM은 새로운 학교를 미국 전역에 100개가량 만들 계획이니 도와달라"고 밝혔다. 그는 2017년 다보스포럼에서도 "4차 산업혁명시대를 움직이는 주역은 새로운 교육방식으로 양성된 뉴칼라 계급"이라고 강조했다.

앞서 다보스포럼은 2016년 발간한 「일자리의 미래」 보고서에서 "전 세계 7세 아이들 중 65%는 지금 없는 직업을 가질 것"이라며 "향후 5년 내 사무직 등 일자리 710만 개가 줄어들고 대신 데이터 분석 등 컴퓨터 분야 일자리 210만 개가 새로 만들어질 것"이라고 전망했다.

AI와 빅데이터·5G·자율주행기능 등의 발달로 기존 노동이 자동화로 바뀌면서 기존 직업은 사라지고 새로운 직업이 떠오를 수밖에 없다. 데이터사이언티스트·인공지능·클라우드 컴퓨팅·사이버보안·코딩 전문가 등 다양한 직업이 기대된다. 그중 하나가 드론 조종사다.

드론산업은 촬영·레저에 이어 농업·방제·측량·배송 등 다양한 분야로 확대되고 있다. 뉴칼라들은 학력보다 실력을 더 중요시한다. 4년제 대학졸업장보다는 STEM(과학, 기술, 엔지니어링, 수학)을 기반으로 하는 기술을 가졌는지 여부가 중요하다는 말이다. IBM의 임원은 한 언론과의 인터뷰에서 "미국 IBM 본사에 근무하는 임직원의 3분의 1은 뉴칼라에 해당한다"며 "학위가 있는지 없는지는 전혀 중요하지 않고, 얼마나 많은 직원이 STEM 분야를 친숙하게 느끼면서 일하는지, 그리고 세상의 변화에 얼마만큼 적응하는지가 중요하다"고 말했다.

다른 형태의 인재는 다른 형태의 교육에서 길러낼 수 있다. IBM은 전통적인 교육방식에서 벗어나 뉴칼라 인재를 직접 길러내겠다며 'P테크 학교'를 설립했다. P테크학교는 2011년 IBM이 뉴욕시 교육청과 뉴욕시립대학교와 손잡고 브루클린에 설립한 6년제 공립학교다. 지금은 일리노이주 등 미국 전역에 55개의 학교가 있다. P는 진로를 의미하는 'Pathway'의 첫 글자에서 따왔다. P테크 학교는 IT 분야에 꼭 필요한 기술을 가르치는데 한국 기준 중학교 3학년의 나이부터 입학할 수 있다. 이 학교에는 기존 학교에서 쓰는 교과서로 학생들을 가르치지 않는다. 여름방학에는 인턴십 프로그램을 운영한다. 이 학교 졸업생들은 2년제 대학졸업자에게 주는 준학사 학위가 수여된다.

국내에서도 변화의 조짐이 보이고 있다. 포스코는 직원들의 데이터 분석과 코딩 능력에 따라 등급을 나누는 '뉴칼라 레벨 인증제'를 국내 최초로 도입했다. 교원그룹은 미래산업과학고, 명지전문대와 손잡고 5년제 통합 교육 과정으로 운영하는 '한국뉴칼라스쿨'을 개교하고 2020년 첫 신입생을 받았다. 한국뉴칼라스쿨 1~3학년(고교 과정)은 프로그래밍, 컴퓨터 그래픽, 영상 제작, 애니메이션 콘텐츠 제작, 디자인, 게임 콘텐츠 제작 등을, 4~5학년(대학 과정)은 AI 기초, AI

알고리즘, 가상·증강현실 실무, 에듀테크 콘텐츠 개발 등을 배운다.

지자체도 뉴칼라 인재 육성에 힘을 보태고 있다. 서울시는 2020년 11월 '디지털 뉴딜&뉴칼라 인재 육성 과제'를 주제로 '2020 서울 사회 공헌 혁신포럼'을 개최했다. 2017년 IBM은 「인재위기 보고서」에서 "변화하는 시대의 요구에 맞는 업무역량을 갖춘 글로벌 인재들을 제대로 키워내지 못한다면 인재부족현상은 개개의 기업뿐 아니라 글로벌 경제에도 심각한 영향을 미칠 것"이라고 예상했다.

트럼불 대통령을 공격한 적은 '뉴칼라'다. 이들은 코딩된 드론을 자유자재로 활용한다. 해킹을 통해 자동차의 통신과 전원을 끊고, 병원의 설비시스템을 제어하기도 한다. 이런 뉴칼라의 공격에 화이트칼라와 블루칼라로 만든 기존 경호시스템은 무력하게 무너진다. 뉴칼라의 공습에 변호사·의사·회계사 등 기존 직업군이 무력하게 사라지는 것을 영화가 빗대고 있다고 해석한다면 과도한 것일까?

55

사람들이 모이는 자리

- 플랫폼

더 테이블

감독 김종관

OTT 왓챠, 웨이브, 티빙

▷ 플랫폼이란 버스나 기차 승강장을 뜻하는데 사람들이 모여드는 장소다. 사람이 모여들면 다양한 매점이 생기고, 수많은 광고판이 붙게 된다. 이처럼 플랫폼은 '판매자와 구매자 양쪽을 하나의 장으로 끌어들여서 새로운 가치를 창출하는 공간'을 통칭하는 의미로 쓰인다.

원탁테이블을 마주 보며 놓인 의자 2개가 있다. 그 좁은 공간에서 하루 동안 얼마나 많은 이야기가 오갈까? 때론 웃음과 울음이, 진실과 거짓이, 가식과 진심이 거쳐갔을지도 모른다. 김종관 감독의 영화 〈더 테이블〉은 일상의 소소한 호기심을 투영한다. 카메라는 좁은 골목길에 위치한 통큰 창이 있는 작은 카페의 하루, 네 번의 만남을 비춘다.

오후 5시. 2잔의 따뜻한 라테를 마시며 은희와 숙자가 만난다. 은희의 가짜 결혼식에 숙자는 친정엄마 대역을 할 참이다. 어둠이 깔린 밤 9시. 식어버린 커피와 남겨진 홍차가 놓여 있다. 결혼을 앞둔 혜경은 옛 연인 운철을 만난다. 혜경은 말한다. "왜 마음 가는 길이랑 사람 가는 길이 달라지는 건지 모르겠어."

〈더 테이블〉의 영화 포스터는 테이블을 '마음이 지나가는 곳'이라고 표현했다. 사람들은 빈 공간보다 테이블이 있는 장소를 선호한다. 물이라도 한잔 올려놓으면 대화를 나누기 쉽다. 커피나 차라면 더 말할 나위가 없다. 테이블은 사람들을 불러 모아 이야기를 나누도록 하는 힘이 있다. 테이블이 하는 역할을 경제용어로 바꾸자면 '플랫폼(Platform)'이다.

플랫폼 하면 버스나 기차 승강장이 먼저 떠오른다. 승객과 교통수단이 만나는 곳으로, 돈을 내면 교통수단을 이용할 수 있다. 또한 다양한 매점이 모여들고, 수많은 광고가 붙는다. 이 같은 의미가 확장돼 플랫폼은 '판매자와 구매자 양쪽을 하나의 장으로 끌어들여서 새로운 가치를 창출하는 공간'을 통칭하는 의미로 바뀌었다.

플랫폼은 오프라인 매장은 물론 응용프로그램, 웹, 정치·사회·문화적 합의나 규칙 등 유·무형의 형태를 모두 포괄한다. 아이폰이나 갤럭시 시리즈 같은 스마트폰도 플랫폼이고, 아이폰에 까는 모바일 앱, 카카오톡도 플랫폼이다. 네이버 같은 포털도 물론 플랫폼이 된다. 스콧 갤러웨이(Scott Galloway) 미국 뉴욕대학교 교수는 구글·아마존·애플·페이스북은 플랫폼을 주무르는 '디지털 4인방(Gang of Four)'이라고 명명했다.

테슬라의 전기자동차나 구글의 자율주행자동차는 자동차 플랫폼을 일거에 바꾸고 있다. 전자상거래는 물론이고 백화점, 대형할인마트, 편의점도 유통 플랫폼이다. 창업이 잘되도록 도와주는 법적·제도적 지원은 '창업 플랫폼'이라고 부른다. 좁게는 창업보육센터를 말하고, 넓게는 창업 아이디어 발굴, 자금조달, 시장 수요 조사, 기술 개발에 이르는 일련의 과정을 포괄한다.

플랫폼은 강력한 네트워크 효과를 창출해낸다. 새로 구축된 플랫폼을 중심으로 각종 부가서비스가 덧붙여지면서 새로운 시장 생태계가 조성된다. 플랫폼을 장악한 기업의 힘이 세다 보니 '플랫폼 중립성'은 중요한 이슈가 되고 있다. 플랫폼 중립성이란 플랫폼을 장악한 기업들이 플랫폼을 이용하려는 업체들을 차별해서는 안 된다는 정책을 말한다. 예를 들어 구글이 인수한 모토로라에 특혜를 주거나 MS가 노키아에만 최적화된 운영체제를 공급하면 플랫폼 중립성에 어긋난다. 과거 MS의 익스플로러, 메신저 끼워팔기가 금지된 것은 경쟁당국이 '플랫폼 중립성'에 위배된다고 판단했기 때문이다.

테이블은 가장 오래된 '대화 플랫폼'이다. 심지어 금융시스템도 만들어냈다. 은행을 뜻하는 'bank'는 이탈리아어 방코(banco), 방카(banca)에서 유래됐다. 방코는 환전상의 책상, 즉 환전대를 의미한다. 하지만 테이블의 막강했던 플랫폼 아성이 흔들리고 있다. 카카오톡과 온라인 메신저 때문이다. 사람들은 더 이상 테이블에 앉지 않고도 대화를 할 수 있게 됐다. 카카오톡과 온라인 메신저라는 모바일 시대의 '플랫폼'을 통해 장소와 시간, 규모에 구애를 받지 않고 대화한다.

그러자 카페와 커피전문점도 변화를 꾀하고 있다. 와이파이를 설치해 카공족(카페에서 공부하는 사람들)과 엄지족(스마트폰을 많이 이용하는 사람들)을 유혹하고 있다. 머지않은 미래에 카페는 대화보다는 공부나 카톡을 하기 위한 공간이 될지도 모른다. 플랫폼은 이렇게 진화한다.

2022년 10월 카카오톡이 데이터센터 화재로 127분간 먹통이 되면서 카카오톡과 연계되는 모든 서비스에 장애가 발생했다. 카카오 내 서비스 장애는 물론 카카오뱅크, 카카오페이, 카카오내비, 카카오 T 등도 멈춰섰다. 카카오로 인증을 해야 했던 가상화폐거래소인 업비트도 로그인이 불가능해졌다. 카카오톡이 제공하는 공적 인증, 증명서, 납부서 발급도 중단됐다.

카카오톡은 국민 5,000만 명 중 4,500만 명이 가입한, 사실상 전 국민이 사용하는 플랫폼이었고, 이 때문에 각종 민간 및 공적 서비스들이 모여들었다. 플랫폼 기업의 혁신을 저해한다는 이유로 규제도 거의 받지 않았다. 구글·유튜브와 같은 글로벌 플랫폼 기업과 경쟁을 하기 위해서도 어느 정도 육성이 필요했다. 하지만 시장점유율 95%(2021년 카카오 사업보고서)의 폐해는 컸다. 단 한 번의 멈춤으로 전국이 멈춰섰다. 플랫폼 기업들의 힘이 세지면서 쇼핑 등 입점업체에 가격 인하를 압박하거나 경쟁 플랫폼의 등장을 막는 불공정사례도 보고되고 있다.

때문에 미국과 유럽연합은 GAFA(구글·애플·페이스북·아마존) 같은 빅테크 플랫폼 기업의 규제를 강화하고 있다. 유럽연합은 2023년 연매출 75억유로(약 11조원) 이상 기업과 이용자 4,500만 명 이상 기업을 대상으로 디지털시장법(DMA), 디지털서비스법(DSA) 등을 시행한다. 미국에서도 민주당과 공화당 의원들이 하원에서 플랫폼 기업 규제와 관련한 5개 법안을 발의했다.

거대한 1개의 테이블이 마련되고, 그곳에 모두 마주 앉아 대화를 한다면 많은 문제가 빠르고 신속하게 해결될 수 있다. 하지만 다른 테이블에서 나올 수 있었던 다양한 생각과 관점은 사라진다. 만약 어떠한 이유로 그 테이블이 치워진다면 사람들은 대혼란에 빠진다. 거대 플랫폼 시대에도 골목길 곳곳에 있는 작은 카페와 작은 도서관, 마을 단위의 협동조합과 라디오방송사 등이 존재해야 하는 이유다.

56

새롭고 복잡한 것은 싫다

- 슬로 어답터

나, 다니엘 블레이크

감독 켄 로치

OTT 왓챠, 웨이브, 티빙

▶ 슬로 어답터란 새로운 기술에 느리게 반응하는 소비자를 말한다. 혹은 레이트 어답터라고도 한다. 그렇다고 슬로 어답터가 게으른 소비자라고 볼 수는 없다. 어느 측면에서는 매우 합리적인 소비자다. 시스템이 안정되고 검증된 다음에야 제품을 구입하기 때문이다.

가난한 사람은 게으른 사람일까, 의지가 나약하고 책임감이 없는 사람일까? 개인의 능력에 따라 보상을 달리해야 한다는 '능력주의'가 팽배한 사회에서는 때로 '결과'가 '과정'을 결정짓는다. 하지만 살아보면 안다. 누구에게 해를 끼치지 않고, 자신의 일을 사랑하며 정직하게 살아온 사람도 때론 벼랑 끝에 몰리게 되는 것이 인생이다.

평생을 목수로 성실하게 살아왔지만 심장병을 앓으면서 돈벌이를 할 수 없게 된 노년의 그는 수당을 받기 위해 정부에 도움을 구한다. 묵묵히 사회적 책임을 다하며 떳떳이 살아왔기에 당당하다. 그래서 요구한다. "나는 게으름뱅이도, 사기꾼도, 거지도, 도둑도, 보험 번호 숫자도, 화면 속 점도 아닙니다. 내 이름은 다니엘 블레이크입니다."

켄 로치 감독의 영화 〈나, 다니엘 블레이크〉는 가난에 대한 사회적 편견과 관료화된 복지제도 속에서 살아가는 시민의 이야기를 다룬다. 평생 시민의 의무를 다하며 살아왔다면 노동력을 상실한 지금, 그는 사회의 지원을 받을 자격이 있다. 그것이 시민의 권리다. 하지만 신자유주의가 잉태한 작은 정부는 위기에 빠진 시민을 구제하는 데 인색하다. 가난의 책임을 개인에게 미룬다. 그러면서 수치심과 굴욕을 안긴다. 수당과 보조금을 받기 위해 과연 시민들은 굴욕을 견뎌내야 하는 것인가. 헐거워진 복지제도는 도처에 사각지대를 만든다.

주치의는 지병인 심장병이 악화된 블레이크에게 일을 그만둘 것을 권고한다. 마땅한 연금도 없는 터라 일을 그만두면 당장 수입이 없어진다. 질병으로 일을 그만둔다면 질병수당 대상이 된다. 비의료인인 상담사는 수급대상이 되는지를 매뉴얼로 따진다. 매뉴얼이 주목하는 것은 사지를 쓸 수 있는지 여부다. 주치의의 소견은 반영하지 않는다. 상담사는 별다른 외상이 없는 그를 '일을 할 수 있는 상태'라고 판정한다. 질병수당 대상이 아니라는 것이다. 당장 정부지원을 받지 못한다면 임대료와 전기료, 가스료를 내지 못할 상황이라서 구직수당이라도 받아야 한다. 하지만 구직수당에도 까다로운 조건이 있다. 의무적으로 취업교육을 받아야 하고, 열심히 구직활동을 했다는 증빙을 해야 한다.

문제는 또 있다. 실업수당 상담예약 신청은 온라인에서만 가능하다. 연필세대인 블레이크에게 온라인은 어렵다. 커서를 어떻게 움직이는지, 화면 스크롤을 어떻게 조작하는지 모른다. 힘들게 기입을 했더니 이번에는 에러가 나 기입한 내용이 날아가버린다. 서류신청은 안 되냐고 물어봤더니 절대 안 된단다.

영국의 복지가 강퍅하게 된 것은 1980년대에 대처 수상이 집권하면서다. 1979년 총선거에서 보수당 승리로 집권한 대처는 복지를 위한 공공지출 삭감, 세금 인하, 노동조합 규제, 국영기업의 민영화, 긴축을 통한 인플레이션 억제, 금융규제 완화, 작은 정부 등을 단행한다. 대처의 이 같은 정책을 '대처리즘'이라 부른다. 대처는 너무 강한 노조와 복지 의존으로 무기력에 빠진 '영국병'을 치유하기 위해서는 불가피한 처방이라고 주장했다.

대처 이후 영국사회는 수당 지급에 깐깐해졌다. 복지절차를 온라인화하는 것은 행정을 효율화하기 위해 필요한 작업이지만, 컴퓨터에 익숙하지 않은 사람에게는 높은 진입장벽이 된다. 홈페이지에 가입하고 인증하는 일조차 평생 목수일을 한 59세의 블레이크에게는 난해하다. 블레이크는 결국 옆집 청년들에게 도움을 구해 인터넷 상담 예약을 한다.

블레이크처럼 새로운 기술에 느리게 반응하는 소비자를 '슬로 어

답터(Slow Adopter)'라고 한다. 혹은 레이트 어댑터(Late Adopter)라고
도 한다. 이들은 복잡한 기능의 고성능 제품보다 실용적이고 조작하
기 쉬운 제품을 선호한다. 슬로 어댑터는 웬만하면 신제품을 사지
않는다. 쓰던 제품을 쓸 때까지 쓴 뒤 마지못해 새 제품을 사야 할
일이 생기면 그때에야 매장을 찾는다. 슬로 어댑터는 낯선 첨단기술
을 조작해보는 것에 부담을 느끼고 때로 성가셔 한다. 그렇다고 슬
로 어댑터가 게으른 소비자라고 볼 수는 없다. 어느 측면에서는 매
우 합리적인 소비자다. 시스템이 안정되고 검증된 다음에야 제품을
구입하기 때문이다. 트렌드는 얼리 어댑터가 이끌지만 실제 대중적
소비는 슬로 어댑터들이 한다.

블레이크의 이웃집 흑인청년들은 중국의 공장에서 생산한 나이키
신발을 온라인으로 직구입해 동네에서 저가로 판매한다. 영락없는
얼리 어댑터의 모습이다. 새로운 기술을 남들보다 먼저 사용해보는
것을 좋아하는 사람들을 얼리 어댑터(Early Adopter)라고 부른다. 이
들은 새로운 제품에 대한 수용력과 호기심이 다른 사람들에 비해 뛰
어나다. 에버렛 로저스(Everett Rogers) 뉴멕시코대학교 교수가 1972
년 저서 『혁신의 확산(Diffusion of Innovations)』에서 이 개념을 처음
언급할 때만 해도 별로 주목을 못 받았다. 하지만 새로운 첨단기기
가 쏟아져 나온 1995년 이 책의 재판이 나오자 신조어로 급부상했
다. 얼리 어댑터는 남들보다 먼저 사서 뜯어보며 정보를 얻는 것에
서 기쁨을 느낀다. 아이폰이나 갤럭시 등 신제품에 대한 '언박싱'은
유튜버의 인기 아이템이다. 얼리 어댑터는 신제품이라고 무조건 사
지 않는다. 자기가 꽂히는 제품만 선택적으로 구매한다.

얼리 어답터보다 소비에 더 적극적인 무리도 있다. 헝그리 어답터다. 돈은 없지만 최신제품을 항상 남보다 먼저 구입해 사용하는 사람을 말한다. 돈이 없으니까 최신제품을 먼저 사 쓰다가 중고로 팔고 그 돈으로 다시 최신제품을 산다. 블레이크로서는 이해 안 되는 '덕후'의 삶일지도 모르겠다.

디지털전환이 빨라지면서 슬로 어답터는 생활하는 것이 갈수록 불편해지고 있다. 특히 코로나19로 비대면거래가 확산되면서 음식점·카페 등에 키오스크가 잇달아 도입됐는데, 고령층은 물론이고 젊은층 중에서도 사용에 부담을 느끼는 경우가 많다.

구직센터 벽면에 항의 글을 쓴 블레이크가 경찰에 체포되자 한 행인이 소리친다. "저택에 살면서 보조금 깎은 놈들. 당신들(경찰)도 곧 실업자가 될 거다. 빌어먹을 민영화. 망할 보수당놈들. 저희들끼리만 잘났지. 엘리트다 이거야?" 그의 외침에 길 가던 다른 행인들은 박수로 무언의 동의를 보낸다.

'블루칼라의 시인'으로 불리는 켄 로치 감독은 대처리즘을 끊임없이 비판하며 노동자, 실직자, 홈리스, 이주민 등 사회적 약자를 담은 묵직한 영화들을 만들어왔다. 그는 "'빈민층은 그들의 빈곤을 탓해야 한다'는 것, 이것이 지배층을 지켜주는 핵심"이라며 "그 같은 의도적인 잔인함에 대한 분노가 이 영화를 만들게 했다"고 말했다. 2016년 칸 영화제는 이 작품에 황금종려상을 수여했다. 신자유주의가 득세하는 지구촌에서 빈곤문제는 단지 영국만의 문제가 아니라는 뜻이다.

댕댕이도 우리 가족

- 펫팸족

마이펫의 이중생활 2

감독 크리스 리노드

OTT 웨이브, 티빙

▷ 펫팸족은 'Pet'에다 가족을 뜻하는 'Family'가 더해진 단어다. 펫밀리라고도 한다. 아이가 없는 펫펨족이라면 딩펫족이라고 부를 수도 있다. 딩펫족이란 아이 없이 애완동물을 기르며 사는 맞벌이 부부를 말한다. 의도적으로 자녀를 두지 않는 맞벌이 부부인 딩크족과 펫의 합성어다.

영화 〈미니언즈〉를 제작한 일루미네이션이 만든 또 하나의 대표작이 영화 〈마이펫의 이중생활〉이다. '내가 없는 사이 내 반려동물들은 무얼 하고 있을까'라는 기발한 상상이 빚어낸 작품이다. 크리스 리노드 감독이 3년 만에 다시 메가폰을 잡은 영화 〈마이펫의 이 중생활 2〉는 반려동물의 사생활을 더욱 세심하게 담았다.

케이티는 남편과 아기 리암과 함께 삼촌네 농장으로 여행을 떠난다. 물론 반려견인 맥스와 듀크도 함께다. 농장을 지키는 양치기 개 루스터는 맥스에게 두려움을 극복하는 법을 가르쳐준다. 그사이 반려토끼인 스노볼은 용감한 강아지 데이지와 함께 서커스단에 잠입한다. 폭행을 당하고 있는 새끼호랑이를 구하기 위해서다. 천신만고끝에 새끼호랑이를 탈출시키지만 서커스 단장인 세르게이가 손 놓고 있을 리 없다. 늑대들을 시켜 새끼호랑이를 다시 잡아간다. 새끼호랑이를 구출하기 위해서는 무시무시한 늑대와 맞닥뜨려야 한다. 작은 강아지 맥스는 두려움을 극복할 수 있을까?

영화 속에는 정말 많은 반려동물이 뉴요커와 동거한다. 한국농촌경제연구원(KREI)에 따르면 국내 반려동물 가구 비중은 2010년 17.4%에서 2020년 27.7%로 증가했다. 세 집 중 한 집이 반려동물을 키운다는 의미다. 케이티는 시골 가족여행에 맥스를 빼놓지 않는다. 맥스와 듀크를 가족처럼 여기는 케이티는 전형적인 '펫팸족'이다.

펫팸족은 'Pet'에다 가족을 뜻하는 'Family'가 더해진 단어다. 펫밀리(Petmily)라고도 한다. 만약 케이티가 리암을 낳지 않고 맥스와 듀크와 살았다면 '딩펫족(Dinkpet)'으로 불릴 뻔했다. 딩펫족이란 아이 없이 애완동물을 기르며 사는 맞벌이 부부를 말한다. 의도적으로 자녀를 두지 않는 맞벌이 부부인 딩크족(DINK: Double Income, No Kids)과 펫(Pet)의 합성어다.

반려동물을 키우는 가구가 급증하면서 '펫코노미'의 규모도 커지고 있다. 펫코노미는 애완동물(Pet)과 경제(Economy)를 조합한 단어로, 반려동물과 관련된 산업 혹은 시장을 말한다. 국내 반려동물 연관 산업은 2020년 3조 4,000억원 규모로 성장했다. 2023년에는 4조 6,000억원, 2027년에는 6조원에 이를 것으로 전망된다.

대표적인 펫산업으로는 동물병원과 동물보험이 있다. 반려동물을 위한 전용 먹을거리 시장도 성장하고 있다. 전용사료는 물론 반려동물의 보양을 위한 홍삼까지 나와 있다. 명품 브랜드들도 럭셔리 펫코노미를 주목하고 있다. 이탈리아 브랜드인 구찌는 '구찌 펫 컬렉션'을 선보였다. 반려동물이 쉴 수 있는 주문 제작용 미니 카우치, 구찌의 시그니처 디자인으로 꾸며진 먹이그릇과 피딩매트, 반려동물과 여행할 때 쓸 캔버스 소재 도그캐리어 등으로 구성돼 있다. 루이비통도 도그캐리어를 내놨고, 에르메스는 도그 볼(밥그릇)과 강아지 목욕통, 프라다는 반려견용 우비를 출시했다. 패딩전문업체인 몽클레르도 강아지패딩을 내놨다. 품목당 적게는 수십만원, 많게는 수백만원에 이르지만 미란다 커 등 해외 셀럽들이 쓰면서 펫팸족 사이에서 빠르게 확산되고 있다. 이 밖에 반려동물을 위한 공간인테리어인 펫테리어, 반려동물과 함께 호텔에서 휴가를 보낼 수 있는 펫캉스도 점점 확산되고 있다.

펫코노미는 새로운 직업도 창출하고 있다. 과도하게 짖는 등 문제행동을 보이는 반려동물은 반려동물행동교정사에게 도움을 받을 수 있다. '개통령'으로 불리는 강형욱 씨가 유명하다. 반려견의 교육과 산책을 돕는 도그워커, 가정을 방문해 반려견을 보살펴주는 펫시터, 우수한 반려동물종을 번식시키는 브리더도 주목을 받고 있다. 금융정보를 제공하는 미국 미디어그룹 블룸버그는 "2025년이면 교사보다 도그워커가 더 유망해지고, 가정의 반려동물 지출 비용이 자녀교육 비용의 3배에 이를 것"이라고 전망했다.

반려동물과의 동행이 일상화되면서 관리의 필요성이 커졌다. 정부는 반려동물에 세금을 부과하는 '반려동물보유세'를 검토하고 있다. 해마다 버려지는 유기반려동물은 12만 마리로 이들을 공공시설에서 수용하기 위해서는 비용이 필요한데 이를 반려동물보유세에서 마련하겠다는 것이다. 반려동물에 세금을 부과하는 국가는 많다. 독일은 강아지세(훈데스토이어)를 연간 100유로(약 14만원)가량 부과하고 있다. 네덜란드·오스트리아·싱가포르 등도 등록·면허세, 혹은 보유세를 낸다. 녹색당은 "기금을 마련해 사회적으로 동물돌봄을 해결하겠다는 구상에 찬성한다"며 "단, 세금이라는 단어가 반감을 줄 수 있는 데다 동물을 물건이나 재산으로 여길 수 있어 '보유세'라는 단어는 반대한다"고 밝혔다.

반려동물과 여행을 갈 때 자신의 차를 이용하면 별다른 어려움이 없다. 문제는 대중교통을 이용할 때다. 대중교통마다 규정이 다르다. KTX는 승차권을 구입하면 반려동물을 이동장에 넣은 상태에서 옆 좌석에 올려놓는 게 가능하다. 이때 성인승차권을 구입해야 한다. 그렇지 않으면 부정승차가 돼 기준운임의 10배에 달하는 부가운임을 내야 한다. KTX는 예방접종을 했다면 반려동물 크기, 무게 등 제한규정은 없다. 이동장 등 전용가방에만 들어간다면 별도의 크기제한 없이 반려동물을 태울 수 있다. SRT는 승차권 구매가 불가능하다. 모든 반려동물은 탑승객의 좌석 아래에 또는 무릎 위에 두는 것을 원칙으로 한다. 또한 길이 60cm 이내 작은 반려동물만 탑승가능하며, 이동장과 동물을 합친 무게가 10kg을 초과할 수 없다. 광견병 예방접종 등 필요한 예방접종을 한 경우에만 탑승이 가능하다. 다만 도사견, 도베르만, 셰퍼드, 핏불테리어 등 다른 승객에게 두려움을 줄 수 있는 투견은 KTX·SRT 모두 탑승이 금지된다.

펫코노미는 성장하지만 엔젤산업(영유아 관련 산업)은 위축되고 있다. 반려동물과 함께 사는 가구는 증가하는 반면 아기가 있는 가구는 빠르게 줄고 있다. 영화 〈보스 베이비〉에서 반려동물은 아기의 적이다. 반면 〈마이펫의 이중생활 2〉에서는 반려동물이 아기의 친구다. 과연 펫코노미과 엔젤산업은 공존할 수 있을까? 리암과 맥스, 듀크처럼 말이다.

인공지능 판사가 판결한다면?

- 리걸테크

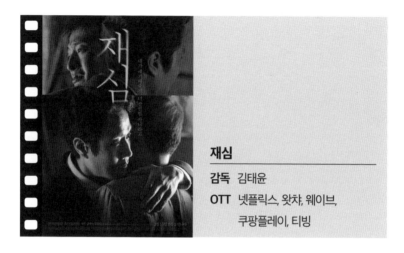

재심

감독 김태윤

OTT 넷플릭스, 왓챠, 웨이브,
쿠팡플레이, 티빙

▷ 리걸테크란 법률과 기술의 합성어로 ICT를 이용해 법률서비스를 제공하는 산업을 뜻한다. 초기에는 법률서비스를 제공하는 기술이나 소프트웨어를 말했다. 그래서 초기에는 판례 수집, 문서 분석 등 빅데이터 처리 기술 개발에 집중됐지만 최근에는 자동화된 서류 작성, 법률자문 시스템 등 다양한 분야로 확장되고 있다.

현실 이야기가 영화화되는 경우가 종종 있다. 사실을 기반으로 한 가공된 이야기를 '팩션'이라고 한다. 팩션은 '특정사건이나 인물과 상관이 없다'고 사전에 밝히지만 관객들이 어디 바보인가. 관객들은 도리어 영화에 더 몰입한다. 김태윤 감독의 영화 〈재심〉은 팩션 영화 흥행작의 계보를 잇는다. 배경은 약촌오거리 살인사건이다. 2000년 익산 약촌오거리에서 택시기사 살인사건이 발생한다. 한 청소년이 진범으로 몰려 10년형을 살았지만 2016년 재심에서 무죄선고를 받았다.

시놉시스는 이렇다. 준영은 명예와 부를 얻기 위해 변호사가 됐다. 하지만 현실은 만만찮다. 적은 수임(受任)에 빚만 잔뜩이다. 준영은 친구의 소개로 대형로펌에 들어간다. 로펌의 무료변론 행사에서 그는 기묘한 사건을 맞게 된다. 10여 년 전 약촌오거리 사건의 진범, 현우의 어머니가 아들의 억울함을 풀어달라고 부탁한다. 현우를 직접 만나본 준영은 그가 진범이 아니라는 확신을 갖는다. 하지만 사건을 담당했던 검찰과 경찰은 사건 은폐에 나선다. 남아 있는 증거는 적다. 준영은 정의감을 갖고 재심에 도전한다.

소송에서 승리하기 위해서는 유능한 변호사를 선임해야 한다. 유능한 변호사는 재판에서 이기기 위해 많은 증거를 확보한다. 이 같은 필요성이 정보통신기술(ICT)과 만나 '리걸테크(Legaltech)'를 만들어냈다. 리걸테크란 법률(legal)과 기술(technology)의 합성어로 ICT를 이용해 법률서비스를 제공하는 산업을 뜻한다. 금융과 ICT를 결합한 핀테크(Fintech)의 법률판이다. 리걸테크는 초기에는 법률서비스를 제공하는 기술이나 소프트웨어를 말했다. 그래서 초기 리걸테크는 판례 수집, 문서 분석 등 빅데이터 처리 기술 개발에 집중됐지만 최근에는 자동화된 서류 작성, 법률자문 시스템 등 다양한 분야로 확장되고 있다.

요즘은 의미가 더 확장돼 새로운 법률서비스를 제공하는 스타트업과 산업을 칭한다. 예컨대 디지털포렌식도 각광받는 리걸테크의 한 분야다. 디지털포렌식은 스마트폰, PC, 태블릿PC, 서버 등 각종 디지털기기에 남아 있는 데이터(이메일, 문자, 통화 기록 등)를 수집하고, 분석해 범행과 관련된 증거를 확보하는 것을 말한다.

그동안 법률서비스는 특유의 복잡성과 대면을 중시하는 분위기 때문에 기술과의 융합이 다른 지식서비스 산업에 비해 상대적으로 더디게 발전했다. 하지만 최근 빅데이터, 인공지능 등과 결합하면서 빠르게 성장하고 있다.

리걸테크는 소비자 입장에서 법률시장 경쟁과 법률투명성을 확대해 더 좋은 법률서비스를 빠르게 받을 수 있는 기회가 된다. 법조계 입장에서도 빠르게 서비스를 제공할 수 있고, 고객들에게 접근하기가 용이해진다는 장점이 있다.

리걸테크의 끝판왕은 인공지능(AI) 변호사나 판사다. 이미 판례분석에서 AI는 판사를 넘어선 것으로 추정된다. 미국 위스콘신주 대법원은 2017년 인공지능 시스템 '컴퍼스' 알고리즘의 결과를 증거로 채택해 피고 측의 항소를 기각했다. 일본 경영컨설턴트인 스즈키 타카히로(鈴木崇巨)는 저서 『직업소멸』에서 "2030년경에는 은행원, 금융전문가와 함께 법률보조사(패러리걸)와 판사가 AI로 대체될 것"이라고 전망했다.

시장조사기관 CB인사이츠에 따르면 리걸테크 분야의 글로벌 투자 규모는 2016년 2억달러에서 2019년 11억달러 수준으로 연평균 81% 성장했다. 특히 리걸테크 도입으로 상담과 수임료가 낮아지면서 법률시장의 문턱이 획기적으로 낮아져 새로운 고객이 창출되는 것으로 분석됐다.

법조계의 전관예우 등 불공정한 판결 의혹은 역설적이게도 AI판사 도입을 촉진시킬 수 있다. 학연과 지연, 감정에 휘둘리는 인간에 비해 법적증거만으로 다투는 AI판사가 더 믿을 만하다는 여론이 형성된다면 피고는 인간판사를 회피할 수 있다.

하지만 리걸테크도 다른 분야와 마찬가지로 전문직 업계의 반발에 직면해 있다. 변호사협회 등은 '변호사가 아닌 이와 사건 중개, 알선 등 동업하면 안 된다'는 변호사법 34조를 어겼다며 법률서비스 플랫폼기업인 로톡을 고발했다. 네이버엑스퍼트의 유료법률상담도 변호사 업계로부터 수차례 고발당했다. 하지만 로톡은 2021년 기준 400억원의 투자금을 유치했고, 누적상담건수는 64만 건, 2021년 월평균 방문자 수 97만 명을 기록하는 등 빠르게 성장하고 있다.

글로벌경쟁을 생각하면 리걸테크 육성을 마냥 미룰 수만도 없다. 한·미 자유무역협정(FTA)으로 법률시장이 개방됐기 때문이다. 리걸테크는 미국이 많이 앞서 있다. 미국 스탠퍼드대학교는 로스쿨의 법학 교수들과 컴퓨터공학 교수들이 협업하는 '코드엑스(CodeX) 프로젝트 센터'를 설치했다. 이 프로젝트를 통해 주디카타(Judicata), 렉스마키나(Lex Machina), 어토니피(Attorney Fee) 등 수많은 리걸테크 기업들이 탄생했다.

영화 속 현우의 어머니는 로펌의 무료법률상담을 통해서 간신히 변호사 준영을 소개받는다. 마을사람들이 "변호사가 이렇게 생겼느냐"며 몰려들 정도로 변호사는 서민들에게는 먼 존재다. 준영은 재심을 이끌어내기 위해 각종 정보를 손수 수집한다. 국가기록원에서 현우의 공소기록을 일일이 스마트폰으로 찍고, 약촌오거리 현장에서 살인까지 걸리는 시간을 직접 측정해본다. 만약 리걸테크가 발달했더라면 현우의 어머니는 검색을 통해 손쉽게 유능한 변호사를 선임할 수 있었을 것이다. 준영은 리걸테크 기업에 맡겨 재심에 필요한 각종 자료를 전달받을 수 있었을 것이다. 리걸테크는 법조계의 극심한 정보비대칭을 바로잡을 수단으로 유용하다.

영화 속 준영은 "로펌이란 어떤 곳이냐"는 질문을 받자 "로펌은 법을 서비스하는 곳으로 변호사는 돈을 벌려고 이 일을 한다"고 스스럼없이 말한다. 틀린 말은 아니다. 하지만 변호사법 제2조는 '변호사란 공공성을 지닌 법률 전문직'이라며 '공공성'을 강조한다. 특히 잊지 말아야 할 것은 변호사법 제1조다. '변호사는 기본적 인권을 옹호하고 사회정의를 실현함을 사명으로 한다.'

나는 조기은퇴를 꿈꾼다
- 파이어족

작전

감독 이호재

OTT 넷플릭스, 왓챠, 웨이브,
쿠팡플레이, 티빙

▶ 파이어족의 '파이어(FIRE)'는 Financial Independence, Retire Early의 약자다. 즉 경제적으로 자립해서 일찍 은퇴하는 것을 말한다. 파이어족은 원래 회사생활을 하는 20대부터 소비를 줄이고 수입의 70~80% 이상을 저축하는 등 극단적으로 절약을 해서 일찍 은퇴해 자신의 삶을 즐기는 사람을 의미했다.

코로나19 팬데믹이 탄생시킨 신조어 중 하나가 '주린이'다. 주식을 처음 시작하는 개인투자자와 어린이를 합친 말이다. 일각에서는 어린이를 비하하는 단어라면 쓰지 말 것을 권하기도 한다. 전대미문의 팬데믹이 자산시장을 뒤흔들면서 주요국의 증시가 뜨겁게 타올랐다. 하지만 주식시장은 결코 호락호락하지 않다. 2022년 들어 주가가 폭락하면서 주식시장은 국민들의 애물단지로 변했다.

주가는 원칙적으로 기업가치나 경제상황을 반영하지만 꼭 그런 것은 아니다. 머니게임이다 보니 탐욕이 개입된다. 이른바 작전세력이 개입할 때 주가는 이유 없이 출렁이고, 자칫 개미투자자들은 낭패를 당할 수 있다.

이호재 감독의 영화 〈작전〉은 주식시장에서 어디에선가 벌어지고 있는 주가조작의 세계를 엿볼 수 있는 영화다. 연극을 전공한 강현수는 주식에 뛰어들었다가 한순간 신용불량자로 전락한다.

독기를 품고 독학한 그는 전업 개미투자자로 재기한다. 그는 추세를 지켜보다가 우연히 오메가정보통신주가 작전주라는 것을 발견한다. 이를 추격해 수천만원을 손에 쥐며 '빙고'를 부르지만, 알고 보니 전직 조폭출신 황종구가 작업 중이던 종목이다. 이들에게 포섭된 현수는 600억원짜리 작전에 휘말린다. 탈세를 원하는 졸부, 비자금을 축적하려는 정치인까지 참여하는 초대형 금융스캔들이다. 하지만 돈 앞에 신의는 없다. 이 작전에 참여한 사람들은 더 큰돈을 벌기 위해 서로를 속고 속이면서 납치와 살해를 반복하게 된다.

강현수는 인생 한방을 노린다. 골방에서 라면을 먹어가며 주식시장 내공을 쌓고 있다. 그러다 오메가정보통신으로 수천만원을 벌게 된 강현수는 이렇게 외친다. "한 번에 1,000만원. 통장에 10억 찍는 날, 이 생활도 좋이다."

노후걱정을 하지 않아도 될 정도의 충분한 돈을 번 뒤 조기은퇴를 꿈꾸는 사람들이 있다. 이런 사람들을 '파이어족'이라고 부른다. 파이어(FIRE)는 Financial Independence, Retire Early의 약자다. 즉 경제적으로 자립해서 일찍 은퇴하는 것을 말한다. 보통 현업에서 은퇴는 5060세대가 하지만 이보다 빨리 30대 말이나 늦어도 40대 초반까지는 은퇴하겠다는 목표를 가진 사람들이다.

파이어족은 원래 회사생활을 하는 20대부터 소비를 줄이고 수입의 70~80% 이상을 저축하는 등 극단적으로 절약을 해서 일찍 은퇴해 자신의 삶을 즐기는 사람을 의미했다. 즉 원하는 목표액을 벌어 부자가 되겠다는 것이 아니라, 지금 조금 덜 먹고 덜 쓰고 나중에 자신이 하고 싶은 일을 하면서 사는 것을 목표로 하는 것이다. 그래서 파이어족을 꿈꾸는 사람들은 생활비 절약을 위해 주택 규모를 줄이고, 오래된 차를 타고, 외식과 여행을 줄이는 것은 물론 먹거리를 스스로 재배하기도 한다.

파이어 운동은 1990년대 미국에서 처음 등장했다. 그러다 2008년 글로벌 금융위기 이후에 확산됐는데, 방법론은 달라졌다. 글로벌 경제위기 이후 이어진 경제침체기에 사회생활을 시작한 밀레니얼 세대(1981~1996년생)들은 저금리·저성장시대를 맞아 과거처럼 돈을 절약해 저축하는 것으로는 은퇴자금을 마련하기 어려워졌다. 일에 대한 불만족도, 높은 청년실업률, 경제적 불확실성 확대 등도 차분히 돈을 모으는 것을 어렵게 했다. 이 세대들로 인해 주식, 가상통화, 부동산 등 자산투자를 통해 많은 돈을 벌어서 빨리 은퇴하는 것으로 파이어 운동의 의미가 바뀌게 됐다.

젊은 나이에 주식으로 큰돈을 번 뒤 현업에서 손을 뗀 대표적인 인물이 피터 린치(Peter Lynch)다. 피터 린치는 1969년 피델리티 인베스트먼트(Fidelity Investments)에 리서치 애널리스트로 입사한 뒤 펀드 매니저로 활동했다. 그는 1977년 2,200만달러 규모였던 마젤란 펀드를 13년간 운용하면서 1990년 무렵에는 140억달러 규모의 세계 최대 뮤추얼펀드로 키워냈다. 1990년 4월 3일, 그는 46세의 나이로 가족과 더 많은 시간을 보내고 싶다며 은퇴를 선언했다. 이후 피터 린치는 파이어족을 꿈꾸는 개미투자자들의 멘토 같은 존재가 됐다.

미국 파이어족이 목표로 하는 노후자금은 우리 돈 약 11억~22억원 정도다. 이 돈을 주식이나 부동산 등에 투자해 연 5~6%의 수익을 얻어 생활비로 사용한다. 2021년 서울 아파트 매매가격이 평균 12억원을 넘어섰다. 그러다 보니 10억원은 크지 않은 돈처럼 보이지만, 사실 현금 10억원은 적지 않은 돈이다. 이 돈을 굴려서 연간 5% 수익률을 낸다면 연간 5,000만원의 수익을 얻는다. 웬만한 직장인들의 한 해 연봉이다. 그런 점에서 한국인들이 10억, 20억원이나 되는 집들을 엉덩이에 깔고 살고 있다는 건 비극일 수도 있다.

파이어족은 내일의 행복을 위해 오늘의 행복을 기꺼이 포기하는 사람들이다. 그런 점에서 욜로족과 반대지점에 있다고 보기도 한다. 욜로(YOLO)란 'You Only Live Once'의 앞 글자를 딴 용어로, 욜로족은 현재 자신의 행복을 가장 중시하는 사람들이다. 욜로족은 오늘의 만족감을 위해 과감한 소비도 주저하지 않는다.

영화 속 현수는 주식투자를 하기 위해 어머니에 돈을 좀 빌려달라고 한다. 그러나 어머니는 집주인이 집을 싸게 내놔서 집을 사는 바람에 돈이 없다며 거절한다. 화가 난 현수는 큰 소리로 따진다.

"과천 촌구석이 무슨 비전이 있다고 집을 덜컥 사. 이 동네는 죽었다 깨어나도 절대 안 올라요. 엄마가 부동산을 알어?"

이 영화는 2009년에 제작됐다. 현재 과천 이 아파트의 집값은 얼마일까? 집값이 조정을 받았다고 해도 역시 높다. 온라인동영상서비스(OTT)에 올라와 있는 영화 〈작전〉에 붙은 댓글은 이렇다. "역시 집이다. 엄마 말 잘 들어." 부동산이 자산의 대부분을 결정하는 가계의 웃픈 현실을 대변한다.

돈의 꼬리표를 떼라

- 돈세탁

상류사회

감독 변혁
OTT 넷플릭스, 왓챠, 웨이브, 티빙

▶ 돈세탁이란 돈의 출처와 행방을 감추기 위한 불법적 행위를 말한다. 1920년대 미국의 범죄조직들이 썼던 속어다. 더러운 돈을 깨끗한 돈으로 바꾸기 때문에 '돈세탁'이라는 용어를 썼다는 설도 있고, 실제로 세탁소를 운영하며 여기서 벌어들인 돈이라고 주장해 '돈세탁'이라는 용어가 나왔다는 설도 있다.

인간을 움직이는 동력은 '욕망'이다. 누구나 지금보다 더 많은 돈, 더 큰 권력을 갖고 싶어한다. 자본주의는 경쟁을 통해 그 욕망을 쟁취하도록 판을 깔아준다. 문제는 욕망이 항상 정상적인 방법으로 채워지는 것은 아니라는 점이다. 때로는 음모와 술수, 배신이 따라간다. 돈의 액수가 클수록, 권력의 강도가 셀수록 권모술수도 치명적이다. 변혁 감독의 영화 〈상류사회〉는 욕망의 끝을 향해 달려가는 사람들의 속살을 비춘다.

"왜 재벌들만 겁 없이 사는 줄 알았어?" 관장 자리를 꿈꾸는 미래미술관 부관장 수연은 당차다. 남편인 경제학 교수 태준은 민국당의 공천을 받아 정치에 뛰어든다. 저소득층과 소상공인에게 저리대출을 해주는 시민은행 설립안이 정치권에 먹혔다. 두 사람이 꿈꾸는 목적지는 '상류사회'다.

수연이 몸담은 미래미술관은 미래그룹의 비자금을 마련하기 위한 자금세탁 통로다. 그룹의 일가친척 혹은 측근들이 관장 자리를 도맡아온 것은 이 때문이다. 그 자리를 얻기 위해서는 공이 필요하다. 수연은 기꺼이 돈세탁을 하는 악역을 떠맡는다.

'돈세탁(Money Laundering)'이란 돈의 출처와 행방을 감추기 위한 불법적 행위를 말한다. 통상 자금의 위법적인 출처를 숨겨 적법한 것처럼 위장하는 과정을 말한다. 1920년대 미국의 범죄조직들이 밀주 판매나 매춘, 도박 등으로 얻은 불법 수익금을 합법적인 자금으로 바꾸는 과정에서 썼던 속어다. 더러운 돈을 깨끗한 돈으로 바꾸기 때문에 '돈세탁'이라는 용어를 썼다는 설도 있고, 실제로 세탁소를 운영하며 여기서 벌어들인 돈이라고 주장해 '돈세탁'이라는 용어가 나왔다는 설도 있다. 지금은 각국의 법령이나 학자들의 연구목적에 따라 돈세탁의 개념이 폭넓게 정의되고 있다.

국내에서는 '특정 금융거래정보의 보고 및 이용 등에 관한 법률'

이 돈세탁을 방지하는 법이다. 이 법에 따르면 자금세탁 행위란 '재산의 발생 원인에 관한 사실을 가장하거나 그 재산을 은닉하는 행위'다. 쉽게 말해 돈세탁은 돈의 꼬리표를 떼는 작업이다. 정상적인 방법으로 모은 돈이 아니기 때문에 애초에 출처를 밝힐 수 없다. 하지만 돈세탁을 통해 합법적인 돈으로 바꾸면 이야기가 달라진다. 마음대로 돈을 쓸 수 있다. 혹은 현금화해서 비자금으로 갖고 있을 수도 있다. 알카에다 등 테러리스트들도 돈세탁을 통해 마련한 돈으로 무기를 구입하는 것으로 알려졌다.

전통적인 돈세탁 방법은 가상의 사람 또는 다른 사람 이름의 금융기관 계좌를 이용해 이곳저곳 송금을 반복하는 것이다. 여러 계좌를 거치면서 돈의 출처는 흐릿해지고 마침내 합법적인 돈이 된다. 혹은 채권이나 주식을 매입하는 방법도 있다. 매입한 채권과 주식을 다시 현금화하는 과정에서 합법적인 돈으로 세탁된다. 또한 대규모 기부를 하거나 교묘하게 합법적인 재산과 섞는 방법도 있다. 해외에 있는 페이퍼컴퍼니와 가짜 무역거래를 만들어 자금을 주고받으면서 정상적인 수출입 대금처럼 둔갑시키는 방법도 있다. 기업이 허위계산서를 끊어주는 방식으로 비자금을 돈세탁하기도 한다.

다시 영화로 돌아가보자. 프랑스의 한 미술작품 경매장에서 저우장의 '용의 눈물'이 나왔다. 최초 제시가격은 170만유로. 300만, 400만, 500만…. 계속된 응찰에 가격이 치솟는다. 낙찰가는 1,000만유로. 10배나 부풀려진 가격에 경매 참가자들은 놀라지만 수연은 담담하다. 이유가 있다. 작품을 파는 사람도, 응찰에 임한 사람도 사전에 모두 짜인 대본대로 움직였기 때문이다. "1억원짜리 그림을 100억원에 사서는 회사가 돌아가느냐"는 질문에 수연은 말한다. "100억 원은 우리 손에 있어. 100억원에 산 작품을 전시회에 몇 번 돌려 소개하고 난 다음 은행에 담보 잡혀 100억원 대출을 받으면 돼."

출처를 공개할 수 없는 100억원의 돈이 있다. 이 돈을 바로 쓰면 당국에 적발된다. 이 돈의 출처를 소명하라고 하면 답변이 궁해지기 때문이다. 하지만 해외에서 이 돈을 주고 미술품을 사면 100억원짜리 미술품을 소장한 게 된다. 작품의 가치가 원래 1억원짜리였다는 것은 더 이상 의미가 없다. 시장에서 100억원에 거래가 된 만큼 이 작품은 100억원짜리다. 이 작품을 은행에 담보로 맡겨서 100억원을 빌리면 자금의 출처가 명확해진다. 공식적으로 쓸 수 있는 돈이 된다.

미술품 거래는 비자금을 마련하기 위해 즐겨 써왔던 수법으로 알려져 있다. 미술품의 가격은 시장가격이 일정치 않아 가치를 필요한 만큼 부풀릴 수 있기 때문이다. 한때 리히텐슈타인의 '행복한 눈물'은 삼성 비자금 사건과 연루돼 언론의 조명을 집중적으로 받았다.

미술품을 통한 돈세탁 수법이 널리 알려지면서 정부의 규제가 심해졌다. 그러자 돈세탁 방법이 바뀌었다. 가상통화다. 전 세계 어디에서나 온라인을 통해 가상통화거래소에 접속할 수 있기 때문에 가상통화 거래는 미술품 경매보다 돈세탁이 훨씬 쉽고, 훨씬 수월하다. 미국의소리(VOA)는 "북한이 2020년 8월 한 가상화폐거래소를 해킹해 훔친 9,100만달러에 달하는 가상통화를 돈세탁했다"며 "북한의 가상통화 해킹활동은 북한과 연계된 국제해킹그룹 '라자루스'에 의한 것이라고 가상화폐분석기관인 체이널리시스가 밝혔다"고

전했다. 미국 법무부는 가상통화와 관련된 돈세탁을 막기 위해 국가가상화폐단속국(NCET)을 신설했다. 또 2020년 북한의 해킹활동에 연루된 것으로 판단되는 자금과 관련한 280여 개 가상통화 계좌에 대한 몰수소송에 들어갔다.

페이스북이 추진하던 가상통화 '리브라'에 대해서도 미국 재무부는 반대했다. 므누신(Steven Mnuchin) 미국 재무부장관은 "(페이스북의 리브라는) 테러리스트 자금줄이나 돈세탁에 남용될 수 있다. 그것은 국가안보 이슈다"라고 말했다.

국내에서 돈세탁을 감시하는 기구는 금융정보분석원(FIU)이 있다. FIU는 금융기관을 통해 이뤄지는 1,000만원 이상 국내 거래를 모두 모니터링하고 있다. 이상거래가 포착될 경우 내용을 분석해 검찰, 경찰, 금융위원회, 국세청, 관세청, 선거관리위원회 등에 정보를 제공한다.

"참 이상해. 너희들은 왜 맨날 재벌 해체하라고 욕하고 데모하는 거니? 속으로는 부러워하면서. 잘 들어. 재벌들만 겁 없이 사는 거야. 당신은 그러면 안 돼. 겁내야지. 나도." 영화 속 미래미술관 민현아 실장이 상관인 오수연 부관장에게 퍼붓는 냉소다. 서글프게도 영화는 때로 현실을 투영한다.

61

스마트폰 없이는 못 산다

- 포노 사피엔스

완벽한 타인

감독 이재규

OTT 웨이브, 티빙

▷ 포노 사피엔스란 '스마트폰'과 '호모 사피엔스'의 합성어로, 휴대폰을 신체의 일부처럼 사용하는 새로운 세대 혹은 스마트폰이 없으면 생활하기 힘들어지는 세대를 말한다. 영국 경제주간지《이코노미스트》가 '지혜가 있는 인간'이라는 의미의 호모 사피엔스에 빗대 포노 사피엔스(지혜가 있는 전화기)라고 부른 데서 나왔다.

'진실게임'이라는 게 있다. 술을 마신 뒤 한 명씩 자신의 마음속에 감춰진 이야기들을 고백하는 게임이다. 불쾌하게 취하면 어디선가 용기가 나 속내를 드러내기 쉽다. 듣는 사람도 괜히 마음이 넓어지는 데다 술이 깬 뒤에는 상대의 고백을 세세하게 기억하지 못한다. 그러니 게임이 성사된다.

이재규 감독의 영화 〈완벽한 타인〉은 그 같은 진실게임을 차용했다. 다만 다른 것이 있다면 서로의 정신이 말짱하다는 것이다. 그랬을 때 우리는 새롭게 밝혀진 진실에 어떻게 대처를 할까? 영화의 원작은 이탈리아 영화 〈퍼펙트 스트레인저〉다.

어릴 적 친구 4명이 있다. 유방성형 전문의사인 석호, 변호사 태수, 레스토랑 사장 준모, 학교 선생님 영배다. 석호가 집들이로 초청한 저녁식사에 이들은 배우자와 함께 참석한다. 이 자리에서 발칙한 제안이 나온다. "우리 게임 한번 해볼까? 다들 핸드폰을 식탁에 올려봐."

자신들의 스마트폰으로 들어온 통화, 문자, 카톡을 모두 공유하자고 한다. 꺼림칙하지만 나만 뒤로 뺄 수도 없다. "난 당당해"라며 시작한 게임이지만 알고 보니 모두가 비밀을 갖고 있다. 사랑, 연애, 투자, 뒷담화, 약속 등 비밀은 얽히고설킨다.

석호는 "세상에는 완벽한 사람이 없는데, 이 핸드폰은 너무 많은 걸 가지고 있다"고 말한다. 아이폰이 처음 출시된 것은 2007년이다. 10여 년 만에 스마트폰은 세상을 지배하는 도구가 됐다. 이른 아침 기상 알람부터 쇼핑, 게임, 약속, 계약, 예금과 대출, 영화관람, 통화, 뉴스검색, 예약, 지도검색까지 스마트폰의 신세를 지지 않는 것이 없다.

영국 경제지 《이코노미스트》는 스마트폰 없이는 살아갈 수 없는 새로운 인류를 '포노 사피엔스(Phono Sapiens)'라고 명명했다. 2015

년 3월 표지기사 '스마트폰의 행성'을 통해서다. 포노 사피엔스는 '스마트폰'과 '호모 사피엔스'의 합성어로 지혜가 있는 전화기다. 이를 확장하면 포노 사피엔스는 '지혜로운 폰을 사용하는 인간'으로 해석된다.

포노 사피엔스는 산업 생태계를 바꿨다. FAANG(페이스북, 애플, 아마존, 넷플릭스, 구글), TGIF(트위터, 구글, 아이폰, 페이스북), GAFA(구글, 애플, 페이스북, 아마존), BAT(바이두, 알리바바, 텐센트), MAGA(마이크로소프트, 애플, 구글, 아마존), NFT(넷플릭스, 페이스북, 트위터)는 포노 사피엔스를 고객으로 둔 기업들이다. 한때 시가총액 세계 1위였던 마이크로소프트는 아마존에 왕좌를 넘겨주기도 했다.

스마트폰은 애플의 아이폰과 구글의 안드로이드폰이 양분하고 있다. 영화 속 석호의 아내인 예진은 "남자와 여자는 뇌 운영체계부터 다르다"며 "남자는 안드로이드폰, 여자는 애플폰"이라고 말한다. 남자는 싸고 다루기 쉽고 일일이 업데이트 안 해주면 완전 바보가 되는 반면, 여자는 예쁘고 지조 있고 똑똑하지만 비싸고 까다롭고 호환도 안 되고 자기들끼리만 재미있다는 것이다. 실제 2010년 1월 시장조사기관 닐슨이 2009년 8~10월 사이 미국소비자 9,200명을 대상으로 한 조사에 따르면 여자는 iOS를 탑재한 스마트폰을, 남자는 안드로이드를 탑재한 폰을 구매하겠다고 한 답이 가장 많았다고 한다.

너무 많은 것을 가지고 있는 스마트폰은 참 편리하지만, 동시에 위협적이기도 하다. 스마트폰만 들여다보면 한 개인의 모든 것을 알 수 있기 때문이다. 한동훈 법무부 장관은 검사장 시절인 2020년 6월 '채널 A사건' 검찰 수사팀으로부터 아이폰을 압수 수색당하자 끝내 휴대전화 비밀번호를 알려주지 않았다. 이에 대해 추미애 장관의 법무부가 사법방해죄를 적용하려 하자 "헌법상 방어권"이라고 주장했다. 영화 속에서 게임을 제안한 예진은 이렇게 말한다. "아무튼 이 핸드폰이 문제야. 쓸데없이 너무 많은 게 들어 있어. 통화내역, 쇼핑내역, 문자, 위치, 스케줄. 완전 인생의 블랙박스라니까."

지혜로운 폰을 사용하다 중독의 단계로 넘어서는 포노 사피엔스도 있다. 길을 걸을 때, 일을 할 때 스마트폰에서 눈을 떼지 못하는 사람들을 '스몸비족'이라 부른다. 스마트폰과 좀비의 합성어다. BBC 뉴스에 따르면 일본 가나가와현 야마토시는 보행 중 스마트폰 사용을 조례로 금지한다. 시가 보행자 6,000명을 대상으로 조사해보니 12%가 보행 중 휴대전화를 사용하고 있었다. 미국 하와이 호놀룰루는 다른 곳에 정신을 팔고 걷는 행위 처벌 법안(Distracted Walking Law)을 통해 횡단보도를 건너며 문자메시지를 보내는 사람들에게 벌금을 매긴다. 반면 중국 충칭에서는 휴대전화를 사용하는 보행자들을 위해 인도에 30m짜리 '휴대전화 길'을 만들기도 했다.

사람들은 잠시라도 스마트폰과 떨어져 있으면 불안을 느낀다. 심지어 우울해지거나 공포증세까지 느끼는데 이런 증상을 '노모포비아(Nomophobia)'라고 부른다. '노(No) 모바일(Mobile)'과 공포를 뜻하는 '포비아(Phobia)'를 합친 말이다. 즉 '스마트폰 금단현상'이라고 할 수 있다. 한국정보통신진흥협회(KAIT)가 국민 1,869명을 대상으로 진행한 설문조사를 보면 휴대전화를 분실한 뒤 '일주일 이상 기다리기 어렵다'고 응답한 사람이 56.1%(1,049명)에 달했다.

저서『포노 사피엔스』를 쓴 최재봉 성균관대학교 교수는 "4차 산업혁명과 코로나19 사태를 거치면서 인류의 생활방식이 과거와는 완전히 달라질 것"이라며 "앞으로 세계를 이끌어갈 표준 인류는 스마트폰을 잘 쓰는 포노 사피엔스가 되느냐 아니냐에 달렸다"고 말했다. 최재천 이화여대 에코학부 교수는 "이제 역사는 BC/AD(기원전/기원후)가 아니라 BJ/AJ(스티브 잡스 전/스티브 잡스 후)로 나눠야 할 것 같다"고 말했다. 영화 〈완벽한 타인〉도 스마트폰이 없었다면 나올 수 없었다는 점에서 잡스의 수혜를 받은 영화라 볼 수 있지 않을까.

너희가 패밀리 비즈니스를 아느냐?

- 가족기업

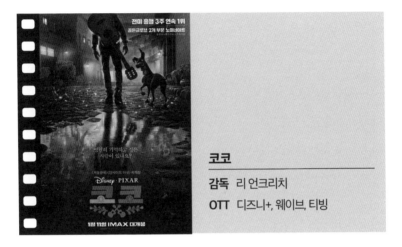

코코

감독 리 언크리치

OTT 디즈니+, 웨이브, 티빙

▶ 가족기업이란 가족에 의해 소유·경영되는 기업을 말한다. 글로벌 회계·컨설팅 법인 EY는 상장사의 경우 경영가문의 지분이 32% 이상, 비상장사의 경우 50% 이상을 '가족기업'이라고 정의했다. 프랑스·독일·영국은 전체기업의 60% 이상, 이탈리아는 90%가 가족기업이라고 한다.

　　고대 아즈텍인들은 삶이란 꿈에 지나지 않는다고 봤다. 즉 죽음을 통해서야 진정으로 깨어난다고 믿었던 것이다. 멕시코의 '죽은 자들의 날(Dia de los Muertos)'은 그 전통을 이어받았다. 멕시코인들은 매년 10월 31일부터 11월 2일까지 죽은 자가 찾아와 산 자가 차려놓은 음식을 먹고 즐긴다고 믿는다. 산 자는 금잔화(마리골드꽃)와 촛불로 무덤을 환하게 장식하고 설탕이나 초콜릿으로 만든 해골을 올려놓는다. 우리의 추석, 서양의 추수감사절과 닮았다.

디즈니·픽사가 만들면 저승마저도 황홀하다. 리 언크리치 감독은 '죽은 자의 날'에서 애니메이션 〈코코〉를 불러왔다. 코코는 12세 소년 미구엘의 증조할머니다. 집안의 가장 큰 어른이지만 치매기가 있어 정신이 온전치 않다. 미구엘은 뮤지션을 꿈꾼다. 하지만 집안에서는 절대 반대다. 미구엘은 전설적인 뮤지션인 델라 크루즈가 고조할아버지라고 믿고 있다. '죽은 자들의 날'에 열리는 마을 음악경연대회에 미구엘은 출전하기로 한다. 미구엘은 우연히 죽은 자들의 세계로 넘어가 선조들을 만난다.

미구엘의 리베라가(家) 사람들에게 음악은 금기 중의 금기다. 알고 보니 고조할아버지가 음악에 미쳐 가족을 버렸고, 그 때문에 풍비박산이 난 숨은 사연이 있다.

집안 사당에 모셔둔 조상 사진 중에 고조할아버지의 얼굴은 없다. 분노했던 고조할머니가 남편의 사진을 잘라내버린 탓이다. 생활이 궁해진 고조할머니는 기술을 배워 신발을 만들기 시작했고, 이는 딸과 사위로 이어지며 4대째 가업으로 이어지고 있다. 제화사업은 할머니, 어머니, 아버지, 이모, 삼촌까지 모두 참여하는 '가족기업(Family Business)'이 됐다. 가족기업이란 가족에 의해 소유·경영되는 기업을 말한다. 다만 어디까지를 가족기업으로 볼 것인지 법적·학문적으로 정의된 것은 없다.

글로벌 회계·컨설팅 법인 EY(언스트앤영)는 상장사의 경우 경영가문의 지분이 32% 이상, 비상장사의 경우 50% 이상일 때 가족기업이라고 정의했다. 이에 따르면 자동차기업인 폴크스바겐, 포드, 엑소르, BMW, 포르쉐 등이 가족기업으로 분류된다. 다국적 곡물회사인 카길, 장난감회사 레고도 가족기업이다. 언론사인 《뉴욕타임스》도 가족기업이다. 1,000대 글로벌 기업 3개 중 1개는 가족기업이라고 《파이낸셜타임스》는 2015년 보도했다. 유럽은 비중이 더 커 프랑스·독일·영국은 전체기업의 60% 이상, 이탈리아는 90%가 가족기업이라고 한다.

가족기업은 주인의식을 가지고 빠른 의사 결정을 내릴 수 있고, 가족 전통에 따른 강한 리더십이 있으며, 승계구도가 명확해 경영의 불확실성을 줄인다는 장점이 있다. 과감한 투자나 장기투자도 가족기업의 강점이다. 하지만 단점도 있다. 가족 내 불화가 생길 경우 오너 리스크가 생기고, 독단적인 기업 운영, 독과점, 기업가 정신 약화 등은 문제점으로 꼽힌다.

한국도 상장기업의 70%가 가족기업으로 분류된다. 특히 중소기업이나 비상장기업은 대부분이 가족기업이다. 대기업도 가족기업이 많다. 삼성, 현대차, LG, SK, 한화, CJ, 두산, 한진, 롯데, 아모레 등 굴지의 기업들이 가족기업이다. 재밌는 것은 삼성, 현대차는 EY가 분류한 가족기업에 속하지 않는다는 점이다. 오너가(家)가 가지고 있는 지분이 너무 작아서다.

10%도 안 되는 지분을 가지고 그룹 전체를 지배하는 한국형 가족기업에는 '재벌'이라는 별도의 용어가 붙는다. 재벌들은 한국경제

에 많은 기여를 했지만, 그에 상응한 평가를 받지 못하고 있다는 지적이 있다. 경영권의 편법승계, 2·3세의 갑질, 일감 몰아주기 등으로 인해 스스로 명성을 갉아먹은 탓이 크다.

일본에는 장수기업이 많다. 100년 이상 된 기업이 5만여 개가 있다. 천 년 이상도 10여 개, 500년 이상도 120여 개가 있다고 한다. 200년 이상은 3,100개가 넘는다. 세계적으로 봐도 이런 사례가 많이 없는데, 호세이대학원의 구보타 쇼이치(久保田章市) 교수는 일본에 장수기업이 많은 이유를 가족기업에서 찾았다. 일본 장수기업의 창업자후손들은 가업의 계승과 기업이념의 실현을 목표로 삼아 경영하고, 전통의 계승에도 의미를 많이 뒀다고 한다. 대부분 장수기업들은 기업이념을 한 번도 바꾸지 않았다고 한다. 그러면 그 실천을 위해 생산기술개발, 시장개발, 상품개발에 적극적으로 나서면서 100년 이상 살아남았다는 것이다.

경영계 쪽 자료를 보면 가족기업이 일반기업보다 평균 수명이 길다. 일반기업은 평균 15년 지속되는 데 반해 가족기업은 9년 더 긴 24년간 지속된다. 하지만 30%의 가족기업만이 2세대까지 생존하고, 3세대 생존비율은 14%로, 4세대는 4%로 뚝 떨어진다.

가족기업이 세대이전에 실패하는 이유는 여러 가지가 있는데, 먼저 환경과 기술이 계속 변하기 때문에 한 기업이 최고의 자리를 계속 유지하는 것이 힘들다. 또한 후계자가 리더로서 능력이 부족할 수도 있는데, 특히 기업경영에 대한 동기가 창업주와 달리 낮아서 사업에 덜 헌신하고, 헝그리 정신이 부족하다는 지적이 있다. 그리고 가족기업은 세대가 지날수록 가족 수가 늘어나면서 가족 간 갈등이 생기고,

공동의 목표가 약화되어 분란이 생기는 경우가 있다. 상속증여에 대한 부담 때문에 사업이 해체되거나 약화되는 경우도 있다.

한국의 상속세는 최고세율이 50%다. 주식을 자녀에게 상속해 기업의 지배권을 넘겨줄 경우에는 10%p가 가산된 60% 세율이 적용된다. 그러다 보니 가족들이 기업을 상속받아 경영하기에는 부담이 너무 크다는 불만이 나온다. 만약 상속세를 낼 현금이 없다면 상속받은 지분을 팔아서 돈을 마련해야 하는데, 그러다 보면 경영권을 위협받을 수 있다. 이런 우려 때문에 정부가 마련한 정책이 가업상속공제다. 가업상속공제는 자녀들이 기업을 이어받아서 일정 기간 가업을 이어가면 상속세를 감면해주는 제도다. 다만 이 제도는 중소·중견기업에만 적용된다.

가업상속공제에 대기업을 제외한 것은 자칫 부의 대물림을 도울 수 있기 때문이다. 부자 부모가 남긴 막대한 부를 자녀들이 그대로 이어받아 계속 부자가 되는 사회라면 다른 사람들이 경쟁을 통해 부를 일구는 것이 불가능해진다. 자본주의 사회는 자유경쟁을 통해 사회적 효율을 극대화하는 제도인데, 경쟁이 사라진다면 제대로 작동할 수 없다.

삼성일가는 이건희 회장의 유산을 상속받으면서 12조원이라는 천문학적인 세금을 냈다. 그러다 보니 가혹하다는 말도 나왔다. 하지만 고 이건희 회장이 남긴 재산은 모두 26조원이다. 세금을 내고도 삼성일가는 14조원을 상속받았다. 일반인은 물론 다른 재벌가도 상상하기 힘든 액수다.

가족기업이 실패하는 원인 중 세금을 꼽은 것은 그리 많지 않다.

대부분은 기업을 이어받는 후손의 경영능력 부족이 문제였다. 능력 없는 피붙이 후계자에게 기업을 넘겨주는 것은 사회 전체적으로보면 큰 손실이 될 수 있다. 법인은 대주주의 회사이기도 하면서 사회적 자산이기도 하다.

영화 속 미구엘은 정말로 음악이 하고 싶다. 과연 미구엘은 4대째 이어온 가업을 이어받을까, 아니면 미구엘 대에서 가업이 끊길까? 영화 속에 힌트가 있다.

63

권력과 권위를 부정하다

- 아나코 캐피털리즘

박열

감독 이준익
OTT 웨이브, 티빙

▷ 아나코 캐피털리즘이란 아나키즘과 캐피털리즘이 합쳐진 단어로 '무정부 자본주의'를 의미한다. 오스트리아 학파의 머리 로스바드가 최초로 사용한 용어로 알려져 있다. 아나코 캐피털리스트는 국가란 개인의 자유를 옥죄는 악이라며 그 존재를 인정하지 않는다. 모든 것은 시장에 맡겨야 한다는 주장이다.

이준익 감독이 '사도(사도세자)' '동주(윤동주)'에 이어 또 한 명의 인물을 스크린으로 불러냈다. 일제강점기의 부당함을 온몸으로 맞선 뜨거운 독립투사 박열이다. 박열은 22년 2개월 투옥된 최장기 독립투사다. 그럼에도 그의 이름은 대중에게 낯익지 않다. 납북인사여서 오랫동안 남쪽의 역사에서 지워졌던 탓도 있지만, 우리가 알던 정형화된 독립투사와는 거리가 멀었다는 것도 이유다. 그는 모든 권력과 권위를 부정하는 아나키스트였다. 광복과 6·25전쟁, 산업화시대를 지나면서 냉전과 국가주의를 맞닥뜨려야 했던 한국인들에게 납북된 아나키스트는 주목받기 쉽지 않았을 것이다.

'나는 개새끼로소이다/하늘을 보고 짖는/달을 보고 짖는/보잘것 없는 나는 개새끼로소이다/높은 양반의 가랑이에서/뜨거운 것이 쏟아져/내가 목욕을 할 때/나도 그의 다리에다/뜨거운 줄기를 뿜어대는/나는 개새끼로소이다'

박열의 시 '개새끼'는 일본인 여성 가네코 후미코의 마음을 단박에 사로잡는다.

"우리 동거합시다. 나도 아나키스트입니다."

그녀는 대뜸 박열과의 동거를 제안한다. 그리고 동거서약서를 쓴다. '한쪽의 사상이 타락해서 권력자와 손잡는 일이 생길 경우 공동생활을 그만둔다'는 조건이다.

박열은 도쿄 중심가에서 최초의 조선인 무정부주의 단체인 '흑도회'와 항일단체인 '불령사'를 조직한다. 그는 일왕이라는 절대권력자가 붕괴돼야 조선민중은 독립을, 일본민중은 자유를 찾을 수 있다고 믿었다.

하지만 1923년 9월에 관동에서 일어난 진도 7.9의 대지진이 모든 것을 바꿔놓았다. 집과 가족을 잃은 일본인들은 무력한 일제에 분노했다. 폭동의 조짐이 일자 일제는 유언비어를 퍼뜨린다. '조선인이

우물에 독을 풀고 다닌다'는 내용이었다. 일본 민간인으로 조직된 자경단과 군경은 조선인 사냥에 나선다. 이때 목숨을 잃은 조선인이 6,000여 명, 체포된 조선인이 또 6,000여 명이나 됐다. 훗날 관동대학살로 불리는 사건이다.

일제는 이를 감추기 위해 대형 조작사건이 필요했다. 그 희생물이 '조선인에게는 영웅, 일본인에게는 원수'인 박열이었다. 박열은 일본왕자 히로히토를 암살하려 한 '대역사건'을 주도한 혐의로 기소돼 아내 후미코와 함께 사형을 언도받는다.

흔히 '무정부주의자'로 표현되는 아나키스트는 모든 제도화된 정치조직, 권력, 사회적 권위를 부정한다. 아나키스트 박열은 인간이 인간을 지배한다는 것을 받아들일 수 없었다. 박열은 일본 왕실을 무너뜨리면 일본민중도 착취에서 해방된다고 믿었다.

노동자와 민중의 자유의지를 중시하는 아나키즘은 사회주의와 가깝다. 그래서 전통적인 아나키스트들은 자본주의를 싫어한다. 자본주의는 자본가와 노동자를 수직적 관계로 만들고, 자본가의 사유재산을 지키기 위해 국가와 폭력을 필요로 한다고 보기 때문이다. 하지만 자본주의는 아나키즘과 묘하게 결합하는 데 성공했다. 그렇게 탄생한 것이 '아나코 캐피털리즘(Anarcho-capitalism)'이다. 아나코 캐피털리즘은 아나키즘과 캐피털리즘이 합쳐진 단어로 '무정부 자본주의'를 의미한다. 오스트리아 학파의 머리 로스바드(Murray Rothbard)가 최초로 사용한 용어로 알려져 있다.

전혀 어울릴 것 같지 않은 자본주의와 아나키즘이 결합할 수 있는 것은 국가의 개입을 부정하고 자유방임을 추종하는 고전적 자유주의가 아나키즘과 철학적으로 맥을 같이 하는 부분이 있기 때문이다.

아나코 캐피털리스트는 국가란 개인의 자유를 옥죄는 악이라며 그 존재를 인정하지 않는다. 이들의 지향점은 극단적 자유주의다. 그래서 '우파 아나키즘'이라고도 불린다. 이들은 국가가 가계와 기업 등 경제주체의 경제활동에 개입하는 것을 극도로 싫어한다. 모든 것은 시장에 맡겨야 한다는 주장이다. 경제 독점을 막기 위한 규제와 소득불평등을 완화하기 위한 증세와 복지도 거부한다. 정부가 독점규제를 할수록 대기업들과 정경유착을 할 여지가 커지고, 증세를 통한 복지강화는 경제를 위축시켜 가난한 사람들에게 오히려 더 좋지 않다는 것이다.

머리 로스바드는 "세금은 도둑질"이라며 "만일 누군가 우리에게 와 우리 수입의 절반을 달라면서 주지 않으면 투옥시키겠다고 하면 도둑이라고 부를 텐데, 왜 정부가 그럴 때는 행동을 달리해야 하느냐"고 말했다. 아나코 캐피털리즘은 정부를 사법권과 화폐발행권을 가진 최상위의 약탈자 집단으로 본다. 정부는 세금을 내지 않으면 체포해 감옥에 가둘 수 있다. 도둑들은 상대에게 약탈행위를 지속적으로, 심지어 상대를 위한다는 명목으로 저지르지는 않는다. 그래서 아나코 캐피털리스트들은 국가는 도둑보다 훨씬 더 위선적이고 기만적이라고 주장한다. 또한 아나코 캐피털리즘은 정부는 화폐를 발행해 자신들이 원하는 일을 할 수 있는데 이때 화폐발행이 늘면 돈가치가 떨어져 국민들의 자산이 줄어들기 때문에 이 또한 '도둑질'이라고 봤다. 아나코 캐피털리스트들은 정부의 발권력에 대응하기 위해 금본위제로 복귀하거나 비트코인 등 가상통화를 활성화시켜야 한다고 주장한다.

대표적인 자유주의자인 밀턴 프리드먼(Milton Friedman)의 아들 데이비드 프리드먼(David Friedman)은 아버지보다 더한 자유주의자였다. 그는 때로 정부의 효용을 인정했던 아버지와 달리 "국방과 치안도 실은 시장이 더 효율적으로 공급할 수 있다"며 "가장 좋은 사회는 어떠한 정부도 존재하지 않는 무정부사회"라고 주장했다.

아나코 캐피털리스트들은 사유재산권을 가장 중요하게 여긴다. 공유지는 정부가 관리하기보다 사유재산으로 인정하면 환경문제 등도 해결이 될 수 있다고 봤는데, 사유재산을 가진 자들이 책임지고 관리를 할 수 있기 때문이다. 아나코 캐피털리스트들은 정부의 간섭이 많은 사회주의는 어떠한 형태로든 권위주의를 다시 부르고, 결국은 제국주의, 전체주의를 향해 나아갈 것이라고 예상한다.

하지만 전통 아나키스트들은 이 같은 아나코 캐피털리스트들을 "아나키스트의 철학성과 역사성을 이해하지 못하는 변종"이라며 무시하고 있다. 아나키즘은 사유재산 자체를 인정하지 않는다.

박열과 후미코는 자신들의 형을 무기징역으로 감형시킨다는 일왕의 사면장을 갈기갈기 찢어버린다. 그리고 "감히 일왕이 뭐라고 나의 생명을 좌지우지하느냐"고 외친다. 죽음 앞에서도 굴하지 않았던 거인, 조국독립을 염원했던 독립투사, 민중을 사랑했던 아나키스트, 그가 박열이었다.

박열 의사의 고향인 경북 문경시 마성면 샘골길에는 '박열 의사 기념관'이 있다. 기념관에는 박열 의사의 옥중생활과 법정생활이 복원돼 있다. 특히 박열 의사가 사모팔관을 쓰고 일본제국을 질타했던 당시 모습이 생생히 재현돼 있다. 이곳에는 아내 가네코 후미코 여사의 묘는 있지만 정작 박열 의사의 묘는 없다. 박열 의사는 6·25전쟁 때 납북돼 북에서 타계해 평양 땅에 묻힌 것으로 알려졌다. 영화 속 박열은 후미코에게 혼인신고를 제안하면서 "나의 형이 우리의 유골을 수습해서 나의 고향 땅에 합장해줄 것"이라고 약속했지만, 그의 약속은 아직 이뤄지지 못하고 있다.

64

어디에 숨기면 안전할까?

- 조약쇼핑

돈

감독 박누리

OTT 넷플릭스, 왓챠, 웨이브,
쿠팡플레이, 티빙

▶ 조약쇼핑이란 세금을 적게 내기 위해 국가마다 다른 조세제도를 골라 이용하는 행위를 말한다. 외국에 재산을 숨기는 방식의 조약쇼핑이 처음 등장한 것은 1789년 프랑스혁명 때로 알려져 있다. 법인이나 개인의 소득에 조세를 부과하지 않는 국가나 지역을 조세피난처라 부른다.

1987년 개봉된 올리버 스톤 감독의 영화 〈월 스트리트〉는 자본시장을 소재로 한 레전드 영화다. 불법이라는 것을 알면서도 작전세력과 손잡고 일확천금을 꿈꾸는 한 증권브로커를 통해 부자가 되고 싶어하는 증권가의 욕망과 탐욕을 제대로 다뤘다.

박누리 감독의 영화 〈돈〉은 여러모로 〈월 스트리트〉와 닮았다. 돈도 백도 없던 증권브로커가 작전설계자로부터 도움을 얻어 일확천금을 꿈꾸고 그 뒤를 금융당국이 쫓는다는 큰 얼개도 비슷하다. 30년이 지난 만큼 작전은 더 정교해졌다. 작전설계자인 번호표는 스프레드거래, 프로그램매매, 공매도를 차례로 동원한다. 동명증권 주식브로커 조일현은 작전을 수행해주고 수십억원대의 수수료를 받는다.

조일현이 스프레드거래와 프로그램매매를 수행해준 대가로 받은 141만달러의 돈은 해외 비밀계좌로 입금됐다. 금융감독원에 쫓겨 엄청난 스트레스를 받던 조일현은 3일짜리 휴가를 떠난다. 그곳은 자신의 비밀계좌가 있는 곳, 바하마다. 미국 플로리다주와 쿠바 사이 카리브해에 있는 바하마는 영국연방의 섬나라다. 작전세력들은 조일현의 비밀계좌를 바하마에 튼다. 바하마는 계좌추적이 어려운 조세피난처다.

'조세피난처(Tax Haven)'란 법인이나 개인의 소득에 조세를 부과하지 않는 국가나 지역을 말한다. 조세피난처는 고객의 계좌정보도 공개하지 않는다. 때문에 재산을 빼돌리거나 탈세하기에 적격이다.

조세피난처는 주로 영국계다. 런던 금융가인 시티를 중심으로 영국령인 저지섬, 건지섬, 맨섬, 케이맨제도, 영국에서 독립한 홍콩, 바하마, 싱가포르 등이 '거미줄 네트워크'로 연결돼 있다. 1920년대 영국 법원이 외국에서 기업활동을 하는 런던 본사 기업에 대해서 세금을 매길 수 없다는 판단을 내린 뒤 영국 본토와 영국령 해외 영토가 조세피난처로 부각됐다.

1934년 스위스는 은행이 금융소비자의 신원을 노출시키는 것을 범죄로 규정했다. 이후 비밀보장을 내건 조세피난처가 급증했다. 룩셈부르크와 네덜란드도 20세기 초부터 조세피난처를 제공했다. 이처럼 조세피난처라고 해서 법제도가 발달되지 못했고, 지구상 어딘가 숨어 있는 곳만을 의미하는 것은 아니다. 선진국 중에서도 조세피난처가 많다.

경제협력개발기구(OECD)는 소득세나 법인세를 부과하지 않거나 세율이 15% 이하인 국가와 지역을 조세피난처로 규정하고 있다. 또한 세금제도의 투명성, 세금 정보 공유 등이 불완전할 때도 조세피난처로 본다. 이런 기준에 따라 OECD가 조세피난처로 규정한 곳은 36개국이다. OECD는 이 중 블랙리스트 국가(국제 조세기준 불이행 국가)로 코스타리카, 말레이시아, 필리핀, 우루과이를 꼽았다.

조세피난처를 세금천국(Tax Paradise), 세금대피소(Tax Shelter), 세금리조트(Tax Resort)로 분류하기도 한다. 세금천국은 조세를 거의 과하지 않는 곳으로 바하마, 버뮤다, 케이맨제도 등이다. 세금대피소는 외국에서 들여온 소득에 대해서만 과세하지 않거나 매우 낮은 세율을 부과하는 곳으로 홍콩, 라이베리아, 파나마 등이 속한다. 세금리조트는 특정 사업 활동이나 특정 기업에 국한해 세금상의 혜택을 부여하는 곳으로 룩셈부르크, 네덜란드, 스위스 등이 꼽힌다.

세금을 적게 내기 위해 국가마다 다른 조세제도를 골라 이용하는 행위를 '조약쇼핑'이라 부른다. 외국에 재산을 숨기는 방식의 조약쇼핑이 처음 등장한 것은 1789년 프랑스혁명 때로 알려져 있다. 귀족들은 수수료를 주고 비밀리에 스위스은행에 자신들의 재산을 맡겼다.

영화 〈돈〉에 쓰인 작전을 알아보는 맛도 쏠쏠하다. 가장 먼저 쓰인 스프레드거래란 만기일이 다른 두 선물 간의 가격 차이를 이용한 거래다. 현물투자보다는 선물투자에서 많이 쓰는 기법이다. 두 번째 작전은 컴퓨터에 사전 프로그램이 된 대로 컴퓨터가 매매를 하는 것이다. 사람은 복수의 종목을 동시에 매매하기 힘들다. 하지만 컴퓨터에 '어떤 종목은 어떤 가격에 무조건 매수/매도하라'라고 입력해놓는다면 이야기가 달라진다. 동시에 복수 종목이 거래 가능하다. 때문에 프로그램매매는 대량거래 때 많이 사용된다. 프로그램매매는 워낙 단위가 크기 때문에 주가지수에 영향을 미치는 경우가 많다.

가장 크게 벌리는 판이 마지막에 사용된 공매도다. 공매도란 주식을 빌려서 팔고 나중에 사서 갚는 거래를 말한다. 공매도는 해당 종목의 주가가 하락하면 큰돈을 번다. 때문에 공매도를 친 특정 종목의 주가를 의도적으로 떨어뜨리려는 작전이 걸릴 수 있다.

유럽연합(EU)은 한때 한국도 조세회피처로 지정하려고 했다. 경제자유구역 내 기업에 대한 법인세 감면이 조세회피를 위한 조치로 볼 수 있다는 것이다. 한국은 관련 제도를 폐지했다. EU는 2019년 3월 조세 분야 비협조지역(EU 조세회피처 리스트)에서 한국을 완전히 제외한다고 밝혔다.

각 국가들이 조세피난처에 자금과 기업을 뺏기는 것을 막기 위해 경쟁적으로 세금 인하에 나서자 각국의 재정수입이 극도로 줄어들

우려가 커졌다. 그러자 미국 조 바이든 행정부를 비롯한 주요국들은 공동대응을 하고 글로벌 법인세를 도입하기로 했다. 2021년 OECD는 "글로벌 국내총생산(GDP) 약 90%를 차지하는 130개국이 글로벌 법인세 하한을 15%로 정하기로 뜻을 모았다"고 밝혔다.

또한 123개국(2018년 10월 기준)은 '국가 간 소득이전 및 세원잠식(BEPS)' 방지를 위한 협약에 서명하고 금융거래정보를 교환하기로 했다. 여기에는 한국과 바하마도 포함돼 있다. 금융거래정보를 각국이 교환하게 되면 조세피난처로 흘러간 개인과 기업의 자금을 파악할 수 있다. 영화 속 조일현의 경우도 그의 비밀계좌 정보를 우리 금융당국이 확보할 수 있다는 말이다. 부정한 돈으로 축적한 부라면 자금세탁하기가 어려워진다. 조일현은 비밀계좌를 어디로 옮겨야 할까?

소상공인은 목숨 걸고 장사해

- 프랜차이즈

극한직업

감독 이병헌

OTT 왓챠, 웨이브, 쿠팡플레이, 티빙

▶ 프랜차이즈란 본사가 가맹점에 영업기술을 제공하고, 자신의 상표나 상호 등을 이용해 자신과 동일한 이미지로 상품을 판매하도록 허용하면서 일정 대가를 얻는 경영기법이다. 프랜차이즈는 특정 기술이나 큰돈이 없어도 본사의 지원을 받아 쉽게 가게를 열 수 있다.

"퇴직하면 치킨집이나 차려야지."

언제부턴가 이 말은 '자영업을 하겠다'는 말이 됐다. 그만큼 자영업으로 치킨집을 하는 사람이 많다는 이야기다. 과거에는 "배추장사나 해야지"라고 했다. 그때는 1t 트럭에 과일이나 야채를 싣고 다니면서 파는 게 자영업의 상징이었다.

치킨 앞에는 '국민음식'이라는 호칭이 붙는다. 동네 구석구석이 치킨집이다. 한 모퉁이를 돌면 치킨집이다. 치킨집은 얼마나 많을까? 공정거래위원회 자료를 보면 국내 치킨 프랜차이즈는 400여 개로 가맹점 수는 2만 4,000개가 넘는다. 전 세계에 있는 맥도날드 매장보다 많다고 한다. '치맥(치킨+맥주)'은 어엿한 한류상품이다. 대구에서는 치맥페스티벌이 열리는데, 이는 문화관광부의 '2019년 문화관광축제 유망축제'로 선정되기도 했다. 대구시는 이 축제에 100만 명이 다녀간다고 주장했었다. 이런 '치킨공화국'에 치킨을 소재로 한 영화가 없다는 것이 말이 되나.

이병헌 감독의 영화 〈극한직업〉이 2019년 시작과 함께 만루홈런을 쳤다. 무려 1,600만 명이 봤다. 역대 한국영화 최고라는 〈명량〉(1,700만 명)의 턱밑까지 쫓아왔다. 〈극한직업〉은 마약사범을 잡기 위해 치킨집을 위장개업한 마약단속반의 이야기다. 마약사범들도 치킨 배달은 피해가지 못할 것이라는 아이디어에서 출발했다고 한다. 여기에 코미디와 액션이라는 튀김옷을 입히니 엄청난 '케미'가 생겨났다. 한마디로 '지금까지 이런 영화는 없었다'.

그들은 잠복근무를 위해 인수한 치킨집이다. 장사가 잘될 필요가 없다. 그런데 얼떨결에 손님에게 내놓은 왕갈비소스 양념치킨이 대박을 터트리면서 이야기가 꼬인다. 입소문이 나면서 손님이 밀려든다. 잠복근무를 할 것인가, 파를 무칠 것인가? 그들은 형사인가, 닭집아저씨인가?

수원왕갈비통닭이 엄청난 인기를 끌자 마약범용의자들이 가게를 먼저 찾아온다. 그러고는 프랜차이즈계약을 맺자고 한다. '프랜차이즈'란 본사가 가맹점에 영업기술을 제공하고, 자신의 상표나 상호 등을 이용해 자신과 동일한 이미지로 상품을 판매하도록 허용하면서 일정 대가를 얻는 경영기법이다. 과거에는 창업을 하려면 창업자가 자신의 기술을 갖고 독자적인 매장을 구축해야 해 많은 돈과 시간이 들었다. 반면 프랜차이즈는 특정 기술이나 큰돈이 없어도 본사의 지원을 받아 쉽게 가게를 열 수 있다. 은퇴자들에게 프랜차이즈가 매력적인 이유다.

프랜차이즈의 역사는 오래되지 않았다. 1950년대 출연했다. KFC의 창립자 커넬 샌더스(Colonel Sanders)의 이야기가 유명하다. 미국 켄터키주 국도변에서 식당을 운영하던 샌더스는 고속도로가 건설되면서 문을 닫게 됐다. 나이 60에 새로운 가게를 열기 어려웠던 그는 자신의 프라이드치킨 레시피를 팔기로 하고 레스토랑을 찾아다녔다. '레시피대로 프라이드치킨을 만들어 팔고 일정 수수료를 낸다'는 개념은 당시로서는 낯설었다. 2년간 1,000곳이 넘는 식당을 들렀지만 모두 거절당했다. 그러다 유타주 솔트레이크시티의 한 레스토랑이 그의 제안을 받아들였다. 치킨 한 조각당 0.04달러를 받는 조건이었다. 1952년의 일이다. 샌더스는 홍보대사도 자처했다. KFC의 흰수염 할아버지가 바로 샌더스다.

국내 1호 프랜차이즈는 어딜까? 치킨점이다. 1977년 창업한 '림스치킨'은 닭을 조각내 튀겨내는 프라이드치킨을 국내에 보급한 것으로 알려져 있다. 1980년대에 페리카나, 멕시칸치킨 등이 나왔고,

1990년대에 교촌통닭, BBQ 등이 사업을 시작했다.

국내 프랜차이즈 산업은 급격히 성장했다. 산업통상자원부 자료를 보면 2020년 기준 프랜차이즈 브랜드 수는 7,100개에 육박한다. 특히 전년 대비 430여 개가 늘어나 증가율이 11.7%나 된다. 가맹본부는 5,600여 개이고, 가맹점 수는 27만 6,000개에 달한다. 프랜차이즈 가맹본부 기준으로 보면 한국은 경제규모가 큰 미국(약 3,000개), 일본(1,339개)보다 많다. 프랜차이즈 전체 매출액은 121조원에 달한다. 세부업종별 매출액을 보면 편의점(45조원)이 가장 크고 이어 기타 도소매(12조 8,000억원), 치킨(9조원), 한식(8조원), 커피(6조 7,000억원) 순이다. 프랜차이즈에 종사하는 사람은 117만 명이나 된다.

프랜차이즈는 본사의 도움으로 적은 자금으로 손쉽게 창업할 수 있다는 장점이 있지만, 이는 도리어 단점이 되기도 한다. 진입장벽이 너무 낮아 너도나도 '미투창업'을 할 수 있고, 이 때문에 경쟁도 심하고 유행도 너무 빠르다. 이 때문에 프랜차이즈의 평균 사업기간은 4년 11개월밖에 안 된다. 한 핫도그 전문점 매장의 경우, 2018년 전국에서 213곳이 문을 열었고, 32곳이 폐업했다. 2019년에는 56곳이 창업하고 70곳이 폐업해 문 닫는 곳이 더 많아졌다. 실제 프랜차이즈 창업동기를 물어보면 소자본 창업이 가능해서(24.1%)와 기술·경험이 부족해서(19.8%)가 가장 많았다. 또한 가맹점 중 절반은 휴무일이 없고, 77%는 휴일에도 영업했다.

영화 〈극한직업〉이 메가히트하면서 수원통닭거리도 덩달아 떴다. 수원통닭거리에는 왕갈비치킨을 파는 곳이 여럿 있다. 한때 일부 치킨집은 1시간 줄을 서도 사먹기 힘들 정도였다고 한다. 굽네치킨,

BHC 등 기존 프랜차이즈 치킨업체들도 잇달아 갈비맛치킨을 내놨다. 수원왕갈비통닭은 2019년 백화점 푸드코너에도 진출했다. 롯데백화점 소공동 본점은 '수원왕갈비통닭' 팝업스토어를 열었다.

영화에서 사표를 내고 치킨사업에 전념하려던 고 반장은 가맹점 곳곳에서 터지는 불만에 곤혹스러워한다. 고 반장, 아니 닭집아저씨가 지점을 직접 관리하기로 한다. 그런데 이상하다. 지점에 근무하는 주인들이 예사롭지 않다. 이대로 두면 프랜차이즈는 망할 것 같다. 퇴직금까지 부어서 만든 프랜차이즈인데 문 닫도록 내버려둘 수는 없는 법이다. 마침내 마약 보스와 맞닥뜨린 고 반장, 아니 닭집아저씨는 외친다. "소상공인은 목숨 걸고 장사해."

깃발을 달고 진군하다

- 플래그십

캐리비안의 해적: 죽은 자는 말이 없다

감독 요아킴 뢰닝, 에스펜 잔드베르크

OTT 디즈니+, 웨이브, 티빙

▶ 플래그십이란 기업의 주력상품으로 최상의, 최고급 기종을 말한다. 예를 들어 2023년 삼성전자 스마트폰의 플래그십은 폴더블과 갤럭시S 시리즈다. 기업이 내세우는 최고의 제품인 만큼 대체로 가격대가 높지만 매우 고급스럽다. 17세기 제독, 해군장성 등은 일반 배와 구별하고자 깃발을 단 기함에 탔는데 여기서 유래했다.

어느새 그는 해적의 전형이 됐다. 유머러스하고 우스꽝스러우면서도 때론 비굴하고 야비한데 밉거나 무섭지 않다. 그는 캡틴 잭 스패로우다.

2017년 개봉된 영화 〈캐리비안의 해적: 죽은 자는 말이 없다〉는 2003년 시작한 시리즈의 5편이다. 〈캐리비안의 해적〉 시리즈는 〈블랙펄의 저주〉(2003), 〈망자의 함〉(2006), 〈세상의 끝에서〉(2007) 등 3편이 오리지널 트롤로지다. 〈낯선 조류〉(2011)와 〈죽은 자는 말이 없다〉(2017) 등 2편은 후속시리즈다.

해적 영화는 〈캐리비안의 해적〉 이전과 이후로 나뉜다. 해적영화는 바다가 무대가 되는 특성상 블록버스터급으로 제작이 되지만 로만 폴란스키의 〈대해적〉, 레니 할린의 〈컷스트로 아일랜드〉 등은 줄줄이 흥행에 참패했다. 할리우드에서 해적 소재 영화는 극히 꺼리는 소재가 됐지만, 〈캐리비안의 해적〉 시리즈가 대성공을 거두면서 속설을 깼다.

'사일런트 메리호'를 이끄는 캡틴 살라자르는 해적을 잡는 영국 해군이다. 유령선이 된 사일런트 메리호의 위압감은 상상을 초월한다. 바다 밑에서 솟구쳐 올라와 단번에 다른 해적선을 찍어누른다. 영국 국기 유니언잭을 단 플래그십도 유령선을 당해낼 재간이 없다. '플래그십'이란 깃발을 달고 전투를 지휘하는 대장함(Flagship)을 말한다. 17세기 제독, 해군장성 등이 탄 배는 일반 배와 구별하기 위해 깃발을 단 기함에 탔다.

플래그십은 상품시장에도 있다. 기업이 공들여 개발한 대표상품으로 통상 최상의, 최고급 기종을 말한다. 예를 들어 2023년 기준 삼성전자 스마트폰의 플래그십은 폴더블과 갤럭시S시리즈다. 메르세데스-벤츠는 S클래스, BMW의 7시리즈, 애플의 Pro시리즈, 현대차의 제네시스 등도 플래그십이다. 이처럼 플래그십은 브랜드는 그대로 유지되며 넘버링만 바꾸면서 계속 출시되는 경우가 많다.

플래그십은 기업이 내세우는 최고의 제품인 만큼 대체로 가격대가 높지만 매우 고급스럽다. 때문에 마케팅과 기술력의 선두에 서며, 때론 기업의 철학이 녹아 있기도 하다. 회사의 제품군을 말할 때 플래그십이 가장 높은 등급이고 이어 '하이엔드-퍼포먼스-메인스트림-엔트리-로우엔드(보급형)' 순으로 분류된다.

서울 강남역과 홍대입구역 근처에는 카카오프렌즈의 캐릭터 매장이 있다. 카카오프렌즈의 가치가 높아지면 카카오의 가치도 높아질 것이다. 이런 상점을 플래그십 스토어라고 부른다. 성공한 특정 상품 브랜드를 앞세워 전체 브랜드의 성격과 이미지를 끌어올리기 위해 마련한 매장이다. 브랜드를 대표하는 매장(스토어)에 깃발(플래그)을 꽂는다는 의미가 있다.

플래그십 스토어를 운영하는 곳은 까르띠에, 오메가, 겐조, 버버리, 프라다 등 주로 명품 브랜드가 많다. 최근에는 삼성전자, 캐논, 아이리버 등 가전제조사와 한샘, 일룸, 까사미아 등 가구·인테리어사 등으로 플래그십 스토어가 확산되고 있다. KT와 SK 등 이동통신사와 CJ푸드빌, 네스프레소, 조니워커 등 식품 브랜드도 속속 플래그십 스토어를 세우고 있다. 하나은행, 우리투자은행 등 금융권은 VVIP 회원을 위해 플래그십 스토어를 운영하기도 한다.

공공기관 중에는 한국조폐공사가 플래그십 스토어를 운영하고 있다. 조폐공사의 순금 브랜드 '오롯'과 메달 등 특수압인 제품 브랜드인 '디음'을 알리기 위해서 서울에 오롯·디음관을 열었다.

플래그십 스토어는 대체적으로 트렌드에 민감하거나 구매력이 있는 소비자가 몰리는 지역에 많이 진출한다. 서울 청담동, 신사동, 신촌, 명동, 삼성동, 한남동, 강남역, 가로수길, 부산 광복동, 대구 동성로 등이 대표적인 플래그십 스토어 입지로 손꼽힌다.

플래그십 스토어는 일반 매장과 달리 감각적이고 독특한 인테리어를 갖고 있어야 한다. 브랜드의 정체성을 극대화하기 위해서는 일반 매장과 차별화가 필요하기 때문이다. 플래그십 스토어는 1990년대 후반 기업들의 마케팅이 제품에서 브랜드로 옮기면서 크게 확산됐다. 플래그십 서비스도 있다. 해당 회사가 운영하는 최고급의 서비스로 KTX 특실이나 항공사들의 퍼스트클래스 등이 이에 해당된다.

플래그십 스토어의 시초를 안테나숍으로 보기도 한다. 안테나숍이란 기업이 실제 매장을 열기 전 시장의 반응을 보기 위해 여는 시범매장을 말한다. 특히 명품매장들은 안테나숍을 통해 소비자들의 선호도를 테스트해본 다음 매장을 오픈하는 경우가 많다.

유리병에 갇힌 해적선 '블랙펄'을 빼내는 데 성공한 잭 스패로우는 블랙펄에 해적기부터 단다. 해골과 2개의 뼈다귀로 구성된 해적기는 그 자체로 일반 뱃사람들에게 위압감을 준다. 따지고 보면 세상에서 가장 빠른 배인 블랙펄은 그 자체로 함선의 플래그십이다. 블랙펄은 동인도 회사의 최신함선이었지만 잭 스패로우가 탈취했다. 거기다 잭이 캡틴으로 복귀했으니 플래그십(기함)이라는 호칭에 토를 달 수 없다.

2023년 초 디즈니는 해적 플래그십이 된 〈캐리비안의 해적〉 시리즈의 6편 제작을 검토하고 있는 것으로 알려졌다. 하지만 이제는 연로해진 조니 뎁이 잭 스패로우로 다시 나올지는 미지수다. 새로운 조류를 반영해 여성 주연의 시리즈가 검토되고 있는 것으로 알려졌지만 주연후보로 알려졌던 마고 로비가 2022년 11월 "여성 주연 〈캐리비안의 해적〉은 디즈니에서 죽었다"고 밝혔다.

닌자, 주택시장을 무너뜨리다

- 닌자대출

빅쇼트

감독 아담 맥케이

OTT 웨이브, 티빙

▶ 닌자대출이란 수입도 직장도 재산도 없는 이들에게 해주는 대출을 말한다. 금융위기 직전 미국 은행들이 취급한 닌자론은 소비자가 다른 서류 없이 자신의 연봉만 밝히면 집을 담보로 은행이 돈을 내줬다. 하지만 집값이 폭락하고 경기가 얼어붙자 부실화되는 채권이 속출하게 됐다.

코로나19 사태가 터지자 세계가 선택한 해법은 돈풀기였다. 그 덕에 팬데믹으로 인해 경기가 급랭하는 것을 막는 데는 성공했지만, 너무 푼 유동성은 고물가를 불러왔다. 40년 만의 고물가를 잡기 위해 금리를 급격히 올리다 보니 글로벌 경기는 급랭하고, 달러는 초강세를 보이면서 2023년 경제위기설이 다시 고개를 들고 있다.

경제위기를 맞아 돈풀기로 맞선 시초는 2007년 금융위기다. 당시 금리인하와 양적완화로 푼 돈은 2010년대 내내 골칫거리가 됐고, 글로벌 유동성을 정상화시키기도 전에 코로나19가 터지면서 역대급 자산버블로 이어졌다. 아담 맥케이 감독의 〈빅쇼트〉는 유동성 위기의 시작이 됐던 2007년 금융위기에 대한 이야기다. 〈빅쇼트〉의 원작은 마이클 루이스(Michael Lewis)의 소설이다. 마이클 루이스는 『머니볼』의 저자다.

'쇼트'는 주가하락을 예상해 주식을 빌려 미리 매도하는 것을 의미하는 주식 용어다. 주가가 떨어진 뒤 싼 가격에 되사서 갚아 차익을 내는 기법이다. 쉽게 말해 가격하락에 베팅하는 것으로 시세가 오를 것이라고 판단해 매수하는 '롱'의 반대기법이다. 영화 제목 '빅쇼트'는 말 그대로 하락장에 '크게' 베팅한다는 뜻이다. 금융에서는 공매도(Short Selling)를 뜻한다. 그러니까 빅쇼트는 '아주 큰 공매도'를 뜻한다고 보면 된다.

영화 〈빅쇼트〉는 2005년부터 시작한다. 은행이 개인들에게 제로금리로 엄청난 주택담보대출을 내주고 개인은 대출을 받아 집을 사들이던 2005년, 월스트리트 주변을 맴도는 각기 다른 4팀의 투자자들은 이 파티에 의문점을 품는다. 의사 출신 펀드매니저인 마이클 버리, 헤지펀드매니저인 마크 바움, 도이체방크의 채권 담당자인 자레드 베넷, 풋내기 청년투자자들인 제이미와 찰리 등이다.

2001년 9·11테러 이후 미국은 경기부양을 위해 제로금리를 택했다. 대출금리가 떨어지자 미국의 중산층들은 담보대출을 내 주택을 구매했고, 서서히 집값이 올라갔다. 집값이 상승하자 은행들은 경쟁적으로 대출에 나서게 됐다. 은행들은 처음에는 신용도가 좋은 프라임 등급의 사람들에게만 대출을 해줬지만 점차 신용도가 낮은 사람에게도 돈을 빌려줬다. 이른바 서브프라임 모기지(비우량 주택담보대출)다. 집이 담보로 잡혀 있는 이상 리스크는 없다고 봤다.

집값이 급등하고 대출수요도 폭증하자 은행들은 빌려줄 돈이 더 필요하게 됐고, 대출채권을 담보로 주택저당증권(MBS)을 만들어 투자은행과 자산운용사 등에 팔았다. 이들 금융기관은 MBS를 모아서 파생상품인 부채담보부증권(CDO)이라는 것을 만들었다. 포트폴리오 이론에 따르면 신용등급이 낮은 상품과 신용등급이 높은 상품을 섞으면 합성된 상품의 신용도는 높아진다. 금융사들은 CDO를 만든 뒤 CDO의 리스크를 헤지하기 위해 신용부도스와프(CDS)라는 상품에 가입했다. CDS는 CDO가 부실화될 경우 그 원금을 갚아주는 일종의 보험상품이다.

영화 속 버리는 CDO의 기초가 되는 주택담보대출 채권이 부실화되고 있다는 것을 알아낸다. 마크 바움은 자레드로부터 정보를 입수한 뒤 주택버블을 확인한다. 청년투자자들도 우연히 주택대출이 부실화되고 있다는 이야기를 듣는다. 이들은 CDS를 매입해 하락장에 베팅을 한다. 2007년 4월 드디어 운명의 순간을 맞는다.

영화 〈빅쇼트〉에서 금융위기를 불러온 결정적 용어 하나를 집으라면 단연 '닌자대출'이다. 닌자대출(NINJA loan)이란 수입도 직장도 재산도 없는(No Income, No Job, No Assets) 이들에게 해주는 대출을 말한다. 금융위기 직전 미국 은행들이 취급한 닌자론은 소비자가 다른 서류 없이 자신의 연봉만 밝히면 은행이 돈을 내줬다. 10년 뒤 원금을 일시에 상환하는 조건으로 10년간 이자만 상환하도록 했다. 초기의 이자는 매우 낮았다. 이자율은 2년 뒤 재산정되지만 차입자들은 별걱정이 없었다. 이자보다 더 빠른 속도로 집값이 오르고 있었기 때문이다.

대출이자 수입이 늘어나면서 은행원들은 큰돈을 번다. 은행이 대출을 거부하는 일은 없었다. 금요일 대출채권이 생기면 주말이 지난 다음 월요일 투자은행들이 그 대출채권을 무조건 사갈 정도였다. 주택담보대출비율(LTV)도 컸다. 영화 속 스트리퍼는 "집값의 5%만 내면 은행 대출로 집을 살 수 있다. 난 집 5채와 콘도를 가지고 있다"고 말한다. LTV가 95%에 달한다는 이야기다. 집값이 상승할 것을 예상해 집값보다 돈을 더 빌려주는 경우도 있었다. 때문에 "LTV가 110%에 달한다"는 말도 나올 정도였다.

훗날 《워싱턴포스트》는 닌자론이 2005년부터 시작된 미국 주택시장 버블의 원인이었다고 밝혔다. 닌자론으로 인해 모기지 시장은 4년 만에 9조 5,000억달러 규모로 커졌고, 미국 가계의 주택소유 비중은 70%에 육박했다.

하지만 2007년부터 집값이 정체되고, 금리가 올라가면서 차입자들이 직격탄을 맞게 됐다. 빚을 갚지 못하는 차입자들의 집은 은행에 넘어갔고, 이들은 야외 텐트로 쫓겨났다. 미국에서만 800만 명이 직장을 잃었고, 600만 명이 집을 잃었다. 모기지 채권을 담은 파생상품들이 동시다발적으로 망가지면서 파생상품을 매입한 다른 나라의 금융기관들도 위험에 빠지기 시작했다. 위험이 전 세계로 확산되면서 결국 글로벌 경제위기로까지 이어졌다. 당시 집을 잃고 밖으로 내몰린 미국인 중에는 2023년까지도 공원에 주차한 채 생활하는 사람들이 있다.

닌자대출의 위험을 피하기 위해 만든 대출규제가 총부채상환비율(DTI)이다. DTI는 금융회사에 갚아야 하는 대출금 원금과 이자를 개인의 연소득으로 나눈 것이다. DTI 40%라는 말은 연봉 5,000만 원 소득자가 내야 하는 연간 대출원리금이 2,000만원이라는 뜻이다. DTI를 낮추면 대출액이 줄어들고, DTI를 높이면 대출액이 늘어난다.

코로나19를 지나며 집값이 급등하자 2021년 한 해 동안 무주택 100만 가구가 집을 샀다고 통계청이 밝혔다. 그러면서 대출도 급등해 한국의 GDP 대비 가계부채 비율은 100%가 넘어섰다. 금융당국은 "가계대출이 급증했지만, DTI규제로 인해 개인이 감내할 수 있는 수준에서만 대출이 이뤄졌다"고 밝혔다. 하지만 일각에서는 살인적인 고금리로 이자가 폭등할 경우 원리금 상환이 어려울 수도 있다는 우려를 하고 있다. 경제사는 2023년을 어떻게 기록하게 될까?

68

구로의 등대, 판교의 오징어 배
- 크런치모드

캐스트 어웨이

감독 로버트 저메키스

OTT 왓챠, 웨이브, 티빙

▷ 크런치모드란 마감 기한을 맞추기 위해 수면, 영양 섭취, 위생을 포함한 기타 사회 활동을 포기하고 연장 근무하는 업무 행태를 말한다. 크런치란 원래 결단이 필요한 타이밍, 중대한 위기상황을 뜻하는데 여기서 의미가 파생됐다. 크런치타임 이라 부르기도 한다.

'현대판 로빈슨 크루소'라고 불리는 영화가 있다. 2000년 개봉했지만 2022년 OTT에 '추천영화' 딱지가 붙었다. 그만큼 명작이라는 이야기다. 톰 행크스를 모르는 MZ세대도 배구공 윌슨은 안다. 물론 올드팬에게는 전성기 때의 모습을 볼 수 있는 톰 행크스가 반갑다.

감독인 로버트 저메키스도 1980년대와 1990년대를 풍미했던 할리우드 대표 감독이다. 〈백 투 더 퓨처〉 〈포레스트 검프〉 〈콘택트〉 등의 역작이 줄줄이 있다.

글로벌 물류회사인 페덱스 직원인 척 놀랜드는 세계에서 가장 바쁜 사람이다. 전 세계를 분 단위로 돌아다닌다. 전 세계에 소포를 빠르게 전달하기 위해서 직접 현지의 직원들을 독려한다. 아직 사회주의 성향이 남아 있는 러시아 모스크바에서도 예외 없다. 척은 사람들에게 분류작업을 신속히 하라고 닦달하면서 "크런치타임. 크런치타임"을 외친다.

'크런치타임'이란 마감 기한을 맞추기 위해 하는 수면, 영양 섭취, 위생을 포함한 기타 사회 활동을 포기하고 연장 근무하는 업무 행태를 말한다. 크런치모드 혹은 줄여서 크런치라 부르기도 한다.

크런치란 원래 결단이 필요한 타이밍, 중대한 위기상황을 뜻하는데 여기서 의미가 파생됐다. 납품이나 신제품 개발 등 마감에 쫓기는 소프트웨어 개발, 게임 개발, 정보기술(IT) 분야에서 과로사와 노동자의 자살이 잇따르자 고강도 노동환경이 조명되면서 널리 알려진 용어였는데 요즘은 제조업과 건설업 등에서도 많이 쓰인다.

신제품 출시 등을 앞두고 짧게는 몇 주, 길게는 몇 달간 밤낮없이 일에 매달려야 하다 보니 게임 또는 소프트웨어 회사가 많은 구로와 판교의 건물들은 한밤이 되어도 불이 꺼지지 않는다. 이를 빗대어 '구로의 등대' '판교의 오징어 배'라고 부른다. 높은 노동 강도에 대한 자조가 섞여 있다.

크런치모드에 대한 사회적 논란은 주 52시간 도입을 앞당긴 원인이 됐다. 노동시간 주 52시간제는 아무리 일을 많이 해도 한 주에 52시간 이상은 일을 하지 못하도록 금지하는 제도다. 사실 주 52시간도 적은 시간은 아니다. 하루 8시간 근무한다고 가정하면 주 6일 근무하고도 4시간 더 근무해야 한다. 주 5일 근무 기준으로 보면 하루 10시간씩 근무하고, 이틀은 1시간 연장근무를 해야 한다.

주 52시간제는 일주일에 주 52시간을 일하지 못하도록 엄격하게 금지해 일부 회사는 아예 52시간 이상 일하면 근태에 등록이 안 된다. 주 52시간제는 일 중독에 가까운 한국의 노동환경을 획기적으로 개선하는 데 도움이 됐지만, 일부 기업은 "경쟁력을 상실할 수 있다"며 수정을 요구하고 있다. 업종들마다 특성이 다른 만큼 유연하게 적용해달라는 것이다. 예컨대 정말 급할 때는 몇 주 바짝 당겨서 일한 뒤 나머지 시간을 쉬도록 해 주 52시간을 총량관리하면 어떻겠느냐는 것이다.

이런 의견을 윤석열 정부가 받아들여 주 52시간제를 주 단위가 아니라 월 단위로 변경하는 방안을 검토하기도 했다. 하지만 사람은 기계가 아니기 때문에 며칠 엄청난 과로를 한 뒤 나머지 시간을 쉰다고 몸이 회복되는 것은 아니라는 반박이 있다. 자칫 주 52시간을 완화해도 된다는 잘못된 시그널을 줘 사용주들이 이를 악용할 가능성도 있다.

영화 속 척은 너무 바쁘다. 여자친구 켈리에게 하는 프로포즈도 비행기 출발 전 몇 분의 짬을 내 승용차 안에서 한다. 훗날 조난을 당해 무인도에서 살게 된 척은 자신이 크런치모드로 살며 켈리에게 잘해주지 못한 것을 후회한다.

한국은 경제협력개발기구(OECD)회원국 중에서 가장 일을 많이 하는 나라에 속한다. 2021년 기준으로 멕시코, 코스타리카, 콜롬비아, 칠레 등 중남미 4개 국가를 제외하고 노동시간이 가장 많다. 한국의 노동시간은 연간 1,915시간으로 OECD 평균 노동시간(1,716시간)보다 199시간 많았다. 8시간 근무 기준으로 보자면 25일을 더 일한다는 이야기다. 10년 전인 2011년보다는 221시간이 줄었는데도 이렇다.

노동시간은 많지만 생산성은 떨어진다. 한국의 시간당 노동생산성은 41.7달러로 OECD 38개국 중 27위다. 동유럽 국가인 슬로바키아(45.8달러), 슬로베니아(45.7달러), 체코(42.1달러)보다도 떨어졌다. 1위인 아일랜드(111.8달러)는 노동생산성이 한국의 약 3배에 달했다. 그간 낮은 노동생산성을 노동량으로 채워왔다는 뜻이지만, GDP 4만 달러를 앞둔 상황에서는 이런 식의 성장은 지속 가능하지 않다는 지적이 많다. 긴 노동시간이 유지되면 기업들이 노동생산성을 높여야 하는 유인이 부족해져 결국 기술혁신이 지체된다는 주장도 있다.

영화 〈캐스트 어웨이〉는 당시로서는 생소했던 택배를 세상에 알린 것으로도 유명하다. 척이 근무하는 페덱스(FedEx)는 USPS, DHL과 함께 대표적인 글로벌 택배사다. 미국 멤피스에 본사를 두고 있다.

페덱스는 '페덱스웨이'를 고안하며 물류혁신을 가져왔다. 먼저 '허브 앤 스포크' 방식을 도입해 익일배송을 정착시켰다. 허브 앤 스포크 방식이란 허브 공항에 화물을 모두 모아놓고 분류한 뒤 지역공

항으로 보내 배달하는 방식이다. 미국 내 모든 도시에서 4시간 안에 도착할 수 있는 허브 공항을 축으로 화물을 모으고, 이렇게 모인 화물을 배송 지역별로 다시 정리해 화물을 배달하는 방식으로 물류를 대량을 처리할 수 있고, 빠른 시간에 배달할 수 있다.

그 전에는 배송하려는 두 지역을 최대한 단거리로 이동하는 방식인 '포인트 투 포인트'를 썼는데 각 지역의 비행시간을 맞추다 보면 처리할 수 있는 물류량이 적고, 배송도 느려졌다. 허브 앤 스포크 방식은 창업자인 프레더릭 스미스(Frederick W. Smith)가 대학원 학생시절 고안했던 아이디어로 알려졌다. 그는 평소 즐겨 타던 자전거 바퀴에서 영감을 얻었는데, 허브는 바퀴, 스포크는 바퀴살을 의미한다.

또한 페덱스는 1994년 웹사이트인 페덱스닷컴(fedex.com)을 개설하고 온라인으로 물품배송상태를 확인할 수 있는 서비스를 도입했다. 이를 '코스모스(COSMOS: Customer, Operations, Management and Service)'라고 불렀는데, 고객이 직접 온라인에 접속해 화물번호를 치면 현재 자신의 화물이 어디에서 어떻게 배송되고 있는지를 체크할 수 있는 시스템이다. 지금은 두 서비스 모두 택배업계에서는 일반화됐다.

영화에 페덱스와 관련된 장면이 많이 나오지만 간접광고는 아니다. 페덱스 로고가 있는 비행기, 사무실, 물류센터 그리고 마지막까지 간직한 소포 등 영화 속 페덱스와 관련된 모든 공간과 비품은 페덱스가 제공했다. 하지만 페덱스는 홍보비나 광고비 명목으로는 금전을 일절 제공하지 않았다고 한다. 오히려 처음에는 비행기 추락신이 있어서 영화지원을 거절하려 했는데 마지막까지 물류 배송을 하는 장면을 보고 마음을 바꿨다는 이야기도 있다. 영화 후반부에 등장하는 페덱스 CEO는 실제 페덱스의 CEO인 프레더릭 스미스 본인이다.

집 밖은 위험해

- 코쿤족

월터의 상상은 현실이 된다

감독 벤 스틸러

OTT 웨이브, 티빙

▷ 코쿤족이란 누에고치(코쿤)처럼 자신만의 안락하고 안전한 공간에 칩거하며 자신만의 생활을 즐기는 사람이다. 마케팅전문가인 페이스 팝콘은 '코쿤이란 불확실한 사회에서 단절돼 보호받고 싶은 욕망을 해소하는 공간'이라고 정의했다. 사회생활을 멀리하면서 집에 틀어박혀 지내는 히키코모리와는 다르다.

월터 미티는 16년째 잡지사 《라이프》에서 포토에디터로 일하는 42세 싱글남이다. 지금껏 특별히 가본 곳도 없고, 특별한 경험도 없는 초식남(초식동물처럼 온순하고 착한 남자라는 뜻)이다. 평생직장이라 여

겼던 회사가 구조조정에 들어간다. 잡지를 폐간하고 온라인으로 전환하겠단다. 마지막 호는 전설적인 사진작가 숀이 보내온 사진을 쓰기로 한다. 숀은 그중 25번 사진을 '삶의 정수'라고 강조했다. 그런데 25번 사진만 없다. 기한 내 사진을 찾지 못한다면 해고 1순위다. 월터는 무작정 숀을 찾아 떠난다. 그린란드에서 아이슬란드를 거쳐 아프가니스탄까지 뜻하지 않은 모험이 시작된다.

벤 스틸러가 감독과 주연을 맡아 1인 2역을 한 영화 〈월터의 상상은 현실이 된다〉는 일상의 노예가 돼버린 무력한 직장인의 이야기다. 행동은 차마 하지 못하고 머릿속으로 공상만 하는, 길들여진 봉급쟁이의 모습이다. 1939년에 쓰인 제임스 서버(James Thurber)의 동명 소설이 모티브가 됐는데 1947년 이미 한차례 영화화된 적이 있다.

월터의 직장《라이프》는 실제 미국에 있던 유명잡지다. 1936년 창간돼 1972년 폐간될 때까지 포토저널리즘의 영역을 개척했다는 평가를 받는다. 2007년 정간된 뒤 인터넷으로만 운영하고 있다. '세상을 보고, 무수한 장애물을 넘어, 벽을 허물고, 더 가까이 다가가 서로를 알아가고 느끼는 것'이 영화 속《라이프》지의 모토다.

도전적인 사훈과 달리 월터의 삶은 평범하기 그지 없다. 잡지 표지에 쓰일 사진을 고르는 일이 포토에디터인 그가 해야 할 일이다. 출근하면 그만의 공간인 사진자료실에서 하루를 보낸다. 월터는 전형적인 '코쿤족(Cocoon族)'이다.

코쿤이란 누에고치를 의미한다. 코쿤족은 누에고치처럼 자신만의 안락하고 안전한 공간에 칩거하며 자신만의 생활을 즐기는 사람이다. 마케팅전문가인 페이스 팝콘(Faith Popcorn)은 '코쿤이란 불확실한 사회에서 단절돼 보호받고 싶은 욕망을 해소하는 공간'이라고 정의했다.

코쿤족은 자신이 머무를 수 있는 공간을 소유할 능력이 있다. 이들은 안정된 수입원을 갖고 있으면서 업무능력도 뛰어나다. 단지 홀로 있고 싶어하는 이유는 재충전 때문이다. 누구의 간섭도 받지 않고 자신만의 공간에서 편히 쉬고 싶은 것이다. 사회생활을 멀리하면서 집에 틀어박혀 지내는 히키코모리와는 다르다. 일을 하지 않고, 일할 의지가 없고, 교육훈련도 받지 않는 청년 무직자를 의미하는 니트족(NEET족: Not in Education, Employment or Training)과도 다르다.

휴식공간은 집이 될 수도, 자동차나 사이버공간이 될 수도, 심지어 자신의 사무공간이 될 수도 있다. 집을 자신만의 공간으로 꾸민 뒤 음악이나 영화를 즐기며 피로를 푼다면 하우스 코쿤족이고, 사이버 공간에서 게임을 즐기며 정신적 만족감을 찾는다면 사이버 코쿤족이다. 영화 속 월터는 회사 내 자신의 공간인 사진자료실에 머무를 때 안락함을 느낀다. 자신의 사무실 책상을 개성 있게 꾸미고 그곳에서 편안함을 찾는다면 '오피스 코쿤족'이다. 난을 키우거나 사랑하는 사람의 사진을 올려놓는 것은 필수다.

코쿤족을 겨냥해 생겨난 집이 코쿤하우스다. 코쿤하우스는 고급스럽게 업그레이드 된 고시원으로 침대, 세탁기, 냉장고, 옷장, 책상, 샤워실 등을 갖춘 미니 원룸이 많다. 코쿤하우스는 임대료의 저렴함보다는 편의성과 휴식성이 중요하다.

코쿤족을 겨냥한 시장도 빠르게 커지고 있다. 대형마트, 편의

점, 이커머스 등 유통가는 코쿤족을 잡기 위한 퀵커머스(Quick Commerce)경쟁이 뜨겁다. 퀵커머스란 고객이 상품을 주문하면 1~2시간 안에 배송지로 상품을 배송해주는 즉시배송 서비스를 말한다. 코쿤족은 홀로 밥을 먹거나 홀로 시간 보내는 것을 좋아하다 보니 많은 생활필수품을 배달로 해결한다. 빠르게 배달해주는 퀵커머스는 코쿤족에게 매력적이다.

오피스 코쿤족을 겨냥한 데스크테리어 시장도 확대되고 있다. 데스크테리어는 '책상(Desk)+인테리어(Interior)'의 합성어로 책상주변 꾸미기를 뜻한다. 취업포털사이트인 잡코리아의 설문조사를 보면 응답자들은 데스크테리어에 관심을 두게 되는 주요 이유로 '스트레스가 해소되고 심리적 위안을 받아서'를 꼽고 있다. 데스크테리어는 사무실에서 오랜 시간 근무하는 직장인들 사이에서 유행했지만, 코로나19로 집에 있는 시간이 늘면서 수험생, 공시생 등 사이에서도 인기를 얻었다.

위험하고 복잡한 외부세상을 피해 집이나 교회 등 안전하고 안락한 장소로 도피하려는 경향은 갈수록 커진다. 이런 경향을 코쿠닝(Cocooning)이라 부른다. 미국에서는 9·11테러 이후 코쿠닝이 심해졌다. 한국도 코로나19 이후 코쿠닝이 뚜렷해지고 있다. 대학가에서도 코쿠닝이 빠르게 확산되면서 동아리와 총학생회가 사라지고 있다. 개인주의 취향이 갈수록 커지는 데다 계속되는 취업난으로 단체생활보다 학점관리 등 자기계발이 우선시된다. IT기술 발달도 코쿠닝을 강화하고 있다. 굳이 오프라인 모임에 나가지 않아도 온라인상에서 마음에 맞는 사람을 만나고 대화할 수 있기 때문이다.

영화 속 월터도 온라인 만남 사이트를 즐겨 찾는다. 월터의 취미는 '상상하며 멍 때리기'다. 그가 상상 속에서 사모하는 여인은 회사 동료인 셰릴 멜호프다. 그녀는 25번 사진을 찾지 못해 어쩔 줄 몰라 하는 월터에게 말한다. "(숀에게) 가요, 가서 미스터리를 풀어요." 그녀의 철학은 확고하다. "인생은 끊임없이 용기를 내며 개척하는 거예요." 일상의 코쿤을 깨고 나온 월터는 히말라야 중턱에서 마침내 숀을 만난다. 숀이 말한 삶의 정수, 25번 사진은 과연 무엇이었을까?

내가 최고다

- 과신오류

캡틴 마블

감독 애너 보든, 라이언 플렉

OTT 디즈니+, 웨이브, 티빙

▷   과신오류란 자신의 능력이 타인보다 뛰어나다고 믿는 경향을 말한다. 과신오류는 '워비곤 호수 효과'라 부르기도 한다. 워비곤 호수는 개리슨 케일러의 라디오 드라마에 나오는 가상의 마을이다. 이 마을 사람들은 스스로 평균보다 더 잘생기고, 힘이 세고, 똑똑하다고 믿었다.

날고 기는 히어로들만 모였다는 어벤저스팀에서도 가장 파워풀한 히어로를 꼽으라면 단연 캡틴 마블이다. 캡틴 마블은 양손에서 엄청난 블래스터를 뿜어대며 자유자재로 우주를 휘젓고 다닌다. 거대한 전함도 캡틴 마블 앞에서는 추풍낙엽이다. 영화 〈어벤저스: 엔드게임〉에서는 타노스와도 맞대결을 벌인다.

마블은 전대미문의 초울트라 히어로에 남성성이 아닌 여성성을 부여했다. 영화 〈캡틴 마블〉은 마블 최초의 여성 히어로 솔로 영화다. 공동연출과 감독을 맡은 애너 보든은 마블 영화 최초의 여성감독이다. 캡틴 마블 역을 맡은 브리 라슨은 "〈캡틴 마블〉은 위대한 페미니스트의 상징이 될 수 있는 영화"라고 말했다. 〈캡틴 마블〉은 마블시네마틱유니버스(MCU)가 향후 추구할 세계를 암시했다고 봐도 무방하지 않다.

캡틴아메리카도, 아이언맨도 없는 1990년대에 크리족 전사인 비어스(캡틴 마블)가 미국의 한 블록버스터 비디오숍에 떨어진다. 크리족은 자유자재로 변신하는 외계종족 스크럴과 싸우고 있다. 비어스는 과거 자신에 대한 기억이 없다. 꿈을 꿀 때마다 나타나는 기억의 편린들이 괴롭다. 마침내 비어스는 자신이 여성 공군 조종사 캐럴 댄버스였다는 사실을 알게 된다.

크리족 상관인 욘로그는 비어스가 자신의 정체성을 되찾자 비웃는다. "넌 우리가 아니면 인간에 불과해. 내가 너를 최고로 만들었어. 너를 증명해봐!" 욘로그는 캡틴 마블의 블래스터 한 방에 나가떨어진다. 캡틴 마블이 시크하게 한마디 던진다. "난 네게 증명할 게 없어."

행동경제학의 눈으로 보자면 욘로그는 '과신오류'에 빠져 있다. 과신오류란 자신의 능력이 타인보다 뛰어나다고 믿는 경향을 말한다. 과신오류는 '기만적 우월감 효과'라고도 한다.

운전을 하면서 상대방이 끼어들기를 하면 "아니, 운전을 저따위로 해"라며 화를 내는 경우가 있다. '나는 너보다 운전을 더 잘한다'고 믿기 때문에 낼 수 있는 역정이다. 대니얼 카너먼(Daniel Kahneman)의 저서 『생각에 관한 생각』에 따르면, 미국인의 90% 이상은 자신이 평균 이상으로 운전을 잘하는 사람이라고 생각한다. 회사에서도 마찬가지다. 2008년 잡코리아가 설문조사를 해보니 '나는 평균보다 우수한 인재'라고 답한 사람이 응답자의 70%에 달했다. 하지만 기업이 평균보다 우수한 인재로 보는 직원은 통상 20% 정도라고 한다.

과신오류는 잘못된 판단을 이끌 수 있다. 영화 속 욘로그처럼 말이다. 과신오류는 자존심이 강한 지도자·전문가 그룹에서 더 잘 일어날 수 있다. 이들은 자신의 판단을 과신하거나 자신이 사적으로 얻은 정보를 더 중히 여기는 경향이 있다. 때문에 주변의 조언이나 경고를 잘 받아들이지 않아 실패하는 엘리트들의 실패사례를 종종 볼 수 있다.

성공의 경험이 과신오류를 불러일으키기도 한다. 2021년 글로벌 전기차 수출순위를 보면 일본은 8위로 중국(3위)과 한국(4위)에 뒤진다. 내연차시장에서 일본의 위상을 볼 때 매우 생경한 순위다. 전 세계가 전기차를 향해 달려갈 때 일본은 하이브리드차를 고집했다. 토요타 사장인 도요다 아키오(豊田章男)는 공개석상에서 하이브리드차가 전기차로 대체될 것이라는 예측을 조롱했다. 언론이 전기차 성장 가능성을 과장한다는 것이다. 유럽과 미국 주요주는 2035년부터 내연기관 신차판매를 중단한다. 토요타의 오판 가능성이 점점 커지고 있다.

과신오류는 '워비곤 호수 효과'라 부르기도 한다. 워비곤 호수는 개리슨 케일러(Garrison Keillor)의 라디오 드라마 〈프레리 홈 컴패니언〉에 나오는 가상의 마을이다. 이 마을 사람들은 스스로 평균보다 더 잘생기고, 힘이 세고, 똑똑하다고 믿었다. 심리학자 토머스 길로비치(Thomas Gilovich)는 저서 『인간 그 속기 쉬운 동물』에서 자신이 평균보다 낫다고 여기는 경향은 인간의 보편적인 심리라며 이를 워비곤 호수 효과라고 명명했다. 실제 1977년 미국의 고등학교 3학년 학생 100만 명을 대상으로 한 설문조사를 보면 자신의 리더십이 평균 이상이라고 생각하는 학생의 비율이 70%를 넘었다.

대니얼 카너먼은 "과신오류는 사회적으로 비관주의보다 낙관주의가 더 높은 평가를 받고, 불확실성보다 자신감이 더욱 인정받기 때문에 생겨난다"며 "완전히 없앨 수 없는 인간의 특성"이라고 말했다. 2018년 한국에 대한 수출규제를 밀어붙인 고 아베 신조 일본 총리도 과신오류에 빠져 있었을 가능성이 크다. 2018년 기준 일본과 한국의 국내총생산(GDP) 격차는 3배다. 30년 전인 1988년의 15배에서 크게 좁혀졌다. 삼성전자는 일본의 모든 전자회사 수익을 합친 것보다 더 많은 수익을 올리는 기업이 됐다. 객관적으로 볼 때 그 정도 경제력 차이로는 특정 국가를 일방적으로 몰아붙이기 힘들었다. 도리어 한국인들의 일본산 상품 불매운동과 일본관광 자제가 이어지면서 일본경제에 더 큰 타격을 줬다.

2022년 러시아의 우크라이나 침공도 러시아 대통령 푸틴의 과신오류가 빚은 참극일 가능성이 크다. 러시아가 우크라이나를 공격하면 우크라이나 내 친러시아파의 도움으로 일주일 안에 전쟁을 끝낼 수 있을 것이라던 판단이 어긋나면서 전쟁은 장기화됐다.

과신오류에 빠쳐 투자를 망친 사례도 많다. 자신만의 기술적 분석을 통해 혹은 믿을 만한 소스를 통해 "이건 무조건 오른다"며 매입한 주식이나 부동산도 폭락할 때가 있다. 과신오류에 빠져 있을 경우에는 손절하기도 쉽지 않다. 금전적 손실도 손실이지만 자신에 대한 부정이 되기 때문이다.

물론 과신오류가 나쁘기만 한 것은 아니다. 도전을 하기 위해서는 자신감이 있어야 하는데 이를 위해서는 자기확신이 필요하다. 괴테는 "자신에게 요구되는 일을 이루기 위해서는 자신이 실제보다 더 위대하다고 믿어야만 한다"고 말했다. 이른바 '자뻑'이다. 자뻑이란 자기가 잘났다고 믿거나 스스로에게 반해 푹 빠져 있는 일을 말한다. 작가 이외수는 『자뻑은 나의 힘』이라는 책에서 "일이 꼬일 때마다 거울을 보면서 자신을 향해 외치십시오. 너는 잘될 것이다. 그대를 제일 먼저 격려할 사람은 바로 그대 자신입니다"라고 말했다. 자신을 잘 안다는 것은 생각보다 어렵다.